t.

TRAUNER VERLAG
BILDUNG

Bildung, die begeistert!

D1922862

FRIEDRICH GLASER
CHRISTIAN TURISSER-GALA
PETER WÖLFL
ELFRIEDE TRAXLER

Betriebsorganisation, Tourismus, Marketing

+ TRAUNER-DigiBox

BS

Dieses Buch wurde auf Papier aus nachhaltiger Forstwirtschaft gedruckt.

Impressum

Glaser u. a., Betriebsorganisation, Tourismus, Marketing
+ TRAUNER-DigiBox
16. Auflage 2022, Nachdruck 2023
Schulbuch-Nr. 3.688
TRAUNER Verlag, Linz

Die Autorin und die Autoren

FRIEDRICH GLASER
Direktor i. R., Berufsschule für Lehrlinge aus dem Tourismus in Altmünster

CHRISTIAN TURISSER-GALA
Direktor der Tiroler Fachberufsschule für Tourismus in Absam

PETER WÖLFL
Dipl.-Päd. i. R., Landesberufsschule für Tourismus in Waldegg

ELFRIEDE TRAXLER
Höhere Bundeslehranstalt für wirtschaftliche Berufe in Steyr

Herrn MICHAEL ZIRNGAST von der LBS Bad Gleichenberg danken wir sehr herzlich für die Durchsicht des überarbeiteten Buches und die konstruktive Kritik.

Approbiert für den Unterrichtsgebrauch an:

- Berufsschulen für den Lehrberuf Koch/Köchin und für den Lehrberuf Restaurantfachmann/-frau im Unterrichtsgegenstand Betriebsorganisation und Touristik
- Berufsschulen für den Lehrberuf Hotel- und Gastgewerbeassistent im Unterrichtsgegenstand Tourismus und Marketing
- Berufsschulen für den Lehrberuf Systemgastronomiefachmann/-frau im Unterrichtsgegenstand Betriebsorganisation und Marketing

Bundesministerium für Unterricht und kulturelle Angelegenheiten, GZ 5.048/0014-B/8/2015 vom 29. September 2015. Die Approbation bezieht sich ausschließlich auf das gedruckte Buch.

Die Inhalte entsprechen dem vorgeschriebenen Kompetenzraster laut Bildungsstandards und sind laut Lehrplan zu vermitteln. Eine Auswahl bzw. Gewichtung ist nur innerhalb einzelner Kapitel (Beispiele bzw. Vertiefungsangebote) gewährleistet, nicht jedoch dürfen lt. Ministerium einzelne Kapitel oder Kompetenzbereiche ausgelassen werden.

Liebe Schülerin, lieber Schüler,
Sie bekommen dieses Schulbuch von der Republik Österreich für Ihre Ausbildung. Bücher helfen nicht nur beim Lernen, sondern sind auch Freunde fürs Leben.

Lektorat/Produktmanagement:
Mag. Karin Gollowitsch
Korrektorat: Mag. Silvia Wiedemann
Grafik und Gestaltung:
Bettina Victor, Teresa Foissner
Titelgestaltung: Bettina Victor
Schulbuchvergütung/Bildrechte:
© Bildrecht GmbH/Wien
Gesamtherstellung:
Johann Sandler GesmbH & Co KG
Druckereiweg 1, 3671 Marbach

PRINTED IN AUSTRIA

ISBN 978-3-99113-323-0
Schulbuch-Nr. 3.688

www.trauner.at
/traunergastro

Einleitung

Liebe Lehrerinnen und Lehrer,

den Schülerinnen und Schülern konkrete und anschauliche Einblicke in die Welt der Gastronomie zu geben, ist das Ziel dieses Buches.

Aktiv werden die Schülerinnen und Schüler auf ihre Rolle als
- Restaurantfachmann und Restaurantfachfrau
- Hotel- und Gastgewerbeassistent/in
- Koch und Köchin
- Systemgastronomiefachmann und Systemgastronomiefachfrau

vorbereitet.

Neben der notwendigen Wissensvermittlung in prägnanten Übersichten, die dem Unterricht Struktur geben und systematisches Lernen ermöglichen, werden die Lernenden mit Echtsituationen konfrontiert. Dabei werden sie sich einzeln und im Team an Aufgabenstellungen erproben. Schrittweise entwickeln sie Kompetenzen, die sie befähigen, den gastronomischen Alltag zu bewältigen.

Der Einsatz des Internets im Unterricht wird immer selbstverständlicher, wir haben daher bei vielen Kapiteln entsprechende Übungsaufgaben eingebaut. Wir möchten jedoch darauf hinweisen, dass der Lernerfolg der Schülerinnen und Schüler nicht davon abhängt, ob die Übungen gemacht werden oder nicht. Die Aufgabenstellungen unter „Ziele erreicht?“ sind ausnahmslos ohne Internetzugang zu bewältigen.

Liebe Schülerin, lieber Schüler,

dieses Buch soll Ihnen helfen, den Lernstoff zum Thema „Betriebsorganisation, Touristik und Marketing“ zu erlernen. Er ist in überschaubare Einheiten eingeteilt und grafisch so gestaltet, dass Sie Spaß bei der Erarbeitung haben werden.

Wesentliche Elemente und verwendete Symbole

Die Ziele kennzeichnen, was Sie nach Durcharbeiten des Kapitels können sollen. Die Kompetenzstufen sind farblich gekennzeichnet.

Meine Ziele

Nach Bearbeitung dieses Kapitels kann ich
- Blau (wiedergeben)
- Rot (verstehen)
- Schwarz (anwenden)

Aufgabenstellungen

Die Aufgaben sind nach dem Kompetenzmodell mit den Farben Blau, Rot und Schwarz gekennzeichnet. Es wird unterschieden zwischen Aufgaben, bei denen die Schüler/innen
- die gelernten Fachinhalte wiedergeben;
- die gelernten Fachinhalte verstehen;
- erworbenes Wissen anwenden.

Ziele erreicht?

„Ziele-erreicht?"-Aufgaben am Ende des Kapitels ermöglichen Ihnen, selbst festzustellen, inwieweit Sie in Ihrem Lernprozess erfolgreich waren. Die Ziele (Input) werden dem Lernergebnis (Output) gegenübergestellt. Der **Kompetenzzuwachs** wird dadurch **aufgezeigt.**

Kompetenzen erworben?
Kreuzen Sie aufgrund der durchgeführten „Ziele erreicht?"-Aufgaben an, ob Sie die Kompetenzen
- **zur Gänze**
- **überwiegend** oder
- **(noch) nicht ausreichend**

erworben haben. Wiederholen Sie den jeweiligen Lehrstoff im Buch, falls Sie einzelne Ziele noch nicht erreicht haben.

Folgende weitere Piktogramme unterstützen das Lehren und Lernen im Buch:

Aufgabenstellungen erfordern die praktische Umsetzung des Wissens und verlangen zum Teil eigene kreative Lösungsansätze. Sie helfen den Lernenden, die Kenntnisse und Fertigkeiten zu festigen.

für Diskussionsaufgaben

für Wissenswertes und Tipps

für Wissensfragen

„Achtung!" oder „Beachte!"

für Verknüpfungen mit anderen Gegenständen oder anderen Kapiteln

für Downloads aus der TRAUNER-DigiBox (www.trauner-digibox.com)

STARTEN SIE IHR DIGITALES ZUSATZPAKET ZUM BUCH!

In der TRAUNER-DigiBox (www.trauner-digibox.com) finden Sie Ihr persönliches E-Book und die Zusatzmaterialien zum Buch:
- www.trauner-digibox.com aufrufen
- Einmal kostenlos registrieren
- Ihr digitales Zusatzpaket mit **Lizenz-Key** auf der Rückseite des Buches freischalten.

Viel Freude und Erfolg wünschen Ihnen die Autorin und die Autoren.

Inhaltsverzeichnis

Geschichtliche Entwicklung von Tourismus und Gastronomie 7

Tourismus 12

1 Formen und Arten des Tourismus 13
2 Voraussetzungen für den Tourismus in Österreich 18
3 Tourismuseinrichtungen in Österreich 31

Verkehrseinrichtungen 38

1 Transitland Österreich 39
2 Straßenverkehr 41
3 Bahnverkehr 44
4 Flugverkehr 47
5 Schiffsverkehr 48

Tourismus in den Bundesländern 51

1 Vorarlberg 52
2 Tirol 54
3 Salzburg 58
4 Oberösterreich 61
5 Steiermark 66
6 Kärnten 70
7 Niederösterreich 74
8 Wien 81
9 Burgenland 86

Betriebe der Hotellerie und der Gastronomie 91

1 Betriebe der Hotellerie 92
2 Betriebe der Gastronomie 97
3 Systemgastronomie 100
4 Hotel- und Restaurantführer 105

Betriebsorganisation 108

1 Organisation eines Hotels 109
2 Controlling in der Hotellerie und Gastronomie 120

Gast- und Wirtschaftsräume 125

1 Gasträume 126
2 Wirtschaftsräume 128

Veranstaltungsmanagement 136

1 Veranstaltungsarten 137
2 Betriebliche Voraussetzungen 138
3 Verkauf und Organisation von Veranstaltungen 141
4 Durchführung von Veranstaltungen 145

Abrechnungssysteme 151

1 Erstellung der Rechnung für den Gast 152
2 Zahlungsarten 155

Marketing 157

1 Erstellung eines Marketingkonzepts 158
2 Erfolgskontrolle 183

Der Weg zum eigenen Unternehmen – Betriebsgründung, Betriebsstilllegung 186

Stichwortverzeichnis 195
Literaturverzeichnis 198
Bildnachweis 199

Geschichte und Entwicklung von Tourismus und Gastronomie

Ein funktionierender Tourismus kann immer nur dann entstehen, wenn sich die Gesellschaftsstruktur und die Wirtschaft einer Region entsprechend entwickeln. Voraussetzung ist in jeder Kultur ein gewisser Wohlstand, der einerseits Waren aus anderen Ländern fordert, andererseits aber auch die finanziellen Möglichkeiten eröffnet, andere Länder zu besuchen.

Diskutieren Sie in der kleinen Gruppe, inwieweit der heutige Tourismus und die Gastronomie wichtig für die Wirtschaft und den Wohlstand in Österreich sind.

Meine Ziele

Nach Bearbeitung dieses Kapitels kann ich

- einen Überblick über die Geschichte und die Entwicklung des Tourismus geben;
- die Entwicklung des Tourismus in Österreich erläutern;
- Veränderungen im Urlaubsverhalten der Gäste diskutieren;
- Zusammenhänge zwischen dem Tourismus und der Gastronomie erörtern und wirtschaftliche Aspekte aufzeigen.

KOMPETENZERWERB

Urgeschichtliche Zeit bis 1000 nach Christi Geburt

Sphinx und Pyramide in Ägypten

Mythos von Romulus und Remus

Im mitteleuropäischen Lebensraum sind die Entwicklungen des Tourismus sehr eng mit folgenden Kulturen verbunden:

- Germanen: Urvolk des deutschen Sprachraums
- Ägypter: erste Hochkultur mit starkem Einfluss auf Europa
- Griechen: Völkerbund im Südosten Europas
- Römer: erstes Weltreich; umfasste das Mittelmeer und große Teile des heutigen Europas

Alle Völker erkannten die Wichtigkeit des Handels und der damit verbundenen Einnahmequellen. So entstanden entlang der großen Handelsstraßen zu Lande und zu Wasser Städte, die den Händlern und ersten Reisenden Unterkunft und Verpflegung anboten.

Die Religionen sorgten mit ihren Pilgerstätten und Heiligtümern ebenfalls für eine erhöhte Reisetätigkeit in Europa, z. B. die Olympischen Spiele in Griechenland. Auch Gladiatorenkämpfe und Wettkämpfe in den römischen Arenen sorgten für eine erhöhte Reisetätigkeit in antiken Zeiten.

Nach dem Zerfall der ersten Hochkulturen und dem Untergang des Römischen Reiches folgte in Mitteuropa das Mittelalter und die private Gastfreundschaft gewann wieder an Bedeutung. Die Kirche übernahm in vielen Gegenden Europas die sichere Unterbringung und Verpflegung der Pilger und Händler.

Aufgabenstellung

- In welchen Ländern des heutigen Europas waren die Germanen, die Ägypter, die Griechen und die Römer aktiv?

Die Lösung dieser Aufgabe finden Sie in der TRAUNER-DigiBox.

1000 nach Christus bis ins 15. Jahrhundert

Die wichtigsten Reisegruppen dieses Zeitalters waren:
- Kaufleute, die ihre Waren an verschiedenen Orten anboten
- Pilger auf ihren Bußfahrten nach Rom, Jerusalem oder Santiago
- Lehrlinge und Gesellen auf der Walz zum Erwerb von Berufserfahrung
- Studenten und Lehrer auf dem Weg zu einer Universität

Neben den kirchlichen und privaten Beherbergungsbetrieben entstanden erste gewerbliche Gaststätten, Zunftstuben und Studentenheime. Bereits im 14. Jahrhundert gab es eine erste Verordnung für die Betriebsart „Taberne".

Walz = Wanderjahre der Gesellen nach dem Abschluss ihrer Lehrzeit; war Voraussetzung zur Zulassung zur Meisterprüfung.

Die **Taberne**nverordnung aus dem 14. Jahrhundert regelte folgende Bereiche:
- Sperrstunden
- Ausschankmaße
- Verbot von Karten- und Würfelspielen

16. bis 19. Jahrhundert

Wichtig für die Entwicklung des Gastgewerbes in diesem Zeitraum waren unter anderem:
- Die gastronomischen Entwicklungen in Frankreich
- Die Entstehung der ersten Kaffeehäuser in Europa
- Die Entwicklung der großen Universitäten in Europa
- Die Verbreitung der musikalischen und bildnerischen Kunst
- Die Entdeckung der gesundheitsförderlichen Kurgebiete
- Die Entdeckung der Alpen als Urlaubsregion
- Die Entstehung eines frühen Wintertourismus
- Der Ausbau moderner Verkehrswege, wie Bahn und Schifffahrt

Die Semmeringbahn war 1854 die erste Gebirgsbahn der Welt. Bereits 1842 wurde die Eisenbahnstrecke Wien–Gloggnitz fertiggestellt, die Wienerinnen und Wiener fuhren an den Wochenenden gerne aufs Land.

Entwicklung des Tourismus in Österreich

In der Mitte des 18. Jahrhunderts entstand die sogenannte Sommerfrische, wohlhabende Städter verlagerten in der warmen Jahreszeit mit ihren Familien ihren Wohnsitz für mehrere Wochen in ihre Sommerhäuser. Das Rax-Semmering-Gebiet war eines der ersten Tourismusziele.

Ein weiterer Zweig, der Kurtourismus, entstand ebenfalls in dieser Zeit. Beliebt waren die Bäder in Baden und Bad Vöslau. Mit der Eröffnung der Franz-Josephs-Bahn kamen die böhmischen Bäder Karlsbad, Franzensbad und Marienbad dazu.

Anfangs waren es noch Einheimische, die ihre Wohnungen für die Saison den Gästen überließen, bald entstanden jedoch Fremdenzimmer in Gasthöfen und Hotels. Als erstes Hotel am Semmering wurde das Südbahnhotel 1882 eröffnet, sechs Jahre später das Hotel Panhans.

Ende des 19. Jahrhunderts wurden die Alpen und der Wintertourismus entdeckt. Alpine Vereine bauten Schutzhütten, noch lange bevor die ersten Hotels entstanden. Lech und Zürs am Arlberg sowie Kitzbühel gründeten die ersten Schigebiete.

Recherchieren Sie im Internet:

- Woher stammt das Wort Hotel?
- Wo wurde das erste Kaffeehaus in Österreich eröffnet?
- Wo konnte man zwischen dem 11. und 19. Jahrhundert in Europa studieren?

20. Jahrhundert bis heute

Der Erste Weltkrieg (1914–1918) und der Zerfall der k. u. k. Monarchie brachten den ersten Aufschwung des österreichischen Tourismus zum Erliegen. Erst um 1920 begann wieder eine nennenswerte Erholung, die sowohl Sommergäste als auch Wintersportler in die Tourismusgebiete brachte. Die Entstehung des Dritten Reiches, der Anschluss Österreichs und der Zweite Weltkrieg (1939–1945) ließen den Tourismus in Österreich vollkommen einbrechen. Nach Ende des Krieges erholte er sich langsam. Nach der Unterzeichnung des Staatsvertrages 1955 verzeichnete er schließlich jährlich sprunghafte Zuwächse.

Gründe für die jährlichen Zuwächse ergaben sich durch:

- Höhere Einkommen
- Gesetzlichen Urlaubsanspruch
- Ausbau der Verkehrswege zu Land, Wasser und Luft
- Öffnung der Grenzen innerhalb der Europäischen Union
- Öffnung der Grenzen durch die Ostöffnung

Aufgabenstellungen

1. Nehmen Sie zu folgender Aussage Stellung: „Ich bin in der Gesellschaft angesehen, wenn ich es mir leisten kann, Urlaub zu machen (Urlaub als Prestige).“
2. Denken Sie an Pauschalurlaube und die All-inclusive-Angebote für den Tourismus. Erklären Sie, was die Einführung dieser Urlaubsformen ganz allgemein für den Tourismus und speziell für Österreich gebracht hat?

Veränderungen des Urlaubsverhaltens

In den vergangenen Jahren haben Veränderungen im Urlaubsverhalten der Gäste stattgefunden. So boomen auch bei uns die Kurzurlaube. Es gibt einen deutlichen Trend zu mehreren kürzeren Urlauben im Jahr anstelle eines Gesamturlaubs von einer oder gar zwei Wochen. Kultur- und Wellnesswochenenden werden gut gebucht. Trends im Tourismus finden Sie auf Seite 33.

Eine Statistik zum Urlaubsverhalten finden Sie in der TRAUNER-DigiBox.

Ziele erreicht? – „Geschichte und Entwicklung von Tourismus und Gastronomie“

KOMPETENZ-ERWERB

1. Kreuzen Sie in der Tabelle an, ob die Aussage stimmt oder nicht stimmt.

Aussage	Stimmt	Stimmt nicht
Das Römische Reich umfasste in urgeschichtlicher Zeit große Teile des heutigen Europas.		
Erst im 20. Jahrhundert entstand in Österreich die Sommerfrische.		
Die ersten Skigebiete wurden in Lech, Zürs und Kitzbühel gegründet.		
Während der beiden Weltkriege kam der österreichische Tourismus zum Erliegen.		

2. Welche Kulturen sind in Mitteleuropa mit der Entwicklung des Tourismus eng verbunden?

3. Für die Entwicklung des Gastgewerbes waren im 16. bis 19. Jahrhundert eine Reihe von Entdeckungen und Erfindungen verantwortlich. Zählen Sie mindesten fünf auf.

4. Beschreiben Sie die Entwicklung des Tourismus in Österreich.

5. „Im Jahre 2016 wird der Wintertourismus in Österreich den Sommertourismus überholt haben.“ Diskutieren Sie diese Aussage. Nehmen Sie ganz allgemein zu dem abgebildeten Schaubild Stellung, die die Übernachtungsentwicklung der Winter- und Sommersaisonen in Österreich seit 1973 zeigt.

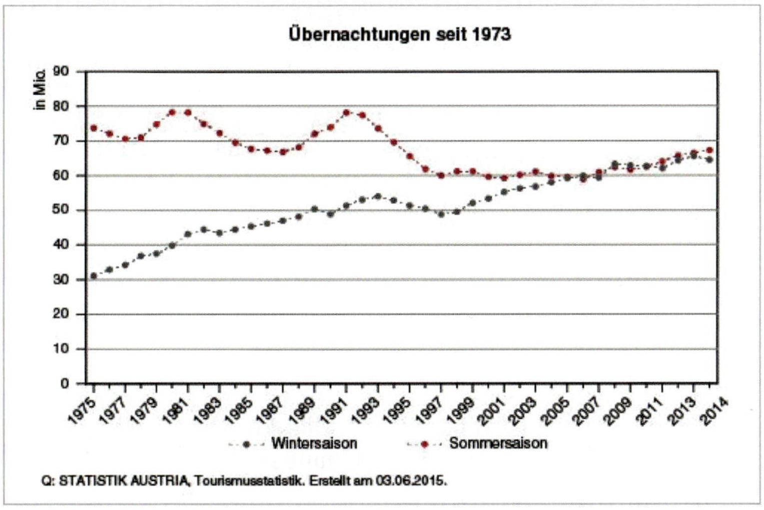

6. Die Urlaubergruppen differenzieren sich immer mehr, die Tourismuswirtschaft hat sich darauf einzustellen. Ergänzen Sie mögliche Wünsche, die diese Urlaubergruppen haben.

Der junge Tourist ... bevorzugt Action, Fun und Abwechslung. Tourismusbetriebe bieten

Familien mit Kindern ... suchen vielseitige und kindgerechte Angebote. Tourismusbetriebe bieten

Die 60-plus-Generation ... erwartet Entspannung und Erlebnis, z. B. kinderfreie Zonen. Tourismusbetriebe bieten

Tourismus

Reisen Sie gerne? Wohin fahren Sie? Machen Sie unter Ihren Mitschülerinnen und Mitschülern eine Umfrage zu den Reisegewohnheiten und fassen Sie diese zu Gruppen zusammen (z. B. Erholung, Sport, Kultur). Präsentieren Sie die Ergebnisse.

Tourismus ist ein Überbegriff für die Reisebranche, das Gastgewerbe und die Freizeitwirtschaft. Der Ausdruck Tourismus ist seit den 1980er-Jahren gebräuchlich, bis dahin wurde der Wirtschaftszweig als Fremdenverkehr bezeichnet. Tourismus umfasst also alle Einrichtungen und Angebote für unsere Gäste. Diese kommen zur Erholung, zur Bildung, zum Vergnügen, zur geschäftlichen oder zur sportlichen Betätigung oder sie nehmen an Veranstaltungen teil. Die Branche zählt weltweit zu den größten Wirtschaftszweigen.

Österreich ist ein beliebtes Urlaubsland. Etwa 31 Millionen Menschen, davon zwei Drittel aus dem Ausland, wählen es jährlich als Urlaubsziel.

KOMPETENZ-ERWERB

Meine Ziele

Nach Bearbeitung dieses Kapitels kann ich

- die Arten und die Formen des Tourismus benennen und beschreiben;
- wichtige Voraussetzungen für den Tourismus erkennen und verstehen;
- Tourismuseinrichtungen in Österreich beschreiben und sagen, warum eine Zielgruppenorientierung und eine Spezialisierung für den Tourismus wichtig sind;
- die wichtigsten Entwicklungen bzw. Trends im Tourismus erläutern sowie Zahlen und Fakten nennen;
- einen kritischen Blick auf die Entwicklung im österreichischen Tourismus werfen;
- unter Anleitung Ideen für Tourismuskonzepte entwickeln.

1 Formen und Arten des Tourismus

Ich war letzten Sommer mit meinem Freund beim Beachvolleyball-Grand-Slam in Klagenfurt, das war cool. Zählt das auch zum Tourismus?

Die Tourismusformen ergeben sich aus folgenden Faktoren:

- Nach der Herkunft der Gäste unterscheidet man den Inländer- und Ausländertourismus.
- Nach der Jahreszeit bzw. der Saison spricht man von Sommer- bzw. Wintertourismus und von Haupt-, Neben- und Nachsaisontourismus.
- Die Aufenthaltsdauer kann kurz (Kurzurlaub) oder lang sein.
- Nach dem verwendeten Verkehrsmittel unterscheidet man Bahn-, Auto-, Bus-, Flug- und Schiffstourismus.
- Beim Alter der Reisenden reicht die Palette von Feriencamps für Kinder und Jugendliche bis zu Seniorenreisen (oft in der Nebensaison).
- Nach der Anzahl der Reiseteilnehmer bzw. -teilnehmerinnen spricht man von Individual-, Kollektiv- (organisiert von Reisebüros) und Massentourismus.

Flusskreuzfahrten boomen

Die Generation 50+ ist sehr reiselustig

Aufgabenstellungen

1. Machen mehr Inländer oder mehr Ausländer in Österreich Urlaub? Was meinen Sie? Recherchieren Sie!
2. Was bringt eine Transitreisende bzw. ein Transitreisender (Reisende/r auf der Durchreise) der Tourismuswirtschaft?

1.1 Erholungstourismus

Diese Gäste suchen körperliche und geistig-seelische Betätigung.

- Naherholung: meist kurze Aufenthaltsdauer, geringe Saisonabhängigkeit. Voraussetzungen sind eine gute Verkehrsanbindung sowie das Vorhandensein verschiedener Freizeitanlagen.
- Gesundheits- und Kurtourismus: Die Gäste verbringen einen meist längeren Urlaub in einem Wellnesshotel bzw. machen eine Kur in einem Kurhotel. Voraussetzungen sind Heilvorkommen (z. B. ein besonderes Wasser), gute Luft bzw. gutes Klima sowie spezielle Einrichtungen für die Therapien.

Kurhotel Leonardo, Nondorf bei Gmünd

Sie lieben Bio-Ei und Bio-Honig, Bio-Käse und Bio-MIlch auf Ihrem Frühstückstisch? Dann sind Sie bei den Bio-Unterkünften, Bio-Urlaubs-Bauernhöfen und Bio-Restaurants, welche Bio-Urlaub in der Steiermark anbieten, goldrichtig.
Immer mehr Gäste suchen ihr Quartier danach aus, ob Bioprodukte angeboten werden.

1.2 Kultur- und Bildungstourismus

Obwohl die Nächtigungszahlen im österreichischen Tourismus steigen, sinken die realen Umsätze! Das liegt daran, dass die Gäste immer weniger Geld ausgeben.

Dieser Tourist bzw. diese Touristin will sich weiterbilden bzw. an kulturellen Events teilnehmen. Die Gäste sind geschichtsbewusst und haben meist ein großes Kunstverständnis. Die Teilbereiche sind u. a.:

- Archäologie
- Architektur
- Musik
- Malerei, Bildhauerei
- Literatur

Aufgabenstellung

- Wofür interessieren sich die Gäste? Finden Sie Beispiele!

Kulturbereich	Interesse an
Archäologie	Ausgrabungen, z. B. Ephesos-Museum in Wien
Architektur	
Musik	
Malerei, Bildhauerei	
Literatur	

Ephesos war eine der bedeutendsten Städte der Antike. Seit 1895 arbeiten österreichische Archäologen an der Freilegung der Ruinen. In Wien befinden sich zahlreiche Fundobjekte.

Auch der boomende Markt der Wallfahrerinnen und Wallfahrer gehört zum Kultur- und Bildungstourismus.

1.3 Sporttourismus

Dieser Tourist bzw. diese Touristin will aktiv verschiedene Sportarten ausführen bzw. an Sportveranstaltungen teilnehmen und dies evtl. auch mit Erholung verbinden.

Sporttourismus

Aktiver Sporttourismus	Passiver Sporttourismus

▪ Voraussetzungen sind u. a. Sportanlagen, Wanderwege, Seilbahnen, Schi-, Segel- oder Tauchschulen ▪ Aktiver Sporttourismus ist saison- und witterungsabhängig	▪ Voraussetzungen sind u. a. Stadien, Sporthallen ▪ Die Touristen besuchen z. B. Europa- und Weltmeisterschaften, Olympische Spiele ▪ Die Aufenthaltsdauer ist meist kurz

In Österreich können sehr viele Sportarten ausgeübt werden, das reicht vom Wassersport über Golf, Tennis, Reiten und Radfahren bis zu diversen Wintersportarten. Auch werden in nahezu jeder Sportart Veranstaltungen abgehalten. Das gipfelt in Großereignissen, wie z. B. der Fußball-Europameisterschaft 2008 in Wien (in Österreich und in der Schweiz ausgetragen), die wertvolle Impulse für den österreichischen Tourismus geben.

Aussagen zum Tourismus	Ja	Nein
Ich war noch nie im Ausland auf Urlaub.		
Ich fahre jedes Jahr zum Nova-Rock-Festival.		
Wenn ich verreise, dann in ein 4-Sterne-Hotel.		
Ich habe an einem Laufevent teilgenommen.		
Ich liebe Partys und fahre nur dorthin, wo ordentlich was los ist.		

Landesausstellungen sind kulturhistorische Großveranstaltungen, meist verbunden mit der Restaurierung oder Revitalisierung bedeutender Bauwerke. Die Ausstellungen haben immer einen Bezug zum Land, laufen üblicherweise etwa ein halbes Jahr und finden jedes Mal an einem anderen Ort statt, zunehmend auch an zwei oder mehreren Orten.

Landesausstellungen sind keine Erfindung unserer Zeit. Schon vor der Jahrhundertwende gab es Gesamtmessen der Kronländer bzw. auf internationaler Ebene die sogenannten **Weltausstellungen**, die heute **Expos** heißen. Die erste österreichische Landesausstellung nach dem Zweiten Weltkrieg fand 1951 in Krems statt.

1.4 Wirtschaftstourismus

Geschäftsreisende bzw. Teilnehmer an Messen, Kongressen, Tagungen oder Seminaren halten sich meist nur kurz in unserem Land auf. Oft sind die Termine außerhalb der klassischen Sommer- bzw. Wintersaison, was für viele Betriebe für ihre Gesamtauslastung wichtig ist. Es ist jedoch eine bestimmte Infrastruktur erforderlich:

- Veranstaltungsräume (Seminarräume im Hotel bzw. Kongresszentren, Stadthallen vor Ort mit entsprechender technischer Ausstattung)
- Ausreichende Zimmeranzahl
- Günstige Verkehrsanbindung (z. B. Nähe zu einem Flughafen)
- Abwechslungsreiche Freizeit- und Unterhaltungsangebote, vor allem für teilnehmende Begleiterinnen und Begleiter
- Ansprechendes gastronomisches Angebot
- Geschulte Mitarbeiterinnen und Mitarbeiter, die die Erwartungen der meist vielgereisten Gäste erfüllen

Infrastruktur = Grundausstattung mit allen Einrichtungen, die zum Gelingen der Veranstaltung benötigt werden.

Lesen Sie in der TRAUNER-DigiBox die Beschreibung einer von der Eventagentur Hallamasch durchgeführten Konferenz und beantworten Sie folgende Fragen:

1. Wie viele Teilnehmer bzw. Teilnehmerinnen hatte die Konferenz?
2. Was versteht man unter Transportlogistik?
3. Welche Anforderungen wurden an die Eventagentur gestellt?

Was ist eine Eventagentur?

Eventagenturen organisieren Messen, Kongresse und Firmenpräsentationen genauso wie größere Privatveranstaltungen, beispielsweise Geburtstage oder Hochzeiten. Oft bieten sie die Organisation sämtlicher Dienstleistungen aus einer Hand an. Zu den Aufgaben gehören neben der Konzeptionierung dann auch das Versenden der Einladungen, die Betreuung der Gäste (vom Eintreffen bis zur Verabschiedung), das Organisieren von Vorträgen bzw. anderen Programmpunkten, die gastronomische Versorgung der Gäste (z. B. Catering) bis zur Nachbearbeitung der Veranstaltung.

Eventmanagement kann an verschiedenen Standorten in Österreich studiert werden. Im Eventbereich gibt es eine von TÜV Austria und WKO (Wirtschaftskammer) entwickelte Personenzertifizierung. Nach erfolgreichem Abschluss sind Sie Eventindustrieaspirant.

1.5 Gesellschaftlicher Tourismus

In diese Kategorie fallen Besuche bei Verwandten und Freunden sowie von gesellschaftlichen Veranstaltungen, wie z. B. Bällen.

Der Verein „Villacher Faschingsgilde“ veranstaltet in der Saison im Congress-Center Villach rund 15 Faschingssitzungen. Jedes Jahr wird ein Prinzenpaar gewählt.

1.6 Naturtourismus

Dieser Tourist bzw. diese Touristin sucht einen Naturgenuss sowie Erholung, oft will er oder sie sich auch weiterbilden. Diese Tourismusart ist von der Saison und natürlich sehr vom Wetter abhängig. Voraussetzungen sind intakte Naturlandschaften, wie Gebirge und Flüsse, sowie besondere Flora und Fauna.

Ökotourismus bzw. **naturnaher Tourismus** ist eine verantwortungsvolle Form des Reisens in naturnahe Gebiete. Er dient dem Schutz der Umwelt und trägt zum Wohlergehen der ansässigen Bevölkerung bei.

Nachhaltigkeit und Tourismus

Der Begriff Nachhaltigkeit kommt ursprünglich aus der Forstwirtschaft und bedeutet, dass nicht mehr verbraucht werden soll, als wieder nachwachsen kann. Im Zusammenhang mit dem Tourismus geht man davon aus, dass sich unsere Naturlandschaften auch in Zukunft für die Gäste genauso präsentieren müssen, wie sie heute sind, und daher geschützt werden müssen.

Lesen Sie mehr über ökologische, soziale und ökonomische Nachhaltigkeit im Tourismus in der TRAUNER-DigiBox.

Aufgabenstellungen – „Formen und Arten des Tourismus“

1. Ordnen Sie die Bilder den Tourismusarten zu.

☐ Sporttourismus ☐ Erholungstourismus

☐ Kulturtourismus ☐ Naturtourismus

2. Sie arbeiten an der Rezeption im Boutiquehotel Stadthalle in Wien (www.hotelstadthalle.at). Erklären Sie einem Gast die Vorzüge Ihres Hauses zum Thema Nachhaltigkeit. Gehen Sie u. a. auf folgende Fragen ein:

- Woher kommt die für das gesamte Hotel benötigte Energie?

Umweltbewusster Urlaub im Stadthotel in Wien

BOUTIQUEHOTEL stadthalle WIEN

Auf unseren neuen Zubau sind wir besonders stolz: Das neue Passivhaus-Gebäude erweitert nicht nur das liebevoll renovierte Jahrhundertwendehaus, sondern weist zudem auch noch eine Null-Energie-Bilanz auf.

Ein Hotel mit einer Null-Energie-Bilanz ist schon etwas ganz Besonderes. Was das bedeutet? Innerhalb eines Jahres wird im Boutiquehotel Stadthalle in Wien gleich viel Energie mit Grundwasserwärmepumpe, Photovoltaikanlage, Solaranlage und drei Windrädern erzeugt, wie auch verbraucht. Eine Rechnung, die garantiert aufgeht!

- Welches Angebot bekommen die Gäste, die mit dem Zug oder dem Fahrrad anreisen?

Umweltbewusstsein lohnt sich – Der Grüne Bonus

Wir nehmen unsere Verantwortung der Umwelt gegenüber ernst: Tag für Tag und Sie profitieren davon – noch bevor Sie Ihr Urlaubsziel erreicht haben.

Wenn Sie mit dem Zug oder mit dem Fahrrad anreisen (Anreise vom Flughafen gilt nicht), erhalten Sie unseren „Grünen Bonus“ von zehn Prozent auf den Zimmerpreis.

Was Sie dafür tun können? Verzichten Sie bei Ihrer Anreise nach Wien auf das Auto und reisen Sie mit dem Zug oder mit dem Fahrrad an. Gegen Vorweis Ihres Zugtickets vom Tag der Anreise gewähren wir Ihnen gerne diese attraktive Ermäßigung, die im Zeichen einer besseren Umwelt ins Leben gerufen wurde.

2 Voraussetzungen für den Tourismus in Österreich

Ich möchte nicht in ein Land reisen, wo ständig etwas passiert. Ich glaube, dass Österreich als Urlaubsland geschätzt wird, weil man sich bei uns überall sehr sicher fühlen kann und wenig Gewaltverbrechen passieren.

Die Voraussetzungen dafür, dass Österreich gerne als Urlaubsland gewählt wird, sind vielfältig. Das reicht von den politischen, rechtlichen und wirtschaftlichen Verhältnissen über geografische Gegebenheiten bis zur Infrastruktur.

Auswirkungen des Tourismus auf die Zahlungsbilanz

Incoming

- Ausländische Gäste besuchen Österreich.
- Die Einnahmen aus dem Tourismus bleiben in Österreich.

Outgoing

- Österreicherinnen und Österreicher reisen ins Ausland.
- Sie geben ihr Geld dort aus.

Für den Tourismus sind vor allem folgende Voraussetzungen bedeutsam:
- Verkehrswege, also Straßen, Autobahnen, Bahn- und Flugnetze usw.
- Transportanlagen, wie Seilbahnen und Lifte
- Freizeiteinrichtungen, wie Hallen- und Freibäder, Tennis- und Golfplätze usw.
- Versorgung mit Wasser, Elektrizität usw. sowie Abfallentsorgung, Abwasserklärung

Skydiving in den Tiroler Alpen

2.1 Politische und rechtliche Voraussetzungen

Um einen Tourismusbetrieb zu führen, sind verschiedene rechtliche Voraussetzungen zu erfüllen. Diese sind u. a. in der Gewerbeordnung und im Arbeits- sowie Steuerrecht geregelt.

Verknüpfung zum Kapitel „Der Weg zum eigenen Unternehmen".

Das Gründerservice der Wirtschaftskammern bietet Unternehmensgründern, Betriebsnachfolgern und Franchise-Nehmern professionelle Unterstützung beim Start ins Unternehmertum.

Aussagen zum österreichischen Tourismus	Ja	Nein
Österreich ist ein sicheres Land mit wenig Kriminalität.		
In Österreich ist eine stabile Kaufkraft der Währung gesichert.		

Primäre Aufgabe der **österreichischen Außenpolitik** ist es, die Beziehungen Österreichs zu allen Ländern zu pflegen und die Interessen Österreichs in den internationalen Organisationen zu vertreten. Seit 1995 ist Österreich Mitglied der Europäischen Union.

Wie heißt der derzeitige österreichische Außenminister?

Österreich tritt für eine starke Rolle der Vereinten Nationen sowie für die Nutzung aller Möglichkeiten der OSZE (Organisation für Sicherheit und Zusammenarbeit in Europa) und des Europarats ein. Österreich hat durch die Mitgliedschaft in der „Partnerschaft für den Frieden“ ein Naheverhältnis zur NATO (zum nordatlantischen Verteidigungspakt).

Österreich und seine Nachbarländer

Tragen Sie hier die Nachbarländer Österreichs ein. Beginnen Sie mit Deutschland und gehen Sie im Uhrzeigersinn weiter.

Deutschland

Die Hauptstadt ist Berlin. In Deutschland leben rund 82 Mio. Einwohner. Das Land ist Mitglied der Europäischen Währungsunion und hat somit den Euro als Zahlungsmittel. Das internationale Kennzeichen ist D.

Brandenburger Tor in Berlin

Tschechische Republik

Die Hauptstadt ist Prag. In der Tschechischen Republik leben rund 10 Mio. Einwohner. Das Land ist nicht Mitglied der Europäischen Währungsunion und hat die tschechische Krone (CZK) als Zahlungsmittel. Auf Autobahnen und Schnellstraßen herrscht Vignettenpflicht, und zwar für alle Kfz außer für Motorräder. Das internationale Kennzeichen ist CZ.

Karlsbrücke in Prag

Slowakei

Die Hauptstadt ist Bratislava (Pressburg). In der Slowakei leben rund 5,5 Mio. Einwohner. Das Land ist Mitglied der Europäischen Währungsunion und hat somit den Euro als Zahlungsmittel. Auf Autobahnen und Schnellstraßen herrscht Vignettenpflicht, und zwar für alle Kfz außer für Motorräder. Das internationale Kennzeichen ist SK.

Umrechnungstabellen mit den Wechselkursen von Fremdwährungen müssen tagesaktuell sein. Möchte beispielsweise ein tschechischer Gast bei Ihnen mit tschechischen Kronen bezahlen, müssen Sie den aktuellen Tageskurs zur Umrechnung in Euro verwenden.

Eine Übersicht über die Promillegrenzen in den wichtigsten europäischen Länder finden Sie in der TRAUNER-DigiBox

Wird man ohne genügend Warnwesten (für jeden Autoinsassen eine) erwischt, drohen hohe Strafen, in der Slowakei zahlt man bis zu 150 Euro.

Ungarn

Die Hauptstadt ist Budapest. In Ungarn leben rund 10 Mio. Einwohner. Das Land ist nicht Mitglied der Europäischen Währungsunion und hat den Forint (HUF) als Zahlungsmittel. Auf Autobahnen herrscht Vignettenpflicht. Das internationale Kennzeichen ist H.

Erlaubter Blutalkohol

Unter Blutalkohol versteht man die Menge von Alkohol im Blut. Er wird in Gewichtsanteilen als Gramm pro Kilogramm (Promille) gemessen und gibt Auskunft über die Einschränkung der Konzentrationsfähigkeit. Die Polizei führt bei Verkehrskontrollen im Straßenverkehr Atemalkoholbestimmungen durch. Diese meist elektronischen Messgeräte verfügen über ein Röhrchen zum Hineinblasen zum Test des Alkoholspiegels. Da das Führen eines Kraftfahrzeuges in nicht fahrtüchtigem Zustand verboten ist, gibt es in allen Ländern verbindliche Obergrenzen für den Blutalkoholspiegel. In Österreich, Deutschland, Italien, Slowenien und der Schweiz sind es 0,5 ‰. In der Tschechischen Republik, der Slowakei und in Ungarn sind es 0,0 ‰. Diese Grenze gilt bei uns für Fahranfänger bis 21 Jahren.

Übrigens: Auch für Fahrradfahrer gelten Promillegrenzen! Eine Tabelle finden Sie in der TRAUNER-DigiBox.

Slowenien

Die Hauptstadt ist Ljubljana (Laibach). In Slowenien leben rund 2 Mio. Einwohner. Das Land ist Mitglied der Europäischen Währungsunion und hat somit den Euro als Zahlungsmittel. Auf Autobahnen und Schnellstraßen herrscht Vignettenpflicht. Das internationale Kennzeichen ist SLO.

Italien

Die Hauptstadt ist Rom. In Italien leben rund 58 Mio. Einwohner. Das Land ist Mitglied der Europäischen Währungsunion und hat somit den Euro als Zahlungsmittel. Auf Autobahnen wird eine Maut eingehoben. Das internationale Kennzeichen ist I.

In Österreich ist sowohl das Mitführen als auch das Tragen einer **Warnweste** bei einem Unfall sowie bei einer Panne Pflicht. Dies gilt für den Fahrzeuglenker, in vielen anderen Ländern, wie z. B. in Italien, der Slowakei und in Ungarn, sogar für jeden Autoinsassen. Am besten ist es, die jeweils geltenden Bestimmungen vor dem Antritt einer Reise beim ÖAMTC oder ARBÖ zu erfragen, denn es gibt durchaus kuriose Bestimmungen, so ist es beispielsweise in Ungarn Pflicht, im Fahrzeug ein Ersatzlampenset mitzuführen.

Was Sie wo im Auto brauchen, entnehmen Sie einer Aufstellung in der TRAUNER-DigiBox.

Schweiz

Die Hauptstadt ist Bern. In der Schweiz leben rund 8,2 Mio. Einwohner. Das Land ist nicht Mitglied der Europäischen Währungsunion und hat den Schweizer Franken (CHF) als Zahlungsmittel. Auf Autobahnen herrscht Vignettenpflicht. Das internationale Kennzeichen ist CH.

Das Matterhorn in der Schweiz

Das sogenannte **Schengen-Abkommen** ist ein internationales Übereinkommen zur Abschaffung von Grenzkontrollen an den Binnengrenzen der teilnehmenden Staaten. In den Schengen-Ländern gibt keine Grenzkontrollen an der Staatsgrenze. Ein blaues Schild mit einem Sternenkranz um den Namen des EU-Staates weist auf die Staatsgrenze hin.

Bei Großveranstaltungen, z. B. der Fußball-Europameisterschaft, kann die Regelung aufgehoben werden und Grenzkontrollen werden flächendeckend durchgeführt. Stichprobenkontrollen sind immer möglich.

Aufgabenstellungen – „Österreich und seine Nachbarländer"

1. Ordnen Sie die Länder den Flaggen zu.

- ☐ Deutschland
- ☐ Slowakische Republik
- ☐ Ungarn
- ☐ Italien
- ☐ Tschechische Republik
- ☐ Fürstentum Liechtenstein
- ☐ Slowenien
- ☐ Schweiz

2. Sie besuchen das Oktoberfest und fahren mit dem Zug von Österreich nach München. Müssen Sie einen Reisepass mitführen? Recherchieren Sie!
3. Welche Staaten gehören dem Schengen-Abkommen an? Recherchieren Sie.
4. Sie planen Ihre Sommerreise nach Kroatien. Informieren Sie sich über die Verkehrsbestimmungen in diesem Urlaubsland. Nehmen Sie gegebenenfalls die Erklärungen des ÖAMTC (auch in der TRAUNER-DigiBox) oder des ARBÖ zu Hilfe. Bereiten Sie eine kurze Präsentation vor.

Österreich gehört dem Schengen-Abkommen an

2.2 Wirtschaftliche Voraussetzungen

Europa wird durch den **EU-Binnenmarkt** (zurzeit 28 Staaten) und durch den EWR (Europäischen Wirtschaftsraum) bestimmt. Somit kommen drei der vier EFTA-Staaten dazu. Mit Island, Liechtenstein und Norwegen sind es also 31 Staaten, die dem gemeinsamen Binnenmarkt angehören. Nur die Schweiz (vierter EFTA-Staat) hat das Abkommen nicht ratifiziert.

EFTA = Europäische Vereinigung für einen freien Handel.

Ratifiziert = anerkannt.

Europaparlament in Straßburg

Die Erweiterung der Europäischen Union

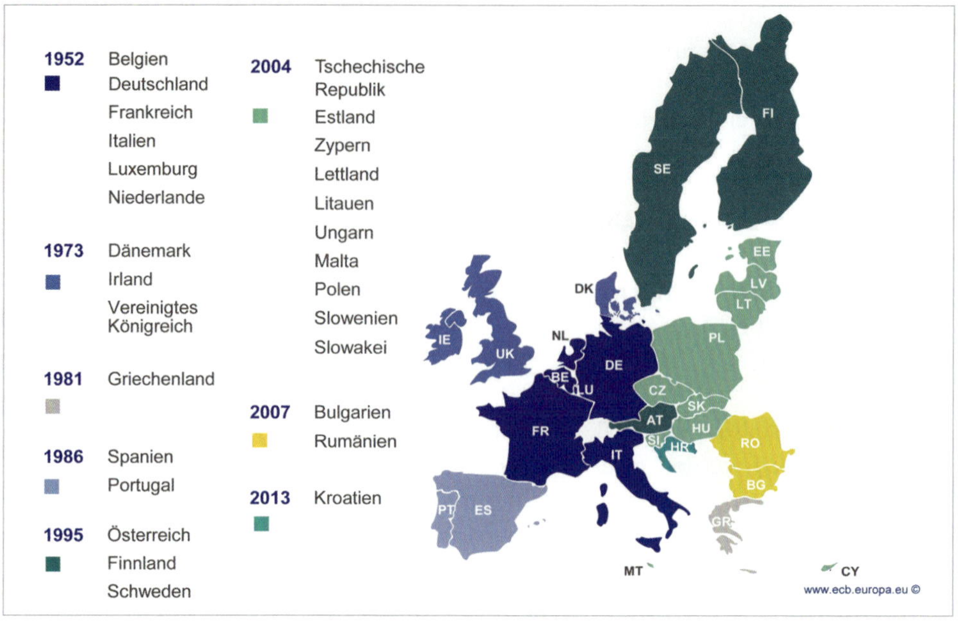

Bei der Einfuhr von Waren aus sogenannten Drittstaaten gibt es Freigrenzen, so beträgt beispielsweise die Wertfreigrenze für die Schweiz 300 CHF. Sobald dieser Betrag überschritten wird, ist die Mehrwertsteuer des Gesamtwertes der Waren zu entrichten. Darüber hinaus sind die Freimengen, z. B. für Alkohol und Zigaretten zu beachten. Werden die Freimengen überschritten, sind die Waren zu verzollen.

Die vier Grundfreiheiten des EU-Binnenmarktes

- **Freier Warenverkehr:** Die Warenverkehrsfreiheit ermöglicht, dass Waren im gesamten Binnenmarkt frei zirkulieren können. Es gibt keine Zölle und Kontingentierungen. Der größte Vorteil ist das größere Warenangebot.
- **Freier Personenverkehr:** Die Personenverkehrsfreiheit ermöglicht es Unionsbürgerinnen und -bürgern, in einem anderen Mitgliedstaat zu wohnen und zu arbeiten. Es gibt eine gegenseitige Anerkennung von Ausbildungsabschlüssen. Der größte Vorteil ist der Wegfall von Passkontrollen an den Innengrenzen.
- **Freier Kapitalverkehr:** Durch die Liberalisierung des Kapitalverkehrs ist ein Transfer von Geldern und Wertpapieren in beliebiger Höhe zwischen den Mitgliedstaaten (und zwischen Mitgliedstaaten und Drittstaaten) möglich. Der größte Vorteil ist der Euro als gemeinsame Währung.
- **Freier Dienstleistungsverkehr:** Die Dienstleistungsverkehrsfreiheit ermöglicht Unionsbürgerinnen und -bürgern die freie grenzüberschreitende Erbringung von Dienstleistungen im Binnenmarkt ohne Beeinträchtigung aufgrund ihrer Staatsangehörigkeit.

Aufgabenstellung

- Tragen Sie den passenden Buchstaben ein (a) = freier Warenverkehr, (b) = freier Personenverkehr, (c) = freier Kapitalverkehr, (d) freier Dienstleistungsverkehr

Grundfreiheiten in der EU	
Jana freut sich, dass sie ihre Lieblingssachen eines schwedischen Modehauses auch in Österreich bekommt. Der Europreis ist der Gleiche wie im Ausland.	
Bei der Urlaubsreise nach Italien fällt das lästige Umwechseln in eine andere Währung weg.	
Mein Freund Max wohnt in Salzburg und arbeitet in einem Restaurant in Berchtesgaden. Nicht nur, dass er an der Grenze keinen Pass vorweisen muss, sein Chef ist Österreicher und betreibt ein Lokal in Salzburg und eines in Berchtesgaden.	

Volkswirtschaftliche Bedeutung des Tourismus für Österreich

Der Tourismus und die Freizeitwirtschaft spielen in der österreichischen Volkswirtschaft eine bedeutende Rolle. Als Volkswirtschaft eines Landes ist der Wirtschaftsraum zu verstehen mit allen Aspekten des Handels, der Preisentwicklung, der Einkommensverteilung, dem Grad der Beschäftigung und vielem mehr.

Diese volkswirtschaftliche Bedeutung spiegelt sich vor allem in der Anzahl der Beschäftigten wider. Laut Statistik sind knapp ein Fünftel der österreichischen Vollzeitarbeitsplätze im Tourismus und in der Freizeitwirtschaft.

Beitrag zu einer positiven **Handelsbilanz,** d. h., dass die Exporte die Importe überschreiten oder, anders gesagt, dass wir mehr Waren und Dienstleistungen ans Ausland verkaufen, als wir einkaufen.

Verlagerung der **Kaufkraft,** d. h., bestimmte Regionen, manchmal auch wirtschaftlich schwächere, profitieren. Wirtschaftliche Stärkung von Regionen im alpinen Raum. Gleichzeitig verbessert sich die Infrastruktur.

Existenzbasis für Tausende selbstständig und unselbstständig Beschäftigte.

Infrastruktur = wirtschaftlich-organisatorischer Unterbau eines Staates, in diesem Zusammenhang z. B. das Straßen- und Bahnnetz.

Verringerung der Abwanderung der Landbevölkerung, d. h., Tourismus findet nicht nur im Stadthotel statt, sondern auch am Land, z. B. Urlaub am Bauernhof, Feriendörfer oder Camping. Auch werden mehr Privatzimmer am Land vermietet.

Eine **Verbesserung der Umweltschutzeinrichtungen** bietet mehr Lebensqualität.

Nicht nur die Österreicher und Österreicherinnen profitieren, sondern auch die Gäste, die lieber in einer intakten Landschaft Urlaub machen.

Erhaltung der Kulturlandschaften sowie Ortsbild- und Brauchtumspflege.

Das Aufstellen des Maibaums ist jedes Jahr ein Fest

Aufgabenstellung

- Lesen Sie den Auszug eines Artikels des Infrastrukturministeriums. Was bedeuten diese Aussagen für die Tourismusanbieter? Diskutieren Sie in der Klasse darüber.

Ein Masterplan zur Breitbandförderung

Breitband ist für einen modernen Wirtschaftsstandort genauso wichtig wie das umweltfreundliche Bahnnetz, gut ausgebaute Straßen und die Energienetze. Fast alle Österreicherinnen und Österreicher sind online. 80 Prozent der Bevölkerung und praktisch alle Unternehmen nutzen das Internet. Der Breitbandausbau ist eine wichtige Zukunfsinvestition, die in den kommenden Jahren und Jahrzehnten maßgeblich zum heimischen Wirtschaftswachstum beitragen wird. Fast ein Drittel der österreichischen Bevölkerung in ländlichen Gebieten würde ohne Förderung nicht mit Breitband versorgt werden. Um die digitale Kluft zwischen Land und Stadt zu schließen, bedarf es des gezielten Ausbaus der Infrastruktur. Damit werden Betriebsansiedlungen forciert, Abwanderung vermieden und die Lebensqaulität der Bevölkerung gesteigert.

2.3 Geografische Gegebenheiten

Österreich ist ein Binnenstaat, wir haben keinen Zugang zum Meer und liegen im Zentrum Europas. Unser Land ist durch viele verschiedene Landschaftsformen, wie Berge, Wälder, Flüsse, Seen, geprägt. Auf kleinstem Raum haben wir eine Vielfalt an unterschiedlichen klimatischen Verhältnissen zu bieten. All das macht den Reiz Österreichs für unsere Urlaubsgäste aus und ist somit für den Tourismus von großer Bedeutung.

Ziel unserer Regierung ist es daher, die intakte Umwelt zu erhalten bzw. laufend Verbesserungsmaßnahmen zu setzen.

Diese Plattform des Ministeriums für Land- und Forstwirtschaft bietet eine Reihe von Online-Praxismaterialien, z. B. zum Thema Schule und Littering. Recherchieren Sie, womit sich das Forum Umweltbildung sonst noch auseinandersetzt.

STOP Littering (*engl.* für Vermüllung) ist eine viel beachtete Aktion des Landes Steiermark gegen achtloses Wegwerfen von Müll.

Sie finden dazu zwei Plakate in der TRAUNER-DigiBox.

Die Einrichtung von Schutzgebieten, die Ortsbildpflege, die Lärmbekämpfung, Wasser- und Luftreinhaltung sowie Abfallrecycling sind nur einige Beispiele für Umweltthemen unseres Landes. In Österreich gibt es eine Reihe von Kur- und Heilbädern, deren Grundlage natürliche Heilwasservorkommen sind. Auch diese sind besonders schützenswert.

Wintersport in den Alpen

Dürnstein an der Donau

Dürnstein liegt in der Wachau. Diese Region ist UNESCO-Weltkulturerbe. Recherchieren Sie, was das bedeutet.

Geografisch lässt sich Österreich in **acht Großlandschaften** einteilen. Es sind dies:

- Ostalpen
- Alpenvorland
- Böhmische Masse
- Karpatenvorland
- Donautal
- Wiener Becken
- Vorland im Osten
- Klagenfurter Becken

Eine Karte und eine kurze Beschreibung der Großlandschaften finden Sie in der TRAUNER-DigiBox.

Klima in Österreich

Das Klima beeinflusst das Wohlbefinden der Menschen. Günstige Witterungsverhältnisse bilden die Basis für das touristische Angebot. Bei ungünstiger Witterung sind Schlechtwetterprogramme erforderlich, um den Gästen Alternativen für ihr Bleiben zu bieten.

In Österreich herrschen vier Klimazonen vor, und zwar:

- das mitteleuropäische Übergangsklima (atlantische Klima),
- das alpine Klima,
- das pannonische Klima (kontinentale Klima) und
- das illyrische Klima.

Eine Österreichkarte mit den Klimazonen sowie eine Erklärung dazu finden Sie in der TRAUNER-DigiBox.

Aufgabenstellungen – „Geografische Gegebenheiten“

1. Sie wohnen in ______________________. Recherchieren Sie, zu welcher Großlandschaft Ihr Wohnort gehört. Ziehen Sie Schlussfolgerungen, welche Tourismusarten hier vorherrschen. Überlegen Sie auch, in welcher Klimazone Sie wohnen.
2. Machen Sie einige Vorschläge für ein Schlechtwetterprogramm in Ihrer Tourismusregion.

   Sommer:

   ____

   ____

   ____

   Winter:

   ____

   ____

   ____

„Wenn es einmal regnet in Wien, dann gibt es so viel Schönes zu tun“ – mit diesem Slogan bietet ein Wiener Stadthotel Vorschläge für ein Schlechtwetterprogramm an. Siehe www.das-tyrol.at.

2.4 Geschichtliche und kulturelle Voraussetzungen

Im Kapitel „Geschichtliche Entwicklung von Tourismus und Gastronomie“ haben wir europäische Geschichte kennengelernt und einiges über die Ursprünge des Tourismus ganz allgemein erfahren. Nun widmen wir uns den geschichtlichen und kulturellen Voraussetzungen in Österreich, die wesentlich dazu beitragen, dass viele ausländische Gäste unser Land besuchen.

Going international

Have you ever heard of the movie “The Sound of Music” starring Julie Andrews? Of course, not! But can you imagine that fans from the US book a tour with guides that bring them to the original places of the movie. If the guests like, they can also rent a Dirndl ...

When “The Sound of Music” was released in 1965, it took the world by storm, earning five Oscars. For millions of people, the film is the rare combination of a powerful and moving story, first-rate music, and breathtaking scenery of Salzburg!

Mozartfans aus der ganzen Welt besuchen das Geburtshaus von Wolfgang Amadeus in der Getreidegasse in Salzburg

Von der Urgeschichte bis zur Gegenwart – österreichische Geschichte im Zeitraffer

Urzeit
- Funde aus der Stein- und Bronzezeit
- Willendorf in der Wachau
- Pfahlbausiedlungen an den Salzkammergutseen

800–400 v. Chr.
- Hallstattzeit, Illyrer
- Fundstätten u. a. in Hallstatt, OÖ

450–15 v. Chr.
- La-Tène-Kultur, Kelten
- Fundstätten am Dürrnberg (bei Hallein) und am Magdalensberg (Kärnten)

15 v. Chr.
- Römer
- Bis ins 5. Jahrhundert n. Chr. entstanden Legionslager und Städte
- Carnuntum, Vindobona (Wien), Juvavum (Salzburg), Lauriacum (bei Enns)

6. und 7. Jahrhundert n. Chr.
- Frühchristliche Kunst

750–950 n. Chr.
- Karolingische Kunst
- Tassilokelch (Kremsmünster), Martinskirche (Linz), Stift St. Florian (OÖ)

950–1250
- Romanik, Babenberger
- Viele Ordensstifte wurden gegründet, z. B. Klosterneuburg, Heiligenkreuz, Wiener Neustadt, St. Paul im Lavanttal

1250–1500
- Gotik, ab 1282 treten die Habsburger auf
- Die Vormachtstellung Wiens wird weiter gefestigt; Habsburger lassen den Stephansdom in Wien errichten

16. Jahrhundert
- Spätgotik; Frührenaissance, Renaissance
- Schallaburg, Schloss Porcia, Hofkirche in Innsbruck („Schwarz-Mander-Kirche")

Wie viele Besucher kommen
- in das Schloss Schönbrunn in Wien ____________________ im Monat,
- in die Kristallwelten in Wattens ____________________ im Jahr,
- in die Kaiservilla in Bad Ischl ____________________ im Jahr,
- ins Lipizzanergestüt in Piber ____________________ im Jahr?

Schätzen Sie! Die Lösung finden Sie in der TRAUNER-DigiBox.

17. Jahrhundert und erste Hälfte des 18. Jahrhunderts

- Barock
- Viele Kirchen, Klöster und Schlösser entstehen, z. B. Schloss Schönbrunn

Zweite Hälfte des 18. Jahrhunderts

- Rokoko
- Innenausstattung von Schloss Schönbrunn, Stiftskirche Wilhering (OÖ)

Ende des 18. Jahrhunderts und Beginn des 19. Jahrhunderts

- Klassizismus
- Schloss Mirabell

1815–1850

- Biedermeier (typisch österreichischer Stil)

1850–1900

- Historismus
- Wiener Ringstraßenbauten

1890–1920

- Jugendstil
- Kirche am Steinhof (Otto Wagner) und Secession in Wien
- Maler Gustav Klimt

1918

- Moderne; Neue Sachlichkeit

Zwischenkriegszeit

- Spätimpressionismus, Expressionismus
- Nach dem Zweiten Weltkrieg Kubismus, Surrealismus

Ab 1945

- Postmoderne; Haashaus, Wien
- Friedensreich Hundertwasser (Hundertwasserhaus in Wien, Therme Rogner, Bad Blumau, Stmk.)

Österreichs Bevölkerung und Brauchtum

Brauchtum war und ist in vielen österreichischen Dörfern tief verwurzelt. Die Menschen haben das Bedürfnis, traditionelle Anlässe (meist im Jahresablauf) zu feiern.

Aufgabenstellung

- Vervollständigen Sie die Liste der Brauchtumsveranstaltungen im Jahresablauf. Welche Bräuche werden in Ihrer Heimat gefeiert?

Jahresbeginn
Sternsingen,

Frühling
Almauftrieb,

Sommer
Sonnwendfeuer,

Herbst
Leopoldifest,

Jahresende
Krampusumzug,

2.5 Ökologische Voraussetzungen

Ökologisch = die Lehre von den Beziehungen der Lebewesen zur Natur betreffend.

Ökonomisch = die Lehre von der Wirtschaft betreffend.

Jedes Land, so auch Österreich, sollte versuchen, die ökologischen Anliegen und die ökonomischen Notwendigkeiten in Einklang zu bringen. Das heißt, das Wechselspiel zwischen Umwelt und Wirtschaft sollte intakt sein.

Zum Umweltschutz zählen Klima-, Wald- und Gewässerschutz. Zurzeit werden weltweit vor allem die globale Erwärmung und die Luftverschmutzung diskutiert.

Für den Umweltschutz sind in Österreich das Bundesministerium für Land- und Forstwirtschaft, kurz Lebensministerium, und das Umweltbundesamt zuständig.

Umweltschutz

Klimaschutz

- Verringerung der Treibhausgase, um der globalen Erwärmung entgegenzuwirken
- Erhaltung und Unterstützung der Funktionen der Wälder und Meere

Waldschutz

- Lebensräume vieler Tiere und Pflanzen erhalten
- In manchen Regionen sind Wälder auch als Wasserschutz- oder Naturschutzgebiet ausgewiesen

Gewässerschutz

- Sauberes Trinkwasser
- Nachhaltiger Bodenschutz für die Landwirtschaft zur Sicherung der Ernährung
- Österreich hat eines der besten Trink- und Abwassersysteme der Welt

Zum Schutz der menschlichen Gesundheit wird der Lebensraum des Menschen betrachtet. Hier spielen hauptsächlich Lärmschutz und Luftreinhaltung eine Rolle.

Die Alpen bilden mit ihren vielfältigen Naturgegebenheiten eines der wichtigsten Tourismusgebiete der Welt. **Schutzgebiete** haben dabei eine außergewöhnliche Bedeutung.

Nationalparks

In Österreich sind sechs der ökologisch wertvollsten Regionen des Landes zu Nationalparks erklärt worden. In diesen ausgewählten Gebieten hat Naturschutz absolute Priorität. Ein Nationalpark ist ein großflächiges Schutzgebiet, das von den Menschen wenig beeinflusst ist. Hier kann sich die Natur weitgehend ungestört entfalten und bleibt so auch für zukünftige Generationen erhalten.

Nationalparks in Österreich sind:

- **Hohe Tauern:** größtes Schutzgebiet der Alpen und größter Nationalpark Mitteleuropas; in den Bundesländern Kärnten, Salzburg und Tirol
- **Kalkalpen:** in Oberösterreich
- **Gesäuse:** in der Steiermark
- **Thayatal:** in Niederösterreich, grenzüberschreitend mit Tschechien
- **Donauauen:** in Wien und Niederösterreich
- **Neusiedler See-Seewinkel:** im Burgenland, grenzüberschreitend mit Ungarn

Naturparks

Diese Großgebiete mit einer traditionellen Berglandwirtschaft oder Forstwirtschaft sollen in ihrer Form bewahrt und gleichzeitig touristisch vermarktet werden. Es wird eine nachhaltige Nutzung dieser Kulturlandschaften angestrebt, die einerseits der Erholung dienen sollen und andererseits eine Wissensvermittlung über die Natur bieten möchten. Auch die Region, in der der Naturpark liegt, soll Impulse erhalten.

Naturschutzgebiete

Es sind dies Landschaftsräume unterschiedlicher Größe mit einer selten gewordenen Fauna und Flora, die einem strengen Schutz von Natur und Landschaft unterliegen.

Biosphärenreservate (Biosphärenparks)

Diese Schutzgebiete unterliegen dem von der UNESCO ins Leben gerufenen Programm „Mensch und Biosphäre", in dem der Schutz der Natur nicht isoliert von den Bedürfnissen der Menschen gesehen wird.

Aufgabenstellung – „Umweltschutz"

- Recherchieren Sie Begriffe, die mit Umweltschutz zu tun haben und versuchen Sie kurze Definitionen zu formulieren.

Sonnenkollektoren: ______

Ökostrom: ______

Nachhaltigkeit: ______

Recycling: ______

Umweltschutzorganisationen: ______

Das Recht auf den Zugang zu sauberem Wasser ist im Juli 2010 von der Vollversammlung der Vereinten Nationen als Menschenrecht anerkannt worden.

Der Nationalpark **Hohe Tauern** ist durch die IUCN (International Union for the Conservation of Nature) als „Schutzgebiet der Kategorie II" anerkannt und wurde damit in die Familie der ganz großen Nationalparks wie Yellowstone oder Grand Canyon aufgenommen.

Recherchieren Sie!
Welche Leistungen bietet die Nationalparkcard Hohe Tauern für unsere Gäste? Diskutieren Sie anschließend ganz allgemein, wie sich ein Nationalpark auf die touristische Entwicklung eines Gebietes auswirkt.

Eine Österreichkarte, in der die Nationalparks eingezeichnet sind, finden Sie in der TRAUNER-DigiBox.

Die Blockheide ist ein Naturpark in Gmünd im Waldviertel; charakteristisch sind die sogenannten Wackelsteine

Biosphäre = gemeinsamer Lebensraum von Pflanzen und Tieren.

Die Stieleiche im Naturpark Dobersberg (bei Waidhofen an der Thaya) ist ein mit einem Taferl gekennzeichnetes Naturdenkmal

Landschaftsschutzgebiete

Sie wurden zur Erhaltung der natürlichen Schönheit und Eigenart eines Gebietes geschaffen, z. B. das Mieminger Plateau in Tirol, das Kamptal in Niederösterreich oder das Südweststeirische Weinland.

Naturdenkmäler

Es sind dies erhaltenswürdige Naturerscheinungen, wie Wasserfälle, Schluchten oder Bäume.

Wildparks

In Gehegen werden einheimische Tierarten, z. B. Damwild, gehalten. Für die Besucherinnen und Besucher gibt es Wanderwege.

Steinbock imWildpark Feldkirch

Damwild im Wildpark Feldkirch

Naturlehrpfade und Familien- und Themen(wander)wege

Auf Naturlehrpfaden erfährt man beispielsweise etwas über Kräuter, Vögel, Pilze, meist auf Übersichtstafeln entlang von Wanderwegen. Auf den Themenwegen werden die unterschiedlichsten Themen behandelt, z. B. Bergbau, Wasser, Mühlen, Wälder (Baumwipfelweg).

Infrastruktur für den Tourismus

Verkehrswege	Transportanlagen	Grundversorgung	Freizeiteinrichtungen	Einrichtungen für die Gesundheit

Autobahnen, Straßen, Rad- und Wanderwege	Seilbahnen, Lifte	■ Versorgung mit Wasser, Strom etc. ■ Entsorgung von Abfall, Abwasser etc.	Hallenbäder, Tennisplätze, Golfplätze, Klettergärten	Thermen, Bäder, Kureinrichtungen

3 Tourismuseinrichtungen in Österreich

Wenn es schön ist und ich frei habe, fahre ich an den Neusiedler See zum Kitesurfen. Ich weiß, es gibt viele Einrichtungen für Wassersport in Österreich, aber gar nicht so viele für Kitesurfer. Was erwarten sich eigentlich sportbegeisterte Gäste von unserem Urlaubsland?

Sportliche Betätigung ist eine der wichtigsten Erwartungen vieler Gäste an ihren Urlaub, im Sommer wie im Winter. Österreich bietet eine Fülle von Tourismuseinrichtungen für Sportlerinnen und Sportler.

Aufgabenstellung

- Erarbeiten Sie in der Gruppe eine Liste der wichtigsten Sporteinrichtungen, die es in Ihrem Bundesland gibt. Denken Sie auch an seltene Sportarten, wie Eisklettern, Curling, Rafting oder Bogenschießen.

Wassersport

Bergsport

Wintersport

Flugsport

Tennis

Golf

Reitsport

Radsport

Motorsport

Schießsport

Motorsportbegeisterte lieben die Ennstal-Classic-Rallye, bei der Oldtimer drei Tage lang in und um Gröbming unterwegs sind

Viele Gäste, die nach Österreich kommen, suchen nach **kulturellen Angeboten.** Das sind Musik, Theater, Malerei, Bildhauerei und Literatur. Österreich ist als Land mit vielen Kunst- und Kulturschätzen bekannt.

Vor allem **Gesundheitsaspekte** sind es, die die Menschen dazu bringen, einen Gesundheitsurlaub zu machen. Unter dem Motto „Fit bis ins hohe Alter" ist die 50-plus-Generation sehr aktiv – mehr als 50 Prozent der österreichischen Touristen sind über 50 Jahre alt.

Was zeichnet den 50-plus-Gast aus?	Ja	Nein
Der Gast ist eher anspruchsvoll.		
Der Gast ist meist bereit, mehr Geld auszugeben.		
Der Gast liebt Partys.		
Der Gast schätzt ein frühes Abendessen, ab 18.00 Uhr.		
Der Gast legt Wert auf Ruhe.		

Die Angebote in Österreich für den Gesundheitstourismus sind sehr vielfältig.

Eine Therapie in einem Heilklimastollen hilft bei chronisch wiederkehrenden Erkrankungen der Atemwege, bei Asthma (bedingt durch die Pollenbelastung in der Luft) und Bronchitis sowie bei Stress und stressbedingten Erkrankungen. Die Luft im Stollen ist frei von allen Belastungen, hat eine hohe Luftfeuchtigkeit und eine konstante Temperatur von plus 8 °C. Im Bild der Heilklimastollen in Bad Bleiberg in Kärnten.

"Shop till you drop" means that the person shops frantically. The person buys as many goods as possible in a short time. Drop means: until you "collapse".

Shoppingmalls, wie die SCS in Wien-Vösendorf, boomen. Der Vorteil ist sicher die Vielfalt an Geschäften, einschließlich der Gastroszene.

Nicht alle Gäste wollen im Urlaub Ruhe und Entspannung, viele suchen auch Unterhaltung. Die kann sehr vielfältig sein und ist von der Zielgruppe und den Bedürfnissen der Gäste abhängig. Jugendliche lieben Discos, Events und Erlebnisurlaube, Familien mit Kindern suchen Unterkünfte mit Animationsprogramm, Geschäftsreisende wollen vielleicht nach dem Seminar bzw. Geschäftstermin als Ausgleich eine kulturelle Veranstaltung besuchen. Ein Hotel oder ein Urlaubsort kann nicht alles bieten, und so ist es sinnvoll, sich zu spezialisieren.

David-Guetta-Konzert in der Freizeitarena in Sölden

Aufgabenstellung – „Tourismuseinrichtungen"

- Listen Sie mögliche Gästezielgruppen auf und finden Sie dazu spezielle touristische Angebote. Was Gästezielgruppen sind, finden Sie im Kapitel „Marketing", Seite 169 f.

Zielgruppe	Angebot
Familien mit kleinen Kindern	Babydorf Trebesing in Kärnten

Trends

Natürlich werden im Tourismus Gästetrends beobachtet. Trends können neue touristische Marktsegmente entstehen lassen bzw. bestehende Märkte verändern. Sie müssen daher beobachtet und eingeschätzt, häufig müssen dann auch Veränderungen umgesetzt werden.

Auf dem österreichischen Tourismusmarkt lassen sich folgende Entwicklungen erkennen:

- Internetbuchung statt Reisebüro
- Entscheidungen werden in immer kürzeren Abständen getroffen. Der Wochenendtrip oder der Ausflug zwischendurch wird nicht mehr von langer Hand geplant.
- Steigender Zustrom von Gästen aus nicht deutschsprachigen Ländern, z. B. Osteuropa und Übersee.
- Veränderung der Urlaubsgewohnheiten hin zu häufigeren, aber kürzeren Aufenthalten; Kurzurlaube, Tagesausflüge.
- Steigende Qualitätsansprüche; Viersterne- und Fünfsternebetriebe verzeichnen Zuwächse, Zwei- und Dreisternebetriebe weisen Nächtigungsrückgänge auf.

Arabische und russische Gäste lieben den Schnee

- Zunahme des Städtetourismus und des Kulturtourismus.
- Sanfter Tourismus (nachhaltiger Tourismus) versucht der Natur so wenig wie möglich zu schaden, die Gäste sollen die Natur möglichst nah, intensiv und ursprünglich erleben. Immer mehr Gäste wählen die Urlaubsregion dahingehend aus.
- Konsumfreudige Best Agers oder Silver Agers (Generation 60+) nehmen zu.
- Die Anforderungen der Gäste werden immer extremer. Auf der einen Seite buchen die Leute eine Entschleunigung im Kloster, auf der anderen Seite suchen sie den ultimativen Kick, z. B. beim Bungee-Jumping.

Ein kritischer Blick auf den Tourismus

Schnäppchenjäger suchen gezielt nach außergewöhnlich guten Angeboten. Im Internet ist das Auffinden von Sonderangeboten zu einem Volkssport geworden. Was den einen freut, nämlich den Gast, der möglichst wenig bezahlt, ist das Leid des anderen. Viele Hotels verschleudern ihre Zimmer und geben immer mehr Rabatt. Das dient zwar der Auslastung, führt aber auch leider oft in die Schuldenfalle, wenn nicht mehr kostendeckend gewirtschaftet wird.

Going international

International tourism is an engine for the economic recovery. In the first half of 2014 the worldwide tourism is up by 5%. The World Tourism Barometer is a publication of the Tourism Trends and Marketing Strategies Programme of UNWTO (World Tourism Organization). The latest news you can find at the digital appendix.

Die Region um den Weißensee in Kärnten hat sich dem sanften Tourismus verschrieben

Facts and Figures (Zahlen und Fakten)

Ein Kurzurlauber gibt im Schnitt um 15–20 Euro mehr am Tag aus als Gäste, die länger bleiben.

70 Prozent aller Urlauber sind älter als 40 Jahre. 50 Prozent der österreichischen Touristen gehören der 50-plus-Generation an.

In rund 50 Prozent der Familien wählen die Kinder den Urlaubsort.

Mehr als 80 Prozent der Gäste erwarten sich von ihrem Reiseziel eine schöne Natur und eine saubere Landschaft.

Etwas für die Gesundheit zu tun, ist für zwei Drittel der deutschen Urlauberinnen und Urlauber Hauptmotiv für ihre Reise nach Österreich.

Vorausbuchungen werden immer seltener. Last-Minute-Angebote nehmen zu. Hotellerie und Gastronomie müssen flexibel sein und schneller reagieren.

Mehr als 50 Prozent der Buchungen über das Internet – Tendenz steigend. Es gibt auch Restplatzbörsen für Restaurants (z. B. www.delinski.at).

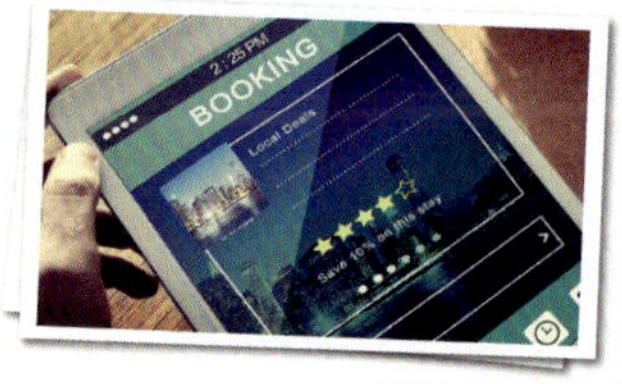

Ein professioneller Werbeauftritt (im Internet) wird immer wichtiger, E-Mail-Schriftverkehr (Muster in der TRAUNER-DigiBox.) Newsletter-Versand, Verknüpfung zu Social Media und Hotelbewertungsplattformen.

Immer mehr Systemgastronomieanbieter in Österreich, wie McDonald's, Burger King, Vapiano, Starbucks.

Immer mehr Gäste mit Ernährungsbesonderheiten, wie Vegetarier, Veganer, Fructarier, Pescetarier, Rohköstler. Eine Zusammenstellung finden Sie in der TRAUNER-DigiBox.

Der Gast will wissen, was er isst und woher es kommt. Zusatzstoffe (z. B. Geschmacksverstärker) und Allergene (z. B. glutenhaltige Getreide) sind auf einer Speisenkarte zu kennzeichnen.

Home-Delivery (Lieferservice, z. B. Pizzadienst) und Take-away-Food werden immer beliebter.

Nachhaltigkeit wird immer wichtiger. Viele Gäste legen großen Wert auf umweltschonendes Verhalten in den Betrieben.

Motive wie gut essen und trinken, Leute treffen, sehen und gesehen werden gewinnen noch stärker an Beliebtheit.

Die Gäste sind ständig auf der Suche nach etwas Neuem bzw. Außergewöhnlichem.

Was macht die Hotellerie und Gastronomie auch in Zukunft erfolgreich?

- Spezialisierung
- Erlebnisorientierung
- Flexibilität
- Zielgruppengerechte Angebote

Ziele erreicht? – „Tourismus“

KOMPETENZ-ERWERB

1. Kreuzen Sie in der Tabelle an, ob die Aussage stimmt oder nicht stimmt.

Aussage	Stimmt	Stimmt nicht
Berlin ist die Hauptstadt von Deutschland.		
Die Währung in der Schweiz ist der Euro.		
Autofahrer in Ungarn müssen 0,0 Promille Blutalkohol haben.		
Um als österreichischer Staatsbürger in Tschechien einzureisen, benötigt man einen gültigen Reisepass.		
Die Vorwahl von Österreich ist 0043.		

2. Beschreiben Sie die Voraussetzungen für einen funktionierenden Tourismus.

3. Versetzen Sie sich in die Rolle eines Kultur- und Bildungstouristen und erläutern Sie seine/ihre Interessen.

4. Welche Aufgaben erledigen Eventagenturen?

5. Sie arbeiten an der Rezeption des Kinderhotels Buchau am Achensee.

Kinderhotel Buchau

Hotel ★★★★ 5

Betten: 150
Zimmerarten: 71 Zimmer/Suiten; 4 Ferienwohnungen
Ort: Maurach am Achensee
Lage: Ortsrand, Am See, Am Berg, Lage im Grünen, Nähe Seilbahn, Nähe Loipe, 3000 m zum Skigebiet, 3000 m zur Talstation, 1 m zur Skibushaltestelle

Erklären Sie einem Gast die Vorzüge Ihres Betriebes.

6. Erklären Sie den Begriff Nachhaltigkeit. In welcher Form spielt Nachhaltigkeit im Tourismus eine Rolle? Welche Maßnahmen setzen österreichische Hoteliers und Gastronomen im Zusammenhang mit Nachhaltigkeit? Nennen Sie Beispiele.

7. Damit Tourismus möglich ist, muss ein Urlaubsland (z. B. Österreich) verschiedene Voraussetzungen erfüllen. Beschreiben Sie worum es sich dabei handelt.

8. Ergänzen Sie in den Steckbriefen der österreichischen Nachbarländer die fehlenden Angaben. Beachten Sie den Steckbrief von Italien als Mustervorlage.

Italien
Hauptstadt: Rom
Einwohner: ca. 58 Mio.
Internationales Kennzeichen: I
Währung: Euro

____
Hauptstadt: Budapest
Einwohner: ca. 10 Mio.
____
____

Schweiz
____
Einwohner: ca. 8,2 Mio.
____
____

Deutschland
____
____
____
Währung: Euro

Tschechische Republik
____
Einwohner: ca. 10 Mio.
____
Währung: tschechische Kronen

Slowenien
____
Einwohner: ca. 2 Mio.
Internationales Kennzeichen: SLO
____

9. Definieren Sie den EU-Binnenmarkt und erklären Sie welche vier Grundfreiheiten er bietet.

10. Der freie Warenverkehr ist eine der vier Grundfreiheiten des EU-Binnenmarktes. Kreuzen Sie in der Tabelle an, welche Waren bei der Einfuhr nach Österreich zu verzollen sind und welche nicht.

Aussage	Zoll	kein Zoll
Von meiner letzten Reise in die Türkei habe ich zwei Lederjacken mitgebracht.		
Mir gefallen die Ledertaschen in Italien so gut. Ich habe mir eine gekauft.		
Meine Freundin arbeitet in einem Restaurant am Bodensee. Manchmal fährt sie in die Schweiz. Das letzte Mal hat sie mir eine Tafel der köstlichen Schweizer Schokolade mitgebracht.		
Unser Küchenchef hat sich in der Schweiz eine teure Uhr gekauft.		

11. Warum ist die Tourismuswirtschaft für Österreich so wichtig (Stichwort: volkswirtschaftliche Bedeutung)?

12. Ihr Chef hat unter seinen Gästen eine Umfrage durchgeführt. Dabei ist herausgekommen, dass zwei Drittel der Gäste sich einen Ausbau des Wellnessangebotes im Hotel wünschen würden. Schwimmbad und Sauna sind vorhanden. Was könnten Sie sonst noch anbieten?

Lösen Sie die Aufgabe in Kleingruppen. Erarbeiten Sie Vorschläge. Bestimmen Sie einen Gruppensprecher bzw. eine Gruppensprecherin, die die Ergebnisse präsentiert. Diskutieren Sie im Anschluss daran in der Klasse.

13. Was versteht man unter Umweltschutz? Warum ist er für den Tourismus von großer Bedeutung?

14. Was ist eine Zielgruppe? Warum ist es sinnvoll, sich auf eine bestimmte Zielgruppe zu spezialisieren?

15. Überlegen Sie Vor- und Nachteile von Sonderangeboten in der Gastronomie (z. B. delinski.at) und in der Hotellerie (z. B. booking.com), und zwar jeweils aus der Sicht des Gastes und des Betriebes.

Sonderangebote in der Gastronomie	Gast	Betrieb
Vorteile		
Nachteile		

Sonderangebote in der Hotellerie	Gast	Betrieb
Vorteile		
Nachteile		

16. Pierre Nierhaus ist ein Trendscout und Experte für die Gastronomie und Hotellerie. Auf seiner Website ist zu lesen: „Pierre Nierhaus ist dort zuhause, wo gastronomische Trends entstehen. Er veranstaltet gefragte Trendreisen in die großen Metropolen der Welt. Als Unternehmer führte er über fünfzehn Gastronomiebetriebe. Über sein Frankfurter Consultingbüro entwickelte er bereits über hundert Konzepte für Unternehmen der Hotellerie und Gastronomie und setzte sie erfolgreich um." Schlüpfen Sie nun in die Rolle eines Trendscouts und entwickeln Sie ein Konzept für ein Restaurant für

- Halloween
- Aschermittwoch

Konzepte, Trends, Innovationen

Studienreisen Pierre Nierhaus zeigt, wie die Gastronomie in den Metropolen tickt

FRANKFURT/M. Der vielzitierte Blick über den Tellerrand kann sich lohnen. Gerade für Hoteliers und Gastronomen. Denn viele Entwicklungen, die sich in den Metropolen der Welt abzeichnen, erreichen Deutschland, prägen Nachfrage und Angebot. „Wer sich gezielt umschaut, erhält Antworten auf die Fragen, die man sich stellen sollte, wenn man in der Gastronomie in Zukunft Erfolg haben will", sagt Gastro-Experte Pierre Nierhaus, der auch im kommenden Jahr Trendtouren in Großstädte anbietet.

Unter anderem geht es nach Bangkok, New York, Tokio, Helsinki, Shanghai und Wien. Und natürlich nach London. „Mindestens einmal im Jahr ist London für Gastroprofis ein Muss, denn die die mit Abstand urbanste Metropole Europas überrascht mit immer neuen Ideen", so Nierhaus. Besichtigt werden erfolgreiche Restaurantkonzepte wie Burger & Lobster und The Beast (King Crab und Steak für rund 90 Euro), außerdem asiatische, nordafrikanische und arabische Newcomer, Casual-Dining-Locations, Snack- und Backoutlets. Ebenfalls besucht werden die Dependancen von Sterneköchen wie Heston **Blumenthal**. Informationen über die **London-Tour** und die weiteren Nierhaus-**Reisen** gibt es auf der Homepage des **Veranstalters** mit Sitz in Frankfurt. *ai*

▸ **www.nierhaus.com**

Mit Lobster: Trendscout Pierre Nierhaus, hier in London Foto: Veranstalter

17. Wie schafft es eine touristische Region, ihre Attraktivität zu steigern? Nehmen Sie Folgendes als Denkanstoß:

Welche Geschichten erzählt man, wenn man von einem Urlaub nach Hause kommt? Erzählt man, dass das Urlaubshotel in Tirol eine Liegewiese und einen Pool hatte, vielleicht auch, oder erzählt man nicht vor allem vom Kirschkernweitspucken in Söll in Tirol mit eigenem Wettbewerb oder wie lustig es war, ohne Schuhe am Barfußweg im „Hexenwasser Hochsöll" zu laufen?

Überlegen Sie ein Komplettangebot für eine Tourismusregion ihrer Wahl, das attraktive Freizeiterlebnisse für die Gäste anbietet. Holen Sie sich eventuell Anregungen aus dem „Kursbuch Tourismus Niederösterreich", Sie finden es in der TRAUNER-DigiBox.

Verkehrseinrichtungen

Mobilität bestimmt immer mehr unseren Alltag – ein gut funktionierendes Verkehrssystem ist daher sehr wichtig.

Österreich hat durch seine besondere Lage in Europa seit jeher große verkehrstechnische Bedeutung. Nicht zufällig kreuzten sich hier die ältesten Handelsstraßen des Kontinents, die Bernstein- und die Donaustraße. Das größte Hindernis waren die Alpen, die zu überqueren lange Zeit anstrengend und voll von Gefahren war.

Im Zeitalter des Massenverkehrs wurde Österreich zu einem der wichtigsten europäischen Verkehrsknotenpunkte. Diese exponierte Lage, vor allem die Nord-Süd-Route ist zu einem großen Problem geworden. Durch die Grenzöffnung und den freien Verkehr von und nach Osteuropa hat sich die Lage noch verschlechtert.

Warum sind vor allem im Sommer Staus z. B. auf der Brennerautobahn vorprogrammiert? Diskutieren Sie mit Ihren Mitschülerinnen und Mitschülern.

KOMPETENZ-ERWERB

Meine Ziele

Nach Bearbeitung dieses Kapitels kann ich

- die vier Verkehrsträger Straßen-, Bahn-, Flug- und Schiffsverkehr beschreiben;
- sagen, was mit dem Begriff Transitland Österreich gemeint ist;
- im Gespräch mit Gästen gezielt Auskünfte über die österreichischen Verkehrseinrichtungen geben;
- einen kritischen Blick auf Österreich als Transitland werfen.

1 Transitland Österreich

Eine meiner Kolleginnen kommt aus Schwaz in Tirol. Von ihrem Elternhaus aus sieht man auf die Autobahn und man hört den Verkehrslärm. „Im Sommer ist es besonders schlimm“, sagt sie. Ich entgegne, dass Tirol ein Tourismusland ist und viele Leute von den Touristen leben. Doch sie sagt ganz erbost: „Die vielen Lkws fahren aber nur durch!“

Transitverkehr ist jener Verkehr, der durch ein Staatsgebiet führt, Beginn und/oder Ziel der Fahrt sind außerhalb des Gebietes. Es gibt den Gütertransit und den Personentransit. Also wird eine Urlaubsfahrt von Linz nach Italien auch als Transit bezeichnet.

Pro und kontra Transitverkehr

Österreich ist wie die Schweiz und Frankreich ein Transitland, an dieser Tatsache kann man nichts ändern. Es ist jedoch ständig zu diskutieren, wer Interesse am Transitverkehr hat und wer negative Auswirkungen durch Lärm- und Umweltbelastungen spürt. Daraus lässt sich eine Liste mit Pros und Kontras erstellen, die zu Maßnahmen und Gegenmaßnahmen vonseiten der österreichischen Verkehrspolitik führen sollte.

Aufgabenstellung

- Notieren Sie Vor- und Nachteile des Transitverkehrs!

Pro – wer profitiert?	Kontra – wem schadet er?
Tankstellen	Anrainer an der Transitroute

Früher wurden allein das Auto und die Straße als die beste Lösung aller Verkehrsprobleme angesehen. Heute besinnt man sich verschiedenster Alternativen, z. B. der rollenden Landstraße.

Rollende Landstraße = Container werden per Bahn befördert.

Verkehrsprobleme in Österreich

Sowohl die Personen- als auch die Güterbeförderung nehmen innerhalb der EU ständig zu und so kann und darf sich eine wirkungsvolle Verkehrspolitik nicht auf eine isolierte Betrachtung einzelner Verkehrsträger beschränken. Nur ein sinnvolles Miteinander kann die anstehenden Probleme lösen.

Eine Karte mit den Transitrouten durch Österreich finden Sie in der TRAUNER-DigiBox.

Mehr als 60 Millionen Tonnen Transitgüter und 115 Millionen Transitreisende im Urlauberverkehr bewegen sich Jahr für Jahr über die Alpen, und das Verkehrsaufkommen wird noch weiter steigen. Anzustreben ist eine Lösung, die den Erfordernissen des Transitverkehrs ebenso Rechnung trägt wie der Lebensqualität der vom Verkehr Betroffenen. Nur die Entflechtung der Verkehrswege kann auf längere Sicht das Problem lösen.

Unser wichtigstes Tourismuskapital ist eine intakte Natur

LKW-Fahrverbote in Österreich

In ganz Österreich gilt auf allen Straßen für Lastkraftfahrzeuge mit über 7,5 Tonnen Gesamtgewicht ein Fahrverbot von 22.00 Uhr bis 5.00 Uhr.

L-Tafel für lärmarme Fahrzeuge

Ausgenommen von diesem Fahrverbot sind Fahrten

- mit Fahrzeugen des Straßendienstes oder des Bundesheeres,
- mit lärmarmen Kraftfahrzeugen, auf denen eine sogenannte L-Tafel neben dem vorderen Kennzeichen angebracht ist.

Wochenendfahrverbote gelten von Samstag 15.00 Uhr bis Sonntag 22.00 Uhr, an gesetzlichen Feiertagen von 0.00–22.00 Uhr

- für Lastkraftwagen mit Anhänger, wenn das höchste zulässige Gesamtgewicht mehr als 3,5 Tonnen beträgt
- für Lastkraftwagen, Sattelkraftfahrzeuge und selbstfahrende Arbeitsmaschinen mit einem zulässigen Gesamtgewicht von mehr als 7,5 Tonnen.

Aufgabenstellungen – „Transitland Österreich"

1. Interpretieren Sie diese beiden Meldungen der Bundesanstalt Statistik Austria. Welche Entwicklungen zeichnen sich ab?

Pressemitteilung

Nahezu 100 Mio. Tonnen an Gütern 2014 auf der Schiene befördert

Wien, 2015-05-17 – 2014 wurden laut Statistik Austria insgesamt 98,3 Millionen Tonnen an Gütern von in- und ausländischen Eisenbahnunternehmen auf dem österreichischen Schienennetz befördert, ein Plus von 2,4 % gegenüber 2013. Die dabei im Inland erbrachte Transportleistung betrug 20,5 Milliarden Tonnenkilometer und lag um 6,1 % über jener von 2013.

Pressemitteilung

Güterverkehr auf der Donau: Rückgang um 5,5 % im Jahr 2014

Wien, 2015-03-27 – Auf dem österreichischen Teil der Donau wurden im Jahr 2014 nach Berechnungen von Statistik Austria 10,1 Millionen Tonnen an Gütern befördert. Im Vergleich zum Vorjahr nahm das **Transportaufkommen** um 5,5 % bzw. 0,6 Mio. Tonnen ab. Die gesamte **Transportleistung** verringerte sich dabei um 11 % auf 9,9 Milliarden Tonnenkilometer. Die **Anzahl der beladenen Fahrten** erhöhte sich hingegen. Diese Zunahme bei rückläufigem Transportaufkommen ist auf die geringere Auslastung je beladen gefahrenem Kilometer zurückzuführen.

2. In Österreich gelten eine Reihe verkehrspolitischer Regelungen. Erklären Sie in diesem Zusammenhang die Fahrverbote für Lastkraftwagen.

2 Straßenverkehr

Ich möchte unbedingt den L17 machen, damit ich dann mit dem Auto in die Schule fahren kann – mein Opa hat mir nämlich schon sein altes Auto versprochen. Ich bin dafür, dass wir uns mit dem Fahren abwechseln und Fahrgemeinschaften bilden.

Der größte Teil des Verkehrs bewegt sich nach wie vor auf dem Landweg. Das Auto ist das Verkehrsmittel Nummer eins. In Österreich gibt es rund 109 000 Kilometer Straßennetz, von der Autobahn bis zur Gemeindestraße. Diese Straßen bilden eine wesentliche Grundlage für den Tourismus, da die meisten Gäste mit dem Auto anreisen.

Vignette und Roadpricing

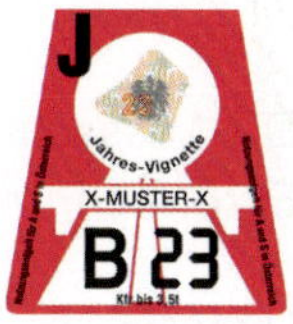

Neben den generellen Mautstraßen, wie beispielsweise der Brennerautobahn, der Strecke über den Felbertauern oder der Großglockner-Hochalpenstraße, gilt in Österreich auf Autobahnen und Schnellstraßen eine Vignettenpflicht. Inländische Autofahrerinnen und Autofahrer haben meist eine Jahresvignette, für Gäste stehen 10-Tages- und 2-Monats-Vignetten zur Verfügung. Seit mehr als zehn Jahren gibt es in Österreich für Fahrzeuge über 3,5 Tonnen eine fahrleistungsabhängige Maut (Roadpricing). Die Fahrzeuge werden beim Durchfahren der Überkopf-Kontrollstellen elektronisch erfasst. Ein großer Teil der Einnahmen aus dem Verkauf der Vignette und dem Roadpricing wird in den Bau, den Betrieb und die Sicherheit des Straßennetzes in Österreich investiert.

Die wichtigsten Straßentypen

Die vier wichtigsten Straßentypen sind Autobahnen (A), Schnellstraßen (S), Bundesstraßen (B) und Europastraßen (E).

Straßentypen

Autobahn/Schnellstraße	Autostraße	Bundesstraße	Europastraße

■ Kreuzungsfrei ■ Nicht alle Verkehrsteilnehmer zugelassen ■ Zulässige Höchstgeschwindigkeit 130 km/h ■ Vignettenpflicht	■ Kreuzungsfrei ■ Nicht alle Verkehrsteilnehmer zugelassen ■ Zulässige Höchstgeschwindigkeit 100 km/h ■ Nicht immer Vignettenpflicht	■ Dient dem Nah- und Fernverkehr ■ Zulässige Höchstgeschwindigkeit 100 km/h	■ Rund 50 000 Kilometer ■ Fernstraßen in Europa, Zentral- und Kleinasien ■ Weißes E mit Straßennummer auf grünem Grund

Urlaubsgäste, die mit dem Auto zu uns kommen, erwarten sich u. a.
- bequeme Zufahrtsstraßen,
- Umfahrungen, damit der Urlaubsort ruhig ist,
- Panoramastraßen,
- Themenstraßen, wie z. B. Weinstraße, Schlösserstraße.

Roadpricing gilt für alle Fahrzeuge über 3,5 Tonnen

Suchen Sie aus der Liste der Autobahnen und Schnellstraßen jene Autobahnen heraus, die sich in Ihrem Bundesland befinden. Die Liste und eine Karte finden Sie in der TRAUNER-DigiBox.

Rettungsgasse

Seit 2012 muss auf Österreichs Autobahnen und Schnellstraßen bei einem Stau eine Rettungsgasse gebildet werden. Dadurch soll ein rasches Vorankommen der Einsatzkräfte gewährleistet werden. Es gelten die gleichen Regeln wie in unseren Nachbarländern Deutschland, Tschechien, Slowenien und Schweiz.

Alle Fahrzeuge, die den linken Fahrstreifen befahren, müssen so weit wie möglich nach links fahren und alle anderen so weit nach rechts wie notwendig, um dazwischen eine freie Spur zu bilden. Auch der Pannenstreifen ist zu benutzen.

Die Missachtung der Rettungsgasse ist strafbar und es kostet bis zu 2 000 Euro, wenn man sie widerrechtlich befährt.

Passstraßen

Viele reizvolle Landschaften Österreichs wurden mit eigenen Straßen erschlossen, die für den normalen Verkehr nicht oder nicht in so aufwendiger Form nötig wären. Für den Tourismus sind sie jedoch unverzichtbar. Für die kostenintensive Erhaltung dieser Straßen wird oft eine Maut eingehoben, z. B. auf der Großglockner-Hochalpenstraße.

Aufgabenstellung

- In der TRAUNER-DigiBox finden Sie eine Liste mit ausgewählten Passstraßen in Österreich. Unterstreichen Sie jene, die sich in Ihrem Bundesland befinden. Schülerinnen und Schüler aus Wien und aus dem Burgenland suchen sich ein Bundesland ihrer Wahl. Nehmen Sie parallel eine Landkarte zu Hilfe.

Themenstraßen

Fast zwei Drittel der österreichischen Themenstraßen haben einen kulinarischen Schwerpunkt, wie beispielsweise die Weinstraßen. Einige Straßen haben mit Burgen und Schlössern sowie mit historischen Themen (Eisen-, Holz- oder Textilverarbeitung) zu tun. Themenstraßen bieten die Möglichkeit zu einer nachhaltigen Regionalentwicklung.

Weinstraße in der Südsteiermark

Weinstraßen in der Steiermark
Südsteirische Weinstraße, Klapotetz-Weinstraße, Sausaler Weinstraße, Schilcher-Weinstraße, Klöcher Weinstraße, Thermenland-Weinstraße, Oststeirische Römerweinstraße, Südoststeirische Hügellandweinstraße

Weinstraßen im Burgenland
Weinstraße Neusiedler See, Weinstraße Neusiedler See-Hügelland, Pinkataler Weinstraße

Weinstraßen in Niederösterreich
Weinstraße Weinviertel, Weinstraße Niederösterreich (führt durch alle niederösterreichischen Weinbaugebiete mit mehr als 150 Weinorten)

Schlösserstraße
Führt durch die Steiermark und das Burgenland

Romantikstraße
Von Salzburg über Oberösterreich und Niederösterreich nach Wien; 380 Kilometer

Käsestraße Bregenzer Wald
In Vorarlberg; nähere Informationen finden Sie in der TRAUNER-DigiBox.

Die Riegersburg liegt an der Schlösserstraße

Weinstraße Niederösterreich

Aufgabenstellungen – „Straßenverkehr"

1. In welchen Bundesländern befinden sich folgende Passstraßen?
- Soboth ______________________
- Wurzenpass ______________________
- Nassfeld ______________________
- Großglockner-Hochalpenstraße ______________________

2. In welchen österreichischen Bundesländern befinden sich Weinstraßen? Benennen Sie jeweils eine.

3. Durch welche Bundesländer führt die Schlösserstraße?

____

3 Bahnverkehr

In den nächsten Ferien fahre ich mit meinen Freunden mit dem Interrail-Global-Pass durch ganz Europa. Die Rail-Planner-App habe ich mir schon upgeloadet – ich wusste gar nicht, wo man in Europa überall mir dem Zug hinfahren kann – echt cool.

Die Interrail-Map finden Sie in der TRAUNER-DigiBox.

Die Eisenbahn-Regulierungsbehörde Schienen-Control stellt jährlich einen Marktbericht über die Bahn in Europa vor. Dem letzten Bericht zufolge wird die Bahn sowohl im Personen- als auch im Güterverkehr in Österreich überdurchschnittlich stark genutzt. Im letzten Jahr legte jeder Einwohner bzw. jede Einwohnerin in Österreich durchschnittlich rund 1 400 Kilometer mit der Bahn zurück.

Die **Schienen-Control** sorgt als Schlichtungsstelle dafür, dass Kundinnen und Kunden bei der Bahn gehört werden. Sie achtet auf Kundenfreundlichkeit, Pünktlichkeit sowie faire und transparente Tarife.

Die Österreichischen Bundesbahnen (kurz ÖBB) forcieren den Ausbau des Schienennetzes. Nach einem Übereinkommen mit der EU hat sich unser Land verpflichtet, umfangreiche Investitionen im Bereich Bahn zu tätigen und das Bahnnetz zu einem Hochleistungsnetz auszubauen. Die Bauarbeiten an der Westbahnstrecke sind weitestgehend abgeschlossen, sie hat aufgrund der europaweiten Bedeutung für die Güter- und Personenbeförderung höchste Priorität.

Wie lange fährt man mit dem Zug von Linz zum Flughafen Wien-Schwechat? Recherchieren Sie im aktuellen Fahrplan und suchen Sie die schnellste Möglichkeit, http://fahrplan.oebb.at/bin/query.exe/dn.

Das Leistungsangebot wird jährlich verbessert, zurzeit wird vermehrt in den Ausbau von barrierefreien Bahnhöfen sowie Parkmöglichkeiten bei den Bahnhöfen investiert.

Aufgabenstellung – „Bahnverkehr“

- Recherchieren Sie Begriffe, die mit der Bahn zu tun haben und halten Sie die Ergebnisse fest:
  - Railjet: ______________________________
  - Railcargo: ______________________________
  - Lost and Found: ______________________________
  - Reisebüro am Bahnhof: ______________________________
  - Park and Ride: ______________________________
  - Vorteilscard: ______________________________
  - Top-Jugendticket: ______________________________

3.1 Das österreichische Eisenbahnnetz

Österreich hat ein Eisenbahnnetz von rund 6 000 Kilometern.

Die innerösterreichischen Hauptlinien sind:
- Wien–St. Pölten–Linz–Salzburg–Innsbruck–Feldkirch–Bregenz
- Wien–Bruck an der Mur–Graz; weiter nach Klagenfurt–Villach
- Salzburg–Bischofshofen–Schwarzach-St.Veit–Villach–Klagenfurt
- Salzburg–Bischofshofen–Selzthal–Leoben–Graz
- Linz–Selzthal–Leoben–Graz

Eine Karte mit den wichtigsten Bahnlinien in Österreich finden Sie in der TRAUNER-DigiBox.

Aufgabenstellung

- Suchen Sie aus dem Fahrplan im Internet die günstigste Verbindung von Wien nach Salzburg für zwei Erwachsene. Es handelt sich um ausländische Gäste, es gibt also keine Ermäßigungen. Die Gäste checken nach dem Frühstück in Ihrem Hotel in Wien aus und möchten in der Mittagszeit in Salzburg sein. Führen Sie zur Übung ein Gastgespräch mit verteilten Rollen.

Wien Westbahnhof Salzburg Hbf	11.11.2014	09:56 ab 12:48 an	2:52	0	IC
Fahrplan 2015					
Wien Westbahnhof Salzburg Hbf	11.11.2014	10:30 ab 12:52 an	2:22	0	railjet
Fahrplan 2015					
Wien Westbahnhof Salzburg Hbf	11.11.2014	10:40 ab 13:10 an	2:30	0	WESTbahn
Fahrplan 2015					

Weisen Sie u. a. auf Folgendes hin:
- Neben der zweiten Klasse gibt es gegen Aufpreis eine erste Klasse und in manchen Zügen eine noch exklusivere Business-Class.
- Platzreservierungen können zu Stoßzeiten Nerven sparen. Die ÖBB-Auskunft weist auf starke Reisetage hin.
- Zwei gemeinsam reisende Personen mit einer gemeinsamen Fahrkarte sparen 5 %.
- Führen Sie das Gespräch auch in englischer Sprache.

Westbahn = privates Eisenbahnunternehmen, das einen Fernverkehr zwischen Wien und Salzburg betreibt; es ist somit ein Konkurrent zur ÖBB. Ein Preisvergleich lohnt sich.

Die wichtigsten Zugarten der ÖBB

Die ÖBB unterscheidet:
- Intercity (IC): nationale Taktzüge zwischen den größeren österreichischen Städten
- Eurocity (EC): für den Fernverkehr
- ICE und Railjet: Hochgeschwindigkeitszüge (bis zu 230 km/h)
- Euronight (EN): Nachtzüge mit Schlaf- und Liegewagen

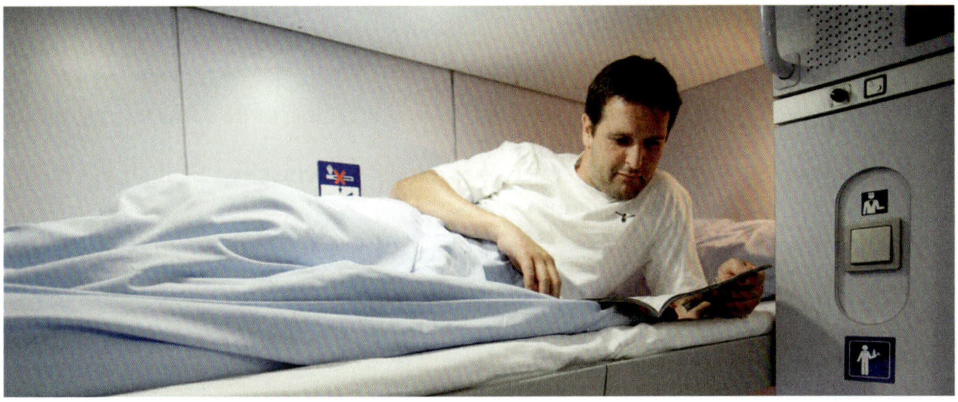

In allen Zügen der ÖBB herrscht generelles Rauchverbot.

Autoreisezug
Ausgewählte Züge führen Wagen für die Beförderung von Autos mit. Manche dieser Züge fahren in der Nacht und bieten dann Schlaf- und Liegewagen für die Reisenden.

Speisewagen und Bistrowagen
In vielen Zügen werden in einem eigenen Speisewagen Speisen und Getränke angeboten. Auch ein Service am Platz mit mobilen Trolleys steht zur Verfügung.

Haus-Haus-Gepäck – Gepäcksservice der ÖBB
Gegen eine Gebühr werden bis zu 30 kg Gepäck pro Fahrkarte vor der Reise abgeholt und an das Reiseziel gebracht.

ÖBB-Postbus
Österreichweiter Buslinienverkehr.

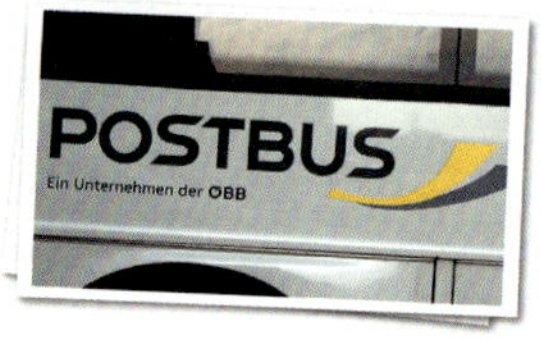

Ermäßigungen
Fahrpreisermäßigungen gibt es für viele Alters- und Personengruppen, siehe https://ticketing.oebb.at.

Radexpress Donau

Erlebnis Bahn

Es ist dies ein Projekt der ÖBB-Rail-Tours, des Reiseveranstalters der Bahn. Es werden beispielsweise Bahn-Kombinationsreisen angeboten, z. B. der Radexpress Donau. Er bietet Radfahrerinnen und Radfahrern, die entlang der Donau von Wien über Linz nach Passau oder retour radeln, die Möglichkeit, einen Teil der Strecke mit dem Zug zurückzulegen. Auch einige Nostalgiebahnen wurden wiederbelebt. Diese Bahnlinien werden großteils nur in den Sommermonaten befahren, teilweise auch nur an Wochenenden. Diese Angebote, die es in allen Bundesländern gibt, sind für den Tourismus von großer Bedeutung.

Seilbahnen in Österreich

Die erste Seilbahn Österreichs wurde im Jahre 1926 auf die Rax in Niederösterreich errichtet. Heute gibt es österreichweit rund 250 Seilbahnunternehmen. Sie sind mit dem Tourismus, vor allem mit dem Wintersporttourismus untrennbar verbunden. Mehr als 70 Prozent der Urlauberinnen und Urlauber kommen wegen des Schifahrens nach Österreich.

Aufgabenstellung

- Entnehmen Sie aus dem Factsheet über die österreichischen Seilbahnen die Antworten zu folgenden Fragen:
  - Wie viele Personen werden jährlich von Österreichs Seilbahnen befördert?
  - Wer profitiert vom Betrieb der Seilbahnen?
  - Wie viel Prozent der Energie für die Beschneiungsanlagen kommen aus erneuerbaren Energiequellen?

4 Flugverkehr

Die Freundin meiner Schwester ist Juniorflugbegleiterin. Ihr Vater ist Kanadier und so spricht sie perfekt Englisch. Sie hat erzählt, dass man aber auch eine zweite Fremdsprache sehr gut können muss, um aufgenommen zu werden, und dass man ein mehrwöchiges Ausbildungsprogramm mitmachen muss.

Tourismus und Flugverkehr sind untrennbar miteinander verbunden. In Österreich gibt es sechs internationale Flughäfen:

- Wien (VIE)
- Salzburg (SZG)
- Innsbruck (INN)
- Graz (GRZ)
- Linz (LNZ)
- Klagenfurt (KLU)

Der Binnenflugverkehr (innerhalb Österreichs) ist vor allem für Geschäftsreisende interessant.

Der Vienna International Airport ist der größte heimische Flughafen, es werden jährlich rund 25 Mio. Passagiere befördert. Er ist Heimatflughafen der Lufthansa-Tochter **Austrian Airlines** und der Air-Berlin-Tochter **NIKI.** Der Flughafen liegt südöstlich von Wien in Schwechat. Weltweit werden in knapp 70 Ländern mehr als 140 Destinationen angeflogen.

IATA

The International Air Transport Association (IATA) is a global trade association. IATA's mission is to represent, lead and serve the airline industry. The 240 member airlines comprise 84% of total air traffic. Austrian Airlines has a membership.

Aufgabenstellungen – „Flugverkehr"

1. Recherchieren Sie Begriffe, die mit dem Flugverkehr zu tun haben und halten Sie das Ergebnis fest.
   - Linienflug: ______________________________
   - Charterflug: ______________________________
   - Business Class: ______________________________
   - First Class: ______________________________
   - Economy Class: ______________________________
2. Ein Gast fragt Sie, wie oft man täglich von Innsbruck nach Wien fliegen kann. Nehmen Sie den Flugplan zu Hilfe, den Sie in der TRAUNER-DigiBox finden, oder recherchieren Sie im Internet.
3. Ein Gast ersucht Sie, für ihn einen Web-Check-in zu machen. Welche Informationen benötigen Sie?
4. Suchen Sie aus dem Flugplan der AUA einen Flug nach New York für den nächsten Tag. Nennen Sie Abflug- und Ankunftszeit und den tagesaktuellen Preis.

Business Class

Wie gelangt man mit öffentlichen Verkehrsmitteln zum Flughafen Wien?

- Mit dem Zug gibt es seit Dezember 2014 Direktverbindungen aus dem Westen (z. B. aus Linz).
- Innerhalb Wiens kann die S-Bahn oder der Flughafenbus benutzt werden.
- Auf dem Gleis der S-Bahn fährt auch der City-Airport-Train (CAT) vom Bahnhof Wien-Mitte zum Flughafen. Er hat keine Zwischenhalte und fährt im Halbstundentakt. Für den Zug gilt ein besonderer Tarif. Im City-Air-Terminal (beim Bahnhof Wien-Mitte) können die Passagiere schon einchecken und das Gepäck aufgeben.

5 Schiffsverkehr

Auf welchen Seen in Ihrem Bundesland wird Schifffahrt betrieben? In der TRAUNER-DigiBox finden Sie eine Österreichkarte.

Ich war bei herrlichem Wetter auf einer Hochzeit auf einem Schiff am Wörthersee, das war sooo schön. Ich kann mir vorstellen, dass eine Fahrt am See jungen wie älteren Gästen gut gefällt.

Da Österreich keinen Zugang zum Meer hat, beschränkt sich die Schifffahrt auf die Flüsse Donau und Inn sowie auf die Seen.

Mit der Fertigstellung des rund 170 Kilometer langen Main-Donau-Kanals zwischen Bamberg und Kehlheim in Bayern wurde die Lücke geschlossen und es ist damit ein durchgehender Schiffsverkehr zwischen der Nordsee bei Rotterdam und dem Schwarzen Meer möglich. Der sogenannte **Rhein-Main-Donau-Kanal** belebt den Tourismus in den an der Donau liegenden Bundesländern und bietet Entwicklungspotenzial für die österreichische Donauschifffahrt.

Schiffsverkehr in Österreich

Donauschifffahrt	Seenschifffahrt
■ Die Donau ist in ihrer gesamten Länge befahrbar. ■ Die Personenschifffahrt auf der Donau wurde privatisiert, nachdem die ursprüngliche DDSG aufgelöst worden war. ■ Mehrere Unternehmen befördern Passagiere von Wien über Linz bis Passau. Es gibt Linienfahrten in Wien sowie von Wien nach Bratislava und Budapest.	■ Fahrplanmäßige Schifffahrt auf Österreichs Seen nur während der Sommermonate. ■ Bei der Zahl der beförderten Personen liegen die Bundesländer Kärnten und Oberösterreich an der Spitze.

DDSG = 1829 gegründete Donau-Dampfschifffahrts-Gesellschaft.

Ein Schnellboot verbindet Wien mit Bratislava in 75 Minuten

Die Kombination Schiff und Rad ist sehr beliebt. Die meisten Schifffahrtsunternehmen bieten den Service an, das Fahrrad gegen eine Gebühr an Bord zu befördern.

Ziele erreicht? – „Verkehrseinrichtungen“

KOMPETENZ-ERWERB

1. Kreuzen Sie in der Tabelle an, ob die Aussage stimmt oder nicht stimmt.

Aussage	Stimmt	Stimmt nicht
Österreich ist ein Transitland.		
Nur für ausländische Verkehrsteilnehmerinnen und Verkehrsteilnehmer gilt in Österreich auf allen Autobahnen eine Vignettenpflicht.		
Ein großer Teil der Einnahmen aus dem Verkauf der Vignette und dem Roadpricing wird in den Bau, den Betrieb und die Sicherheit des Straßennetzes in Österreich investiert.		
Für den Railjet gelten eigene Tarife.		
Österreich ist ein Binnenstaat (ohne Zugang zum Meer) und hat daher keinen Schiffsverkehr.		

2. Beschreiben Sie die Bedeutung der Aussage „Unser wichtigstes Tourismuskapital ist eine intakte Natur“ und nennen Sie Maßnahmen, die den Erhalt der intakten Natur sichern.

3. Welche Bedingungen gelten auf Autobahnen und Schnellstraßen in Österreich? Nennen Sie jeweils vier Punkte.

4. Interpretieren Sie die Grafik der Statistik Austria zum Transportaufkommen im Transit.

Transportaufkommen im Transit im Straßengüterverkehr 2012

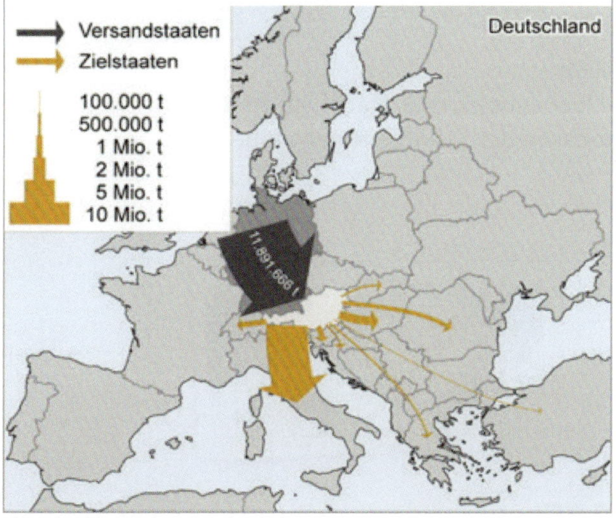

5. Ihre Gäste haben sich den Reiseführer „Österreichische Romantikstraße“ gekauft. Sie möchten Bad Ischl, Gmunden und Hallstatt besuchen. Planen Sie eine Tagestour in diese drei Orte, machen Sie Vorschläge für Führungen (z. B. in die Kaiservilla in Bad Ischl und die Gmundner Keramik), geben Sie Tipps für Einkehrmöglichkeiten und suchen Sie nach Veranstaltungen.

6. Nennen Sie die Hauptlinien des österreichischen Eisenbahnnetzes.

7. Beschreiben Sie kurz, welche touristischen Angebote das Projekt „Erlebnis Bahn“ umfasst.

8. Erklären Sie die Aufgaben, die die Regulierungsbehörde Schienen-Control erfüllt.

9. Nach einem Übereinkommen mit der EU hat sich Österreich verpflichtet, umfangreiche Investitionen im Bereich Bahn zu tätigen. Worum handelt es sich dabei?

10. Erklären Sie folgende Zugarten der ÖBB:
- Intercity (IC):
- Eurocity (EC):
- ICE:
- Railjet:
- Euronight (EN):

11. Österreich hat sechs internationale Flughäfen. Wie heißen sie? Geben Sie auch die Kürzel an.

12. Erklären Sie den Unterschied:
- Linienflug:
- Charterflug:

13. Sie arbeiten im Hotel Regina in Wien (www.kremslehnerhotels.at/Regina) und erhalten eine Anfrage einer Gästegruppe (acht Personen aus Italien), wie sie am besten vom Flughafen Wien-Schwechat zum Hotel kommt. Machen Sie mehrere Alternativvorschläge.

14. Die Wasserqualität der österreichischen Badeseen ist aktuell sehr gut (siehe Text unten). Dennoch müssen ständig Anstrengungen unternommen werden, um die Qualität zu halten bzw. zu verbessern. Auch in diesem Bereich sind Überlegungen zur Nachhaltigkeit ein Thema. Stellen Sie die Anliegen des Naturschutzes den Interessen der Schifffahrt gegenüber und diskutieren Sie über die Ergebnisse.

Badeseen: Wasserqualität online abrufbar

Sommer, Sonne, Badezeit! Österreich ist reich an natürlichen Gewässern und Badeseen, die zum Schwimmen einladen und an heißen Tagen eine angenehme Abkühlung bieten. Rechtzeitig zu Sommerbeginn steht eine neues Online-Service zur Verfügung: Die Badegewässer-Datenbank bietet aktuelle Informationen über die Qualität und die Ausstattung aller österreichischen Badeseen.

Die Wasserqualität kann auf einen Blick über einfache Farbsymbole abgelesen werden. So ist erkennbar, ob Richtwerte eingehalten werden oder Badeverbote bestehen. An den 268 Probestellen werden auch die aktuelle Wassertemperatur und die Sichttiefe gemessen. Die Tests werden während der Badesaison von 15. Juni bis Ende August fünf bis sieben Mal durchgeführt, um ein sicheres Badevergnügen zu garantieren.

15. Das Hotel Capricorno in Wien gestaltet einen neuen Folder. Die Hotelleitung möchte damit gezielt deutsche Gäste ansprechen, die eine Flusskreuzfahrt am Rhein-Main-Donau-Kanal machen und für einen Aufenthalt in Wien ein Zimmer suchen. Das Hotel punktet mit der Nähe zur Schiffsanlegestelle am Schwedenplatz. Die Hoteldirektorin/der Hoteldirektor ersucht Sie, deutsche Städte entlang dieser Wasserroute zu suchen, um den Folder an dortige Reisebüros zu versenden. Nehmen Sie die Karte aus der TRAUNER-DigiBox zu Hilfe.

Tourismus in den Bundesländern

Aufgrund seiner geografischen Lage weist Österreich die unterschiedlichsten Tourismusregionen auf. Auch innerhalb der einzelnen Bundesländer ergeben sich verschiedene für den Tourismus interessante Gebiete. Seen, Flüsse, Berge und die sie umgebenden Landschaften sind durch besondere klimatische Verhältnisse geprägt. Die Städte haben aufgrund ihrer Lage und ihrer historischen und wirtschaftlichen Entwicklung unseren Gästen viel Sehenswertes zu bieten.

Beachten Sie!
Kultur ist das Herzstück unseres Landes und so haben wir uns bemüht die wichtigsten Sehenswürdigkeiten sowie die sportlichen und sonstigen Highlights aus den einzelnen Bundesländern kurz zu beschreiben. Wir mussten viele Entscheidungen treffen und ganz zwangsläufig ist dieses Kapitel unvollständig, unsere Auswahl ist subjektiv. Und so möchten wir jeden Nutzer und jede Nutzerin dieses Buches einladen, seine/ihre persönlichen Highlights zu ergänzen.

Meine Ziele

Nach Bearbeitung dieses Kapitels kann ich

- einen Überblick über die Bezirke der einzelnen Bundesländer geben;
- die Lage der Bezirke beschreiben;
- erklären, welche Täler den Bezirken zuzuordnen sind;
- die Autokennzeichen aus ganz Österreich den Bundesländern und Bezirken zuordnen;
- im Gespräch mit Gästen eine Reise durch Österreich planen und die touristischen und kulturellen Besonderheiten in allen Bundesländern empfehlen.

1 Vorarlberg

Petra, eine junge Restaurantfachfrau aus Bregenz, wird von einem Gast an der Hausbar eines Hotels gefragt, welcher Ort für sie der interessanteste in Vorarlberg sei. Petra erzählt von Bregenz und den Festspielen im Sommer, den Kirchen und den Museen der Landeshauptstadt. Da sie nicht gerade sportlich ist, muss sie bei Informationen über die sportlichen Möglichkeiten mit Ausnahme der bekanntesten Skigebiete passen. Sie ist gespannt, was es da sonst noch zu entdecken gibt.

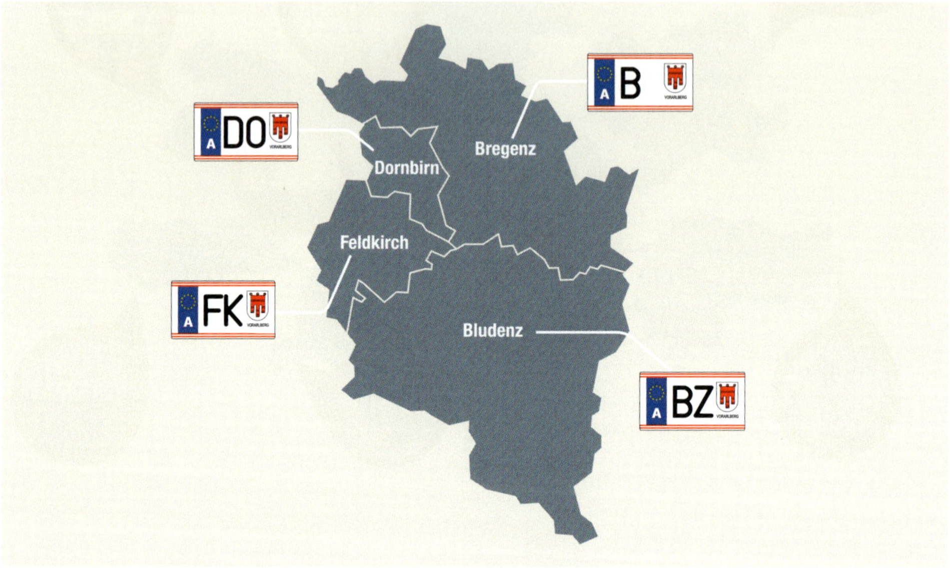

Benennen Sie als Vorarlbergerin/als Vorarlberger Ihren Wohnbezirk und tragen Sie sechs Sehenswürdigkeiten, Orte oder Besonderheiten ein:

1 ______
2 ______
3 ______
4 ______
5 ______
6 ______

Bregenz und Umgebung

Bregenz als Hauptstadt von Vorarlberg ist Ausgangspunkt von Ausflugs- und Kursschifffahrten auf dem Bodensee. Neben den umfassenden Sportmöglichkeiten bietet die Landeshauptstadt eine Vielzahl von kulturellen und architektonischen Sehenswürdigkeiten. Weltbekannt ist die Seebühne der Bregenzer Festspiele (die größte der Welt) durch Opern-, Operetten- und Musicalaufführungen.

Weitere Highlights:

- Das **Theater am Kornmarkt**
- Das Tanzfestival **„Bregenzer Frühling"**
- Der Fachwerkbau des **Alten Rathauses** in der Oberstadt
- Der Martinsturm, das Wahrzeichen der Stadt
- Das Zisterzienserkloster Mehrerau
- Die Wallfahrtskirche Gebhartsberg

Zu den bekanntesten Umlandregionen zählen:

- Der Bregenzer Wald
  - Binzau: Die Betriebe an der Käsestraße bieten ihre Spezialitäten an
  - Benzau: Die Museumsbahn „Wälderbähnle"
  - Lingenau: Kurzentrum, Holzbrücke aus dem Jahre 1834
- Das Kleine Walsertal: wegen der Schneesicherheit gerne von Wintersportlerinnen und -sportlern besucht.

Die Seebühne ist vor allem auch durch die Szenen im James-Bond-Film „Ein Quantum Trost" bekannt

Highlights in Bregenz und Umgebung

Kultur

Theater am Kornmarkt

Sport

Winter im Kleinen Walsertal

Sonstiges

Gschwendtobel-Brücke

Bezirk Dornbirn

Dornbirn ist die größte Stadt Vorarlbergs.

Kultur:

- Der Fachwerkbau „Rotes Haus“ aus dem Jahr 1639
- Die Stadtpfarrkirche St. Martin aus dem 19. Jahrhundert
- Die Schubertiade in Hohenems

Sport: Wander- und Radwege.

Sonstiges: Dornbirn ist ein bedeutender Messestandort in Westösterreich, der Bezirk ist das wichtigste wirtschaftliche Zentrum Vorarlbergs.

Bezirk Feldkirch

Feldkirch ist durch ein mittelalterliches Stadtbild mit schönen Laubengängen geprägt.

Kultur: enge Gassen mit Laubengängen und gotische Patrizierhäuser.

Sport: Leichtathletik in Götzis.

Sonstiges: Die Schattenburg ist die größte Burganlage in Vorarlberg.

Bezirk Bludenz

Bludenz ist Mittelpunkt eines Fünf-Täler-Sterns mit Brandnertal, Walgau, Großem Walsertal, Klostertal und Montafon. Im Sommer findet in Bludenz immer ein großes Schokoladenfest statt. Der Biosphärenpark Großes Walsertal trägt ein UNESCO-Gütesiegel. Das Klostertal ist das Tor zum Arlberg.

Kultur: Das Klostertalmuseum (Heimatmuseum) in Wald am Arlberg bringt den Besucherinnen und Besuchern das Leben in den vergangenen Jahrhunderten näher.

Sport: Die Region bietet im Sommer eine Vielzahl an Wandermöglichkeiten. Im Winter ist die Region um den Arlberg eines der attraktivsten Skisportzentren Österreichs. Bekannte und exklusive Orte sind Lech, Zürs, Langen und Stuben.

Recherchieren Sie im Internet und notieren Sie die wichtigsten Informationen:

Das Rote Haus

Das Klostertalmuseum

Das Montafon ist ein Hochgebirgstal mit einer großartigen Infrastruktur für den Tourismus.

Silvretta-Hochalpenstraße

Sonstiges: Die Flexenstraße und auch die Arlbergstraße bieten im Sommer als Ausflugsstraßen, speziell für Motorradfahrer, sehr eindrucksvolle Bergpanoramen.

Kultur: Der Aqua-Wanderweg in Tschagguns ist eine beliebte Familienwanderung zu einer verborgenen Schwefelquelle. Tschagguns lockt mit der Wallfahrtkirche Mariä Geburt Besucherinnen und Besucher an.

Sport: Im Winter bietet das Skigebiet „Silvretta Nova" neben dem sportlichen Vergnügen auch eine Fülle an gastronomischen Highlights.

Sonstiges: Die Silvretta-Hochalpenstraße verbindet Vorarlberg mit Tirol. Die Straße ist nur im Sommer als Mautstraße geöffnet.

Aufgabenstellungen – „Tourismus in Vorarlberg"

1. Ergänzen Sie Sehenswürdigkeiten bzw. Sehenswertes, das Ihnen in Vorarlberg wichtig ist.

2. Ein Gast möchte mit seinem Motorrad von Bludenz (Vorarlberg) nach Ischgl (Tirol) fahren. Er möchte drei Stopps einlegen und dabei kulturelle Sehenswürdigkeiten besichtigen. Was empfehlen Sie ihm?

2 Tirol

Anton wird von einem Gast beim Frühstück gefragt, welche Orte für ihn die schönsten in Tirol seien. Anton erzählt vom letzten Skiopening in Ischgl, von den schneesicheren Pisten, den tollen Konzertevents und den Après-Ski-Partys. Der Gast ist von Antons Ausführungen begeistert und fragt auch noch nach den kulturellen Highlights. Leider weiß Anton zu wenig über Kirchen, Klöster und Museen, möchte aber auch darüber Auskunft geben können.

Benennen Sie als Tirolerin/als Tiroler Ihren Wohnbezirk und tragen Sie sechs Sehenswürdigkeiten, Orte oder Besonderheiten ein:

1.
2.
3.
4.
5.
6.

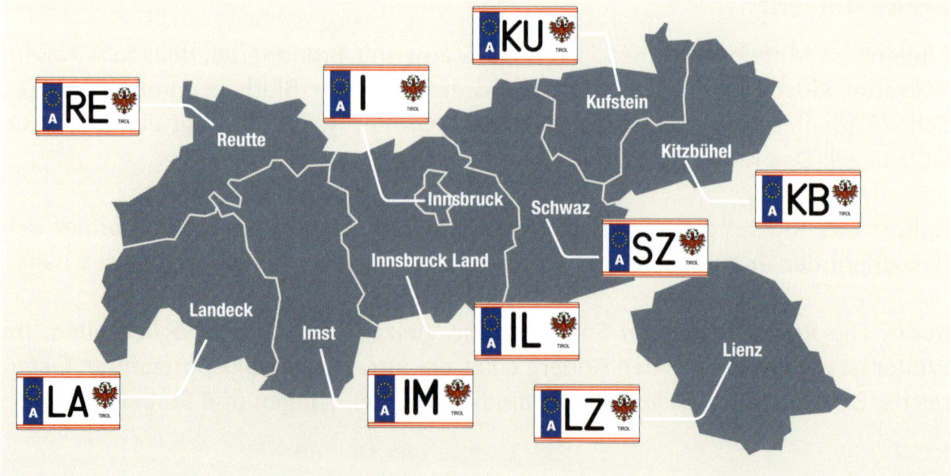

Innsbruck und Umgebung

Die Hauptstadt Tirols war 1964 und 1976 Austragungsort der Olympischen Winterspiele und 2012 Gastgeber der ersten Winter-Jugend-Olympiade und hat sich damit einen Namen als internationale Sporthauptstadt gemacht. Neben den umfassenden Sportmöglichkeiten bietet die Tiroler Hauptstadt eine Vielzahl an kulturellen und architektonischen Sehenswürdigkeiten. So ließ Kaiser Maximilian die Hofkirche erbauen, in der sich 28 überlebensgroße Erzstatuen seiner Vorfahren befinden, die „Schwarzen Mander".

Weitere Sehenswürdigkeiten:
- Die Annasäule, als Dank für den Abzug der Bayern errichtet.
- Die Triumphpforte zum Gedenken an die kaiserliche Hochzeit 1765 von Erzherzog Leopold, dem zweiten Sohn von Kaiserin Maria Theresia.
- Der Dom zu St. Jakob liegt am österreichischen Jakobsweg.
- Das Tirolpanorama am Bergisel zeigt die Freiheitsschlacht von Andreas Hofer gegen die Franzosen und Bayern im Jahr 1809.
- Die Olympia-Sprungschanze am Bergisel, neben der „Vierschanzentournee" auch Austragungsort von „Air + Style".
- Alpenzoo mit Tieren des Alpenraumes.

Olympia-Sprungschanze am Bergisel

Triumphpforte in Innsbruck

Zu den bekanntesten Umlandgemeinden Innsbrucks zählen:
- **Igls:** Olympiabobbahn, Patscherkofelbahn, Kongresspark
- **Axams:** Axamer Lizum als olympisches Skigebiet
- **Seefeld:** Olympiaort und Austragungsort von nordischen Weltmeisterschaften
- **Hall in Tirol:** mittelalterliche Salz- und Münzstadt
- **Wattens:** Swarowski-Kristallwelten
- **Neustift und Fulpmes im Stubaital:** Gletscherskigebiet

Highlights in Innsbruck und Umgebung

Kultur

Tirolpanorama am Bergisel

Sport

Olympiabobbahn in Igls

Sonstiges

Dom zu St. Jakob in Innsbruck

Das Wahrzeichen Innsbrucks ist das „Goldene Dachl". Es stammt aus dem 15. Jahrhundert und diente Kaiser Maximilian als Turniertribüne.

„Schwarze Mander" in der Hofkirche in Innsbruck

Aufgabenstellung

- Neben den Olympischen Winterspielen in Innsbruck in den Jahren 1964 und 1976 fanden in den letzten Jahren auch Weltmeisterschaften in verschiedenen Sportarten in Tirol statt. Versuchen Sie mindestens drei dieser Veranstaltungen zu finden und berichten Sie kurz darüber.

Highline 179 ist die längste Fußgängerhängebrücke der Welt

Bezirk Reutte

Kultur: Elbigenalp – Schnitzschule, Burgruine Ehrenberg.

Sport: Lechwanderwege, Skigebiete um die Zugspitze, Skigebiet Ehrwald-Bichlbach.

Sonstiges: Längste Fußgängerhängebrücke der Welt, die Gemeinde Jungholz ist nur von Deutschland aus erreichbar.

Bezirk Landeck

Kultur: Skimuseum in St. Anton, Konzerte auf der Idalpe in Ischgl.

Sport: Sommer- und Wintersport in St. Anton (alpine WM), St. Christoph am Arlberg (Arlberg-Hospiz), Kandahar-Skirennen, Galtür, Ischgl, Nauders, Serfaus, Fiss, Ladis, Kaunertaler Gletscherskigebiet.

Sonstiges: Burg Landeck, Burgruine Schrofenstein.

Warm up für die neue Saison

Den Start leicht gemacht!

Alljährlich begrüßen wir unsere Mitarbeiterinnen und Mitarbeiter 1,5 Tage vor Saisonbeginn bei uns im Arlberg Hospiz Hotel. An diesen Tagen dürfen wir:

- unsere neuen Mitarbeiterinnen und Mitarbeiter durch das Haus und unsere Galerie führen
- unsere Standards näher bringen
- Tagesabläufe besprechen
- Weinschulungen durchführen u.v.m.

Vor dem Saisonstart wohnen die neuen Mitarbeiterinnen und Mitarbeiter eine Nacht in Gästezimmern, essen im Hotelrestaurant und genießen den Spa-Bereich.

Das Arlberg-Hospiz ist eines der bekanntesten Skihotels Österreichs. Die Hoteliersfamilie Werner hat eine Mitarbeiterakademie gegründet.

Bezirk Imst

Kultur: Ötzidorf in Umhausen, Imster Schemenlauf, Stift Stams.

Sport: Pitztaler und Ötztaler Gletscherskigebiete, Eisklettergarten im Winter.

Sonstiges: erstes SOS-Kinderdorf weltweit in Imst, Alpincoaster – längste Achterbahn in den Alpen, Skigymnasium Stams.

Bezirk Schwaz

Kultur: älteste Zahnradbahn Europas von Jenbach zum Achensee, Steinöl-Schaubergwerk, Silberbergwerk Schwaz.

Sport: Zillertaler Schi- und Gletscherbahnen, Segel- und Bootsfahrten am Achensee.

Sonstiges: Sennerei Zillertal, Schaubrauerei Zillertal, Jenbacher Werke.

Bezirk Kufstein

Kultur: Festspiele Erl, Passionsspiele Thiersee, Operettensommer auf der Burg Kufstein, Tiroler Höfe-Museum Kramsach.

Sport: Skischaukel Ellmau, Going, Hopfgarten, Brixen im Thale.

Sonstiges: Rehazentrum Bad Häring, Glasstadt Rattenberg, Forum Alpbach.

Das **Forum Alpbach** findet jährlich statt und ist ein Treffen von Persönlichkeiten aus Wissenschaft, Politik, Wirtschaft und Kultur. Seit 1945 widmet es sich in Workshops, Vorträgen und Seminaren der Auseinandersetzung mit den relevanten gesellschaftspolitischen Fragen unserer Zeit.

EUROPEAN FORUM ALPBACH

Bezirk Kitzbühel

Kultur: Schloss Lebenberg, Heimatkundemuseum, Schaubergwerk Kupferplatte.

Sport: Hahnenkammrennen (Streif), Tennisturniere.

Sonstiges: St. Johann als Verkehrsknotenpunkt und Wintersportort.

Bezirk Lienz (Osttirol)

Kultur: Schloss Bruck bei Lienz, römische Ausgrabungen in Aguntum.

Sport: Damenskirennen Lienz, Dolomitenmann, Radrennen über die Großglockner-Hochalpenstraße.

Sonstiges: Hat keine direkte Grenze oder Verbindung nach Nordtirol. Die Verbindung Kitzbühel–Pass Thurn–Mittersill (Sbg.)–Felbertauerntunnel–Lienz ist mautpflichtig.

SOS KINDERDORF

Hermann Gmeiner gründete 1949 das erste Kinderdorf in Imst, heute gibt es in 130 Ländern der Welt mehr als 400 Einrichtungen

Aufgabenstellungen – „Tourismus in Tirol"

1. Ergänzen Sie Sehenswürdigkeiten bzw. Sehenswertes, das Ihnen in Tirol wichtig ist.

2. Ein Gast möchte eine Ausflugsfahrt nach Kitzbühel unternehmen. Er startet in Imst und möchte einige Stopps einlegen und dabei kulturelle Sehenswürdigkeiten besichtigen. Was empfehlen Sie ihm? Machen Sie fünf Vorschläge.

3 Salzburg

Wolfgang hat am Abend im Restaurant Dienst und findet die Zeit, sich mit einem Gast ausführlicher zu unterhalten. Der Gast möchte wissen, welche Sehenswürdigkeiten sich Wolfgang in Salzburg nochmals ansehen würde, auch wenn er sie bereits einmal oder mehrere Male gesehen hat. Wolfgang bemüht sich sehr und gibt auch einige Geheimtipps weiter. Doch sind das die Informationen, die den Gast interessieren?

Benennen Sie als Salzburgerin/als Salzburger Ihren Wohnbezirk und tragen Sie sechs Sehenswürdigkeiten, Orte oder Besonderheiten ein:

1.
2.
3.
4.
5.
6.

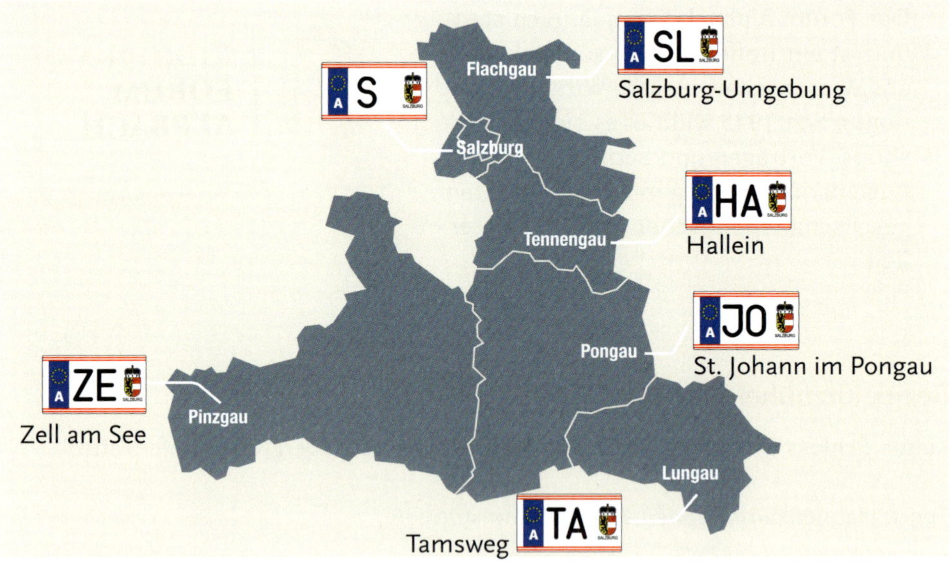

Stadt Salzburg und Umgebung (Flachgau)

Die Landeshauptstadt Salzburg ist durch die jährlich im Sommer stattfindenden Salzburger Festspiele sowie die Oster- und Pfingstfestspiele weltbekannt. Vor dem frühbarocken Dom finden alljährlich die Aufführungen des „Jedermann" statt. Salzburg ist UNESCO-Weltkulturerbe, Universitäts- und Messestadt.

Weitere Sehenswürdigkeiten:

- Die Getreidegasse mit Mozarts Geburtshaus
- Kollegienkirche und Dreifaltigkeitskirche (Barockbau)

Das Land Salzburg ist in fünf Gaue eingeteilt: Flachgau, Tennengau, Pongau, Pinzgau und Lungau. Mit Salzburg Stadt entspricht das den sechs Bezirken des Landes.

- Das 696 gegründete Stift St. Peter ist das älteste Stift in Österreich
- Der Residenzplatz mit Alter Residenz (Prunkräume), Neuer Residenz (Museum, Glockenspiel) und der barocke Brunnen aus Untersberger Marmor
- Das Schloss Mirabell mit dem Mirabellgarten
- Das Schloss Klessheim und das Spielcasino
- Das Lustschloss Hellbrunn mit dem Tiergarten
- Die Salzburger Museen: Haus der Natur, Museum der Moderne (im Mönchsberg), Rupertinum, Hangar 7 (Red Bull)
- Der Themenweg: auf den Spuren der Trapp-Familie (Sound of Music)
- Das Rokokoschloss Leopoldskron (gehört zum Themenweg)

Schloss Mirabell

Die Schafbergbahn

Zu den bekanntesten Umlandgemeinden Salzburgs zählen:

- **Großgmain:** Salzburger Freilichtmuseum
- **Oberndorf:** Hier entstand das Weihnachtslied „Stille Nacht"
- **Michaelbeuern:** Benediktinerabtei; barocke Klosterbibliothek
- **Seengebiet:** Mattsee, Obertrumer See, Wallersee mit Henndorf; Gut Aiderbichl (gelebtes Symbol für aktiven Tierschutz); des Weiteren die zum Salzkammergut zählenden Seen Wolfgangsee mit St. Gilgen und Strobl sowie Fuschlsee
- **Gebiet Gaißau-Hintersee** mit dem Salzburgring (Auto- und Motorradrennen)

Highlights in Salzburg und Umgebung

Kultur	Sport	Sonstiges

Der Dom mit dem Vorplatz ist Kulisse für den „Jedermann"	Der Salzburgring zieht Motorsportler aus dem In- und Ausland an	Der Wolfgangsee mit Seeschifffahrt und dem weltberühmten „Weißen Rössl"

Tennengau

Kultur: Hallein – schöne Altstadt, das Keltenmuseum.

Sport: Abtenau – mit der Postalm als bekannte und beliebte Sommer- und Wintersportregion.

Sonstiges: Bad Dürrnberg – Kurort, Salzbergwerk und Keltendorf.
Bad Vigaun – Kur- und Rehazentrum.

Wussten Sie, dass...
die Schafbergbahn die steilste Dampf-Zahnradbahn Österreichs ist?

Michael Aufhauser vom Gut Aiderbichl

Recherchieren Sie im Internet und notieren Sie die wichtigsten Informationen:

Die Kelten auf dem Dürrnberg

Recherchieren Sie im Internet und notieren Sie die wichtigsten Informationen:

Die Prangstangen

Samson sind

Pongau

Kultur: Werfen – die Erlebnisburg Hohenwerfen.

Sport: Ski Amadé – fünf Wintersportregionen (Hochkönig, Salzburger Sportwelt, Gastein, Großarltal, Schladming-Dachstein) mit 25 Orten, 760 Pistenkilometern und 270 Liftanlagen.
Obertauern – beliebtes Ski- und Wandergebiet.
Bischofshofen – Austragungsort des Abschlussskispringens der Vierschanzentournee.

Sonstiges: Das Gasteiner Tal, Badgastein und Bad Hofgastein sind berühmte Kur-, Kongress- und Wintersportzentren. Badgastein bietet einen Wasserfall, die Felsentherme und ein Spielcasino.

Lungau

Liegt im Südosten des Bundeslandes zwischen Radstädter Tauern und Katschberg. Durch seine Abgeschiedenheit hat sich der Lungau seine Ursprünglichkeit bewahrt und ist erst seit der Fertigstellung der Tauernautobahn zu einem beliebten Ferienziel geworden.

Kultur: Typisch für viele Orte des Lungaus sind der Samson und die Prangstangen, die bei Prozessionen feierlich durch den Ort getragen werden.
Tamsweg: Wallfahrtskirche St. Leonhard mit dem Augustin-Bründl.

Sonstiges: Taurachbahn – Museumsbahn zwischen Mauterndorf und St. Andrä, war früher Teil der steirischen Murtalbahn.

Pinzgau

Kultur: die Rauriser Literaturtage.

Sport: Saalfelden am Steinernen Meer – Zentrum mehrerer Sommer- und Wintersportorte (Maria Alm, Mühlbach – Schaustollen).
„Skicircus" Saalbach-Hinterglemm-Leogang – berühmtes Wintersport- und Sommertourismusgebiet.
Zell am See – beliebter Sommer- und Wintersportort.
Das Ganzjahresskigebiet am Kitzsteinhorn.

Sonstiges: der Nationalpark Hohe Tauern.
Bruck: Ausgangspunkt der Großglockner-Hochalpenstraße.
Mittersill – Ausgangspunkt der Felbertauernstraße nach Osttirol.
Die Krimmler Wasserfälle (380 Meter) – Ausgangspunkt der Gerlosstraße in das Zillertal.

Burg Hohenwerfen

Krimmler Wasserfälle

Aufgabenstellungen – „Tourismus in Salzburg“

1. Ergänzen Sie Sehenswürdigkeiten bzw. Sehenswertes, das Ihnen in Salzburg wichtig ist.

2. Ein Gast möchte mit seinem Fahrrad von der Stadt Salzburg nach Mittersill fahren und dabei einige Stopps einlegen. Welche Route raten Sie ihm? Außerdem möchte er bei den Stopps kulturelle Sehenswürdigkeiten besichtigen. Was empfehlen Sie ihm?

4 Oberösterreich

Franziska, eine angehende Restaurantfachfrau, wird von einem Gast am Nachmittagsbuffet nach den schönsten Plätzen in Oberösterreich befragt. Sie erzählt vom letzten Sommer in Linz und von den zahlreichen Konzerten, den schönen Kirchen und Ausstellungen. Da sie auch eine begeisterte Radfahrerin ist, kann sie mit einigen Informationen über Sehenswürdigkeiten außerhalb der Landeshauptstadt glänzen. Doch da gibt es bestimmt noch mehr.

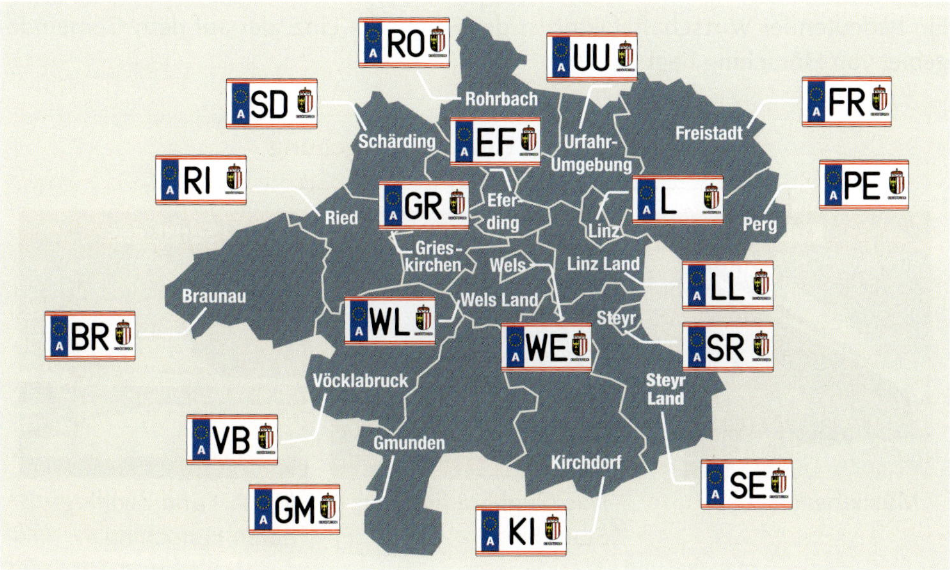

Linz und Bezirk Linz Land

Die Hauptstadt Oberösterreichs ist die drittgrößte Stadt Österreichs und eine bedeutende Industrie-, Universitäts-, Messe- und Kongressstadt. Kulturell bietet Linz das Brucknerfest, die Linzer Klangwolke, den Linzer Kultursommer und das international sehr bekannte Ars-Electronica-Festival.

Bemerkenswert sind der Hauptplatz mit einem wunderschönen Rathaus und der Dreifaltigkeitssäule, die Martinskirche (älteste Kirche Österreichs) sowie der Alte Dom und der Neue Dom (ist flächenmäßig die größte Kirche in Österreich).

Benennen Sie als Oberösterreicherin/als Oberösterreicher Ihren Wohnbezirk und tragen Sie sechs Sehenswürdigkeiten, Orte oder Besonderheiten ein:

1.
2.
3.
4.
5.
6.

Der Linzer Hauptplatz ist der größte Stadtplatz Österreichs

Weitere Sehenswürdigkeiten:

- Das Brucknerhaus ist ein Konzert- und Kongresszentrum
- Das Musiktheater am Volksgarten
- Das Ars-Electronica-Center
- Das Kunstmuseum Lentos
- Das Linzer Schloss mit Friedrichstor und Schlossmuseum
- Das Landhaus (17. Jahrhundert) mit Arkadenhof und Planetenbrunnen
- Der Pöstlingberg mit der steilsten Adhäsionsbahn der Welt und der barocken Wallfahrtskirche

Wallfahrtskirche am Pöstlinberg

Kunstmuseum Lentos

Ars-Electronica-Center

Weitere Sehenswürdigkeiten im Umland von Linz:

- **Enns** – die älteste Stadt Österreichs mit einem mittelalterlichen Stadtbild und Stadtturm
- **Wilhering** – Zisterzienserkloster mit einer der schönsten Rokokokirchen Österreichs
- **St. Florian** – im barocken Augustiner-Chorherrenstift befinden sich eine Bibliothek und die Brucknerorgel in der Stiftsbasilika

Recherchieren Sie im Internet und notieren Sie die wichtigsten Informationen:

Die Adhäsionsbahn auf den Pöstlingberg

Beim jährlich in Linz stattfindenden Pflasterspektakel

Ein bedeutender Wirtschaftsfaktor ist der Flughafen Linz, der auf dem Gemeindegebiet von **Hörsching** liegt.

Highlights in Linz und Umgebung

Kultur	Sport	Sonstiges

Musiktheater	Das Gugl-Stadion der Stadt Linz	Militär- und Zivilflughafen Hörsching

Bezirk Braunau am Inn

Sport und Gesundheit: Das Reha-Zentrum Aspach bietet eine Vielzahl von gesundheitsbezogenen Angeboten.

Bezirk Schärding

Kultur: Das Stift Engelszell in Engelhartszell an der Donau wurde 1293 als Zisterzienserkloster gegründet. Heute ist es das einzige Trappistenkloster in Österreich.

Sonstiges: Eine Sehenswürdigkeit ist das Stadtbild von Schärding mit Bürgerhäusern aus dem 16. bis 19. Jahrhundert, insbesondere die spätbarocke Silberzeile am Oberen Stadtplatz.

Mondseer Rauchhaus

Bezirk Ried im Innkreis

Sport und Gesundheit: Die Therme Geinberg mit einer Wellness- und Thermenlandschaft von ca. 102.000 m² ist die größte Therme in Oberösterreich.

Sonstiges: Ried im Innkreis ist Hauptort des Innviertels und bekannte Messestadt.

Bezirk Vöcklabruck

Kultur: das Freilichtmuseum „Mondseer Rauchhaus“ und die Mondsee-Kultur mit Exponaten der Pfahlbaukultur.

Benediktinerstift Lambach

Sport: Die Gemeinde Mondsee ist Start und Ziel des jährlich stattfindenden „Mondsee-fünf-Seen-Radmarathons“.

Sonstiges: In der Umgebung von Berg im Attergau befindet sich eine größere Anzahl von Hügelgräbern aus der La-Tène-Zeit.

Bezirk Rohrbach

Kultur: In Berg befindet sich das Mühlkreisbahn-Museum mit der Präsentation der Geschichte von Bahnstationen der Mühlkreisbahn.

Sonstiges: Unter den zahlreichen Wanderwegen in der Umgebung der Stadt Rohrbach befindet sich auch eine Teilstrecke des Jakobsweges von Tschechien nach Passau.

Bezirk Grieskirchen

Landschloss Parz

Kultur: Das Landschloss Parz bei Grieskirchen mit bedeutenden Außenfresken zählt zu den stattlichsten Renaissanceschlössern Oberösterreichs.

Sonstiges: Auf der Luisenhöhe in Haag am Hausruck gibt es den Naturerlebnispfad „Weg der Sinne“, eine Aussichtswarte und die Hausruck-Wald-Schule.

Bezirk Eferding

Kultur: Hartkirchen – die heutige Ruine Schaunberg war mit 17.500 m² die größte Burganlage Oberösterreichs.

Um 1927 begann Otto Burger im Hoftrakt seines Elternhauses in Linz eine Getränkeproduktion mit dem Quellwasser aus Scharten und war damit der Erfinder der Schartner Bombe. Die Marke wurde durch ihre charakteristische grüne Glasflasche bekannt.

Recherchieren Sie im Internet und notieren Sie die wichtigsten Informationen:

Die Kaiservilla

Das Stift Kremsmünster

Der Tassilo-Quelltempel

Bezirk Wels und Bezirk Wels Land

Kultur: Das Benediktinerstift Lambach hat die ältesten romanischen Fresken im süddeutschen Sprachraum, prachtvolle Barockräume und eine barocke Stiftskirche.

Sport: Der Welser Trabrennverein hat seine Heimat im Messegelände.

Sonstiges: Wels ist eine Messestadt. Die Ursprünge der Messe Wels reichen bis in das 14. Jahrhundert zurück.

Bezirk Gmunden

Kultur: Die Kaiservilla, mit dem Kaiserpark, in Bad Ischl war die ehemalige Sommerresidenz von Kaiser Franz Joseph I.

Sport: In Gmunden findet der Bergmarathon „Rund um den Traunsee" über 70 km und 4.500 Höhenmeter statt.

Sonstiges: Das Museum Hallstatt besitzt die zweite umfangreiche Sammlung von Fundstücken der Hallstattzeit in Österreich. Zu besichtigen sind auch noch ein hallstattzeitliches Gräberfeld und der ältesten Salzstollen der Welt.

Bezirk Urfahr Umgebung

Sport und Gesundheit: Bad Leonfelden ist ein bekannter Moor- und Kneippkurort.

Sonstiges: Der Kinderplanetenweg in Lichtenberg ist ein ca. 7 km langer Rundweg, der die Planeten in ihren Größenverhältnissen und Abständen maßstabsgetreu darstellt.

Bezirk Kirchdorf an der Krems

Kultur: Das Benediktinerkloster Stift Kremsmünster ist seit seiner Gründung im Jahre 777 ein spirituelles und wirtschaftliches Zentrum der Region. Bekannt ist das Stift auch durch seine Sternwarte.

Sport: Die Tourismusgemeinde Hinterstoder bietet ihren Gästen im Winter ausgezeichnete Skipisten und Langlaufloipen und im Sommer wunderbare Wanderwege für die ganze Familie.

Sonstiges: Die Stiftsanlage von Schlierbach ist ein Hauptwerk des österreichischen Barock mit einer bedeutenden barocken Stiftsbibliothek.

Der im Stift Kremsmünster aufbewahrte **Tassilokelch** wurde vom bayerischen Herzog Tassilo und von seiner Gemahlin gestiftet, möglicherweise anlässlich der Gründung Kremsmünsters. Aufgrund der Größe und seiner reichen Verzierung handelt es sich wohl um einen sogenannten Spendekelch, der bei besonders festlichen Gottesdiensten benutzt wurde (und noch immer wird), um den Gläubigen die Kelchkommunion zu reichen.

Bezirk Steyr und Bezirk Steyr Land

Kultur: Das im Rokoko gehaltene Rathaus von Steyr gilt als einer der schönsten Rokokobauten Europas. Die ältesten Gebäudeteile des sogenannten Bummerlhauses am Stadtplatz von Steyr stammen aus dem 13. Jahrhundet.
Im Stadtteil Christkindl, zwei Kilometer außerhalb des Zentrums, befindet sich die gleichnamige Wallfahrtskirche und das bekannte Sonderpostamt.

Sport und Gesundheit: Der Tassilo-Quelltempel mit der Tassiloquelle in Bad Hall zählt zu den stärksten Jod-Sole-Quellen in Mitteleuropa (Behandlung von Hautkrankheiten).

Sonstiges: Die Steyrtalbahn ist Österreichs älteste Schmalspurbahn.

Christkindlkirche

Bummerlhaus

Bezirk Freistadt

Kultur: Die mittelalterliche Altstadt von Freistadt mit der Stadtbefestigung und den Wehrtürmen ist fast vollständig erhalten.

Sport: Am Marianumsportplatz in Freistadt fand 2000 die Faustballeuropameisterschaft der Männer statt.

Bezirk Perg

Kultur: Das Stadttheater Grein aus dem Jahre 1791 ist das älteste original erhaltene bürgerliche Theater Österreichs.

Sonstiges: Mauthausen – Gedenkstätte des ehemaligen Konzentrationslagers.

Stadtbefestigung in Freistadt

Gedenkstätte Mauthausen

Aufgabenstellungen – „Tourismus in Oberösterreich"

1. Ergänzen Sie Sehenswürdigkeiten bzw. Sehenswertes, das Ihnen in Oberösterreich wichtig ist.

2. Ein Gast möchte mit seiner Familie von Linz aus für zwei Tage ins Salzkammergut fahren. Stellen Sie ihm ein Programm zusammen! Planen Sie die Übernachtung (in möglichst zentraler Lage) und die Ausflüge. Welche Sehenswürdigkeiten schlagen Sie vor?

5 Steiermark

Renate ist Schladmingerin und arbeitet in einem Hotel im Zentrum der Wintersportgemeinde. Sie kommt mit einem Gast ins Gespräch, der sie fragt, welche Orte für sie die schönsten in der Steiermark seien. Renate schwärmt natürlich von ihrer Heimatgemeinde und hier ganz besonders vom letzten Weltcuprennen und dem ganzen Spektakel rundherum. Sie hat in der Schule auch von den steirischen Weinbaugebieten gehört, kennt landestypische Rebsorten und einige bekannte Winzer. Bei den kulturellen Highlights ist sie nicht so beschlagen, da möchte sie sich noch weiterbilden.

Benennen Sie als Steirerin/als Steirer Ihren Wohnbezirk und tragen Sie sechs Sehenswürdigkeiten, Orte oder Besonderheiten ein:

1.
2.
3.
4.
5.
6.

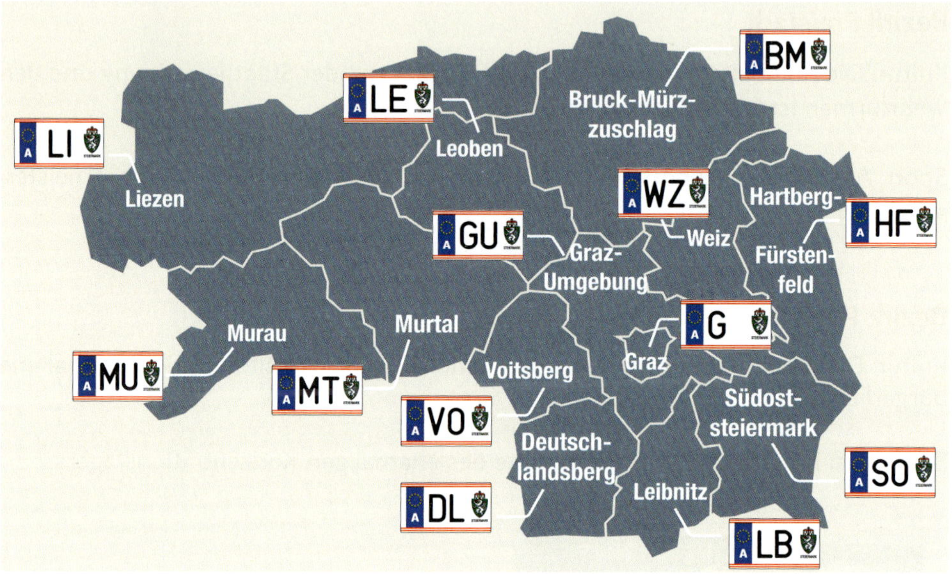

Graz und Bezirk Graz Umgebung

Die steirische Landeshauptstadt Graz ist die zweitgrößte Stadt Österreichs. Seit 1999 gehört die bestens erhaltene Altstadt zum UNESCO-Weltkulturerbe. Graz ist Universitäts-, Messe- und Kongressstadt sowie das wichtige Handels- und Wirtschaftszentrum im Süden Österreichs. Kulturell bietet die Stadt neben dem „Steirischen Herbst" auch noch das Avantgardefestival „Forum Stadtpark" sowie die steirischen Festspiele „Styriarte".

Sehenswürdigkeiten:

- Die Grazer Altstadt umfasst die größte geschlossene Renaissancebebauung im deutschsprachigen Raum
- Das Landhaus mit dem Arkadenhof, den Laubengängen und das Landeszeughaus mit der weltweit größten historischen Waffensammlung
- Der spätgotische Dom
- Das Mausoleum von Kaiser Ferdinand II. in der Nähe des Doms
- Der Schlossberg mit dem Uhrturm (Wahrzeichen der Stadt)
- Die Murinsel wurde für das Kulturhauptstadtjahr 2003 erbaut
- Das Landesmuseum Joanneum umfasst mehrere Standorte in Graz und ist der zweitgrößte Museumskomplex in Österreich
- Das Schloss Eggenberg aus dem 17. Jahrhundert mit einem weitläufigen Schlosspark

Murinsel

Zu den bekanntesten Umlandgemeinden von Graz zählen:

- **Gratwein** mit dem Stift Rein, dem ältesten Zisterzienserkloster der Welt. Gratwein gilt als „Wiege der Steiermark“
- **Graz-Thalerhof** mit dem Flughafen und einem Luftfahrtmuseum
- **Semriach** mit der Lurgrotte (Tropfsteinhöhle)
- **Stübing** mit dem bekannten Freilichtmuseum
- Der Skulpturenpark in **Unterpremstätten** mit zeitgenössischen Skulpturen ist ein Standort des Joanneums

Highlights in Graz und Umgebung

Kultur

Der Uhrturm, das Wahrzeichen der Landeshauptstadt

Sport

Graz – Marathon

Sonstiges

Der 1 445 Meter hohe Schöckl ist der Grazer Hausberg

Bezirk Liezen

Liezen ist der größte Bezirk Österreichs. Zum Bezirk gehört auch die politische Expositur Gröbming.

Kultur: Admont – Stift mit einem neugotischen Münster; Bibliothek, Museum.

Sport: Schladming – Skifahren, Langlaufen, Wandern, Mountainbiking, Paragleiten, Klettern. In Bad Mitterndorf befindet sich der sogenannte Kulm, eine der größten Schiflugschanzen der Welt.

Sonstiges: Jedes Jahr Ende Mai wird im Ausseer Land das Narzissenfest veranstaltet. Der dazugehörende Bootskorso findet jährlich einmal in Altaussee und einmal in Grundlsee statt.

Bezirk Murau

Kultur: Shakespeare in Styria, ein jährliches Shakespeare-Festival in der Stadt Murau.

Sport: Die Region Murau ist eine traditionelle Ausflugsregion für Skifahrer und Wanderer.

Sonstiges: Das barocke Schloss Murau besitzt einen Rittersaal (Konzertaufführungen) und einen umfangreichen Kerker.

Am Kreischberg in Murau wird nicht nur Ski gefahren. Die Gemeinde hat sich auch einen Namen in der Welt der Snowboarder und Freestyle-Skifahrer gemacht. Im Jänner 2015 veranstaltete die FIS am Kreischberg und im Lachtal die Freestyle-Ski-und-Snowboard-WM, die einige Medaillen für Österreich brachte.

Politische Expositur = Außenstelle einer Bezirkshauptmannschaft, die für einen Teil des politischen Bezirks die Aufgaben der Bezirkshauptmannschaft wahrnimmt.

Recherchieren Sie im Internet und notieren Sie die wichtigsten Informationen:

Das Narzissenfest

Shakespeare in Murau

Der Bezirk Murtal ist aus einer Zusammenlegung der Bezirke Judenburg und Knittelfeld entstanden.

Formel-1-Rennen in Spielberg

Bezirk Murtal

Kultur: Benediktinerstift Seckau, Puchmuseum in Judenburg, Bergbaumuseum Fohnsdorf.

Sport: Im Juni 2014 kehrte die Formel 1 nach Spielberg zurück.

Sonstiges: Der Au-Erlebnis-Weg „Schau die Au“ in Sankt Peter ob Judenburg zeigt in fünf Stationen die Lebenswelt von Flussauen.

Bezirk Leoben

Kultur: Das um 1790 gegründete Stadttheater Leoben ist das älteste durchgehend bespielte Theater Österreichs.

Sport: Im Hochtal der Eisenerzer Ramsau, das sich durch Schneereichtum und Kälte auszeichnet, befindet sich das nordische Skisportzentrum mit drei Sprungschanzen und einer modernen Biathlonanlage.

Sonstiges: Leoben beherbergt mit der Montanuniversität eine der Hauptausbildungsstätten für Hüttenwesen in Europa.

PUCH-Museum in Judenburg

Drachenhöhle bei Mixnitz

Der Bezirk Bruck-Mürzzuschlag ist aus einer Zusammenlegung der Bezirke Bruck an der Mur und Mürzzuschlag entstanden.

Bezirk Bruck-Mürzzuschlag

Kultur: Drachenhöhle bei Mixnitz (Funde von altsteinzeitlichen Steingeräten, Reste von Feuerstellen), Bruck an der Mur (Kornmesserhaus).

Sport: Spital am Semmering – beliebtes Wander- und Skigebiet.

Sonstiges: In Kapfenberg findet alljährlich im Juni ein Ritterfest statt.

Bezirk Weiz

Kultur: Gleisdorf – das MiR (Museum im Rathaus) wurde 2008 in den Kellerräumen des denkmalgeschützten Rathauses eingerichtet.

Sport: Gleisdorf liegt am Radweg R11 – Erlebnis-Raabtal-Radweg – vom Raabursprung bis Jennersdorf. Durch Gleisdorf führt auch der Pilgerradweg von Kleinmariazell nach Mariazell.

Sonstiges: Die Grasslhöhle zwischen Weiz und Arzberg ist eine der größten Schauhöhlen Österreichs. Das Kraterloch ist eine Tropfsteinhöhle mit einem ca. einen Kilometer langen Führungsweg.

Bezirk Voitsberg

Kultur: Bärnbach – im Zentrum liegt die Stadtpfarrkirche Sankt Barbara, die 1988 vor allem außen umgestaltet wurde und jetzt als Hundertwasserkirche (nach dem Künstler Friedensreich Hundertwasser) bekannt ist.

Sport: Edelschrott mit seinen Badeseen und seinem Wander- und Skigebiet ist ein beliebter Erholungs- und Fremdenverkehrsort.

Sonstiges: Anfang September beim sogenannten Rossabtrieb, wenn die weltberühmten Lipizzaner von Piber aus ihrem Sommerdomizil nach Wien zurückkehren, wird das traditionelle Lipizzanerfest veranstaltet.

Aufgabenstellung

- Ihr Gast hat von der Muttertagsgala der Lipizzaner in Piber in der Zeitung gelesen und möchte mit seiner Familie dort hingehen. Er hat Sie gebeten, Karten zu organisieren. Welches Rahmenprogramm schlagen Sie ihm vor?

Recherchieren Sie im Internet und notieren Sie die wichtigsten Informationen:

Die Lipizzaner

Bezirk Deutschlandsberg

Kultur: Alljährlich findet in den Weinbergen rund um die Burg Deutschlandsberg das Fest „Schilcherberg in Flammen" statt.

Sonstiges: Stainz ist für den Schilcher bekannt, der schon 400 v. Chr. von den Kelten gezogen wurde.

Schilcher wird im Volksmund „Schülcha" genannt

Bezirk Leibnitz

Kultur: Leibnitz – der Frauenberg mit der Frauenbergkirche. Das Tempelmuseum ist von archäologischer Bedeutung, da hier eine Besiedelung seit der Jungsteinzeit nachgewiesen werden konnte.

Sport: ausgezeichnete Wander- und Radwege entlang der südsteirischen Weinstraße.

Sonstiges: Gamlitz – mit ca. 400 ha Weinbaufläche die größte Weinbau betreibende Gemeinde der Steiermark.

Bezirk Hartberg-Fürstenfeld

Kultur: Der spätromanische Hartberger Karner mit seinen sehenswerten Fresken stammt aus dem 12. Jahrhundert.

Sport und Gesundheit: In der Nähe von Fürstenfeld liegen die vom Künstler Friedensreich Hundertwasser geplante Therme Bad Blumau sowie die Therme Loipersdorf.

Sonstiges: Die 1 000-jährige Eiche mit einem Stammumfang von 8,75 Metern steht in der Gemeinde Bierbaum an der Safen. Sie gilt als die älteste Eiche Europas.

Der Bezirk Hartberg-Fürstenfeld ist aus einer Zusammenlegung der Bezirke Hartberg und Fürstenfeld entstanden.

Der Bezirk Südoststeiermark ist aus einer Zusammenlegung der Bezirke Feldbach und Radkersburg entstanden.

Weinwarte in St. Peter am Ottersbach

Bezirk Südoststeiermark

Kultur: Die Weinwarte in St. Peter am Ottersbach ist eine 28 Meter hohe Holzkonstruktion in Form eines Sektkelches.

Sport und Gesundheit: Bad Radkersburg mit einer 80 °C heißen Thermalquelle ist ein beliebter Kurort. Dies zusammen mit der längsten Sonnenscheindauer in Österreich macht die Stadt zu einem attraktiven Fremdenverkehrsziel.

Sonstiges: Der Kurpark von Bad Gleichenberg hat eine Größe von 20 Hektar und zählt zu den schönsten Landschaftsgärten Österreichs.

Aufgabenstellungen – „Tourismus in der Steiermark“

1. Ergänzen Sie Sehenswürdigkeiten bzw. Sehenswertes, das Ihnen in der Steiermark wichtig ist.

2. Ihr Gast spricht Sie auf die Weinstraßen in der Steiermark an. Er möchte alle Weinstraßen mit dem Fahrrad befahren und ersucht Sie, ihm einige Tipps zu geben. Recherchieren Sie über alle steirischen Weinstraßen und planen Sie einen einwöchigen Aufenthalt mit Übernachtungen. Zählen Sie die Sehenswürdigkeiten auf, die um die Straßen herum besuchenswert sind.

6 Kärnten

Armin, ein begeisterter Skifahrer und Kochlehrling, trifft an seinem freien Tag einen Hausgast seines Lehrbetriebes auf einer Skihütte und wird von ihm gefragt, welche Orte für ihn die schönsten in Kärnten sind. Armin erzählt von dem Skigebiet, den traumhaften Pisten im Winter und den Konzerten und Wandermöglichkeiten im Sommer. Doch da gibt es bestimmt noch mehr zu entdecken!

Benennen Sie als Kärntnerin/als Kärntner Ihren Wohnbezirk und tragen Sie sechs Sehenswürdigkeiten, Orte oder Besonderheiten ein:

1
2
3
4
5
6

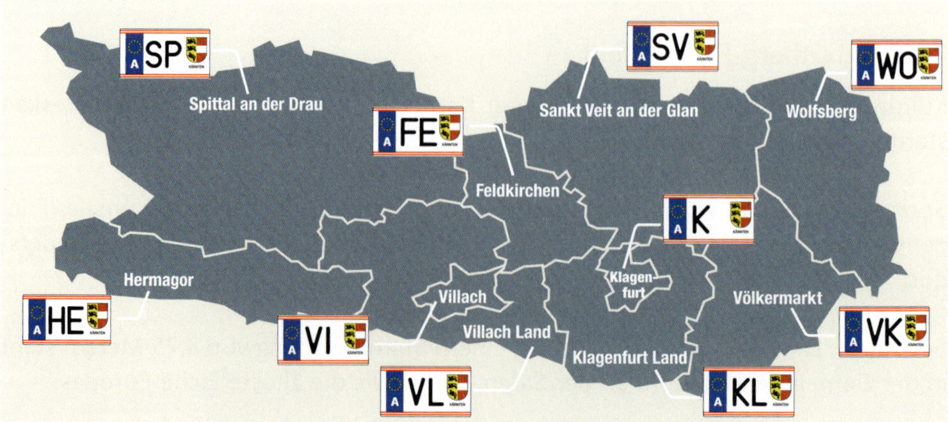

Klagenfurt und Umgebung

Die Kärntner Landeshauptstadt Klagenfurt ist eine lebhafte Kultur-. Kongress- und Messestadt. Auch als Universitätsstadt hat sie sich einen Namen im österreichischen Bildungswesen gemacht. Jährlich wird der Ingeborg-Bachmann-Preis für besondere Leistungen im Bereich der deutschsprachigen Literatur verliehen.

Weitere Sehenswürdigkeiten:

- Die malerische Altstadt lockt mit ihrem südländischen Flair
- Der Dom aus dem 16. Jahrhundert ist die älteste Wandpfeilerkirche Österreichs und die Altarbilder stammen von Paul Troger und Daniel Gran
- Am Alten Platz liegt das Landhaus aus dem 16. Jahrhundert mit dem großen und dem kleinen Wappensaal und den gut erhaltenen Fresken
- Der Neue Platz mit dem Lindwurm (Wahrzeichen der Stadt) und dem Rathaus
- Museen: Stadtgalerie, Landesmuseum, Robert-Musil-Literaturmuseum, Bergbaumuseum
- Minimundus, eine Miniaturstadt mit den Nachbildungen bekannter Bauwerke aus aller Welt
- Wörthersee-Festspiele auf der Seebühne
- Sport: Die Stadt ist Austragungsort des Beachvolleyball-Grand-Slam und des Ironman Austria (eines internationalen Triathlonbewerbes)

Aufgabenstellung

- Neben dem Ironman und dem Beachvolleyball-Grand-Slam gibt es eine Reihe weiterer sportlicher Großveranstaltungen in Kärnten. Recherchieren Sie über mindestens drei dieser Veranstaltungen.

Highlights in Klagenfurt

Kultur

Der Eiffelturm in Minimundus

Sport

Beachvolleyball-Grand-Slam

Sonstiges

Lindwurm

Bezirk Villach

Kultur: Carinthischer Sommer – Musik- und Kulturfestival (Spielstätten auch in Ossiach); Drauschifffahrt.

Sport und Gesundheit: Warmbad Villach.

Sonstiges: Panoramastraße auf die Villacher Alpe.

Recherchieren Sie im Internet und notieren Sie die wichtigsten Informationen:

Terra Mystica

Großglockner-Hochalpenstraße

Die Stiftskirche Ossiach ist Austragungsort vieler Konzerte. Hier wurde 1969 der Carinthische Sommer gegründet, ein Musikfestival, das jedes Jahr im Juli und August internationale Künstlerinnen und Künstler nach Kärnten bringt.

Bezirk Villach Land

Kultur: Finkenstein – Burgruine mit Konzerten und Theateraufführungen.

Sport: Gerlitzen – Sommer- und Wintersportgebiet.

Sonstiges: Faaker See mit Faak – Harley-Davidson-Treffen.
Bad Bleiberg – Therme Bleiberg, Schaubergwerk „Terra Mystica".

Die **Wörtherseeregion** ist das touristische Zentrum Kärntens. Bekannte Orte sind:

- Velden – mondäner Tourismusort mit Kongressen und Veranstaltungen
- Pörtschach – traditionsreicher Tourismusort
- Reifnitz – alljährliches GTI-Treffen

Bezirk Spittal an der Drau

Kultur: das Renaissanceschloss Porcia mit Komödienspielen im Sommer.

Sport: Bad Kleinkirchheim – bekanntester Kurort und Wintersportort, Wander- und Erlebniswege im Nationalpark Nockberge.
Heiligenblut – Wintersportort am Großglockner, Ausgangspunkt der Großglockner-Hochalpenstraße zur Kaiser-Franz-Joseph-Höhe und zur Pasterze (dem größten Gletscher der Ostalpen).
Flattach: Skigebiet Mölltaler Gletscher.

Sonstiges: Panoramastraße Goldeck, Nationalpark Hohe Tauern mit dem Nationalparkdorf Mallnitz; Spittal liegt am Schnittpunkt der wichtigen Handelswege Drautal und Tauernroute.

Renaissanceschloss Porcia

Stift Ossiach

Bezirk Feldkirchen

Kultur: Feldkirchen – Stadtpfarrkirche Mariä Himmelfahrt, Ossiach – Stift Ossiach mit Freskenmalereien des Kärntner Malers Josef Ferdinand Fromiller.

Sport: ausgedehntes Wandergebiet, Bootssport auf den Seen der Region.

Bezirk Wolfsberg

Kultur: Benediktinerstift St. Paul (romanisches Bauwerk), in der Gemäldegalerie Werke des Malers Kremser Schmidt aus dem 18. Jahrhundert.

Sport: ausgedehnte Wander- und Mountainbikestrecken.

Sonstiges: Wolfsberg bietet eine sehenswerte Altstadt, Schloss Wolfsberg.

Bezirk Hermagor

Kultur: Schloss Möderndorf mit dem Gailtaler Heimatmuseum.

Sport: Hermagor und das Nassfeld bieten ausgezeichnete Skigebiete, im Sommer sehr beliebt bei Wanderern und Mountainbikern.

Sonstiges: archäologische Grabungen Gurina mit der Rekonstruktion eines Tempels mit Herkules-Statue.

Gurina

Bezirk Völkermarkt

Kultur: Bad Eisenkappel – Brauchtumsveranstaltung „Kirchleintragen", Obir-Tropfsteinhöhlen.

Sport: St. Kanzian am Klopeiner See ist das Zentrum einer Seenlandschaft von sieben Seen, die jede Art von Wassersport bieten.

Sonstiges: Bleiburg – zweisprachige Ortstafeln.

Ortstafelstreit
In Bleiburg steht eine von rund 150 Ortstafeln in Kärnten, auf der der Ortsname zweisprachig angeschrieben ist. Laut einem Übereinkommen sollen in Ortschaften ab einem Anteil von 17,5 Prozent slowenischsprachiger Bevölkerung die Bezeichnungen zweisprachig sein. Als Basis dient das Ergebnis der Volkszählung. Diesem Übereinkommen ist ein jahrzehntelanger Streit vorausgegangen.

Bezirk St. Veit an der Glan

Kultur: Gurk mit dem Dom aus dem 12. Jahrhundert – einem der bedeutendsten romanischen Kirchenbauten Österreichs mit einer sehenswerten Krypta.
St. Veit an der Glan – ehemalige Herzogsstadt mit einem schönen Altstadtbereich und moderner Architektur (z. B. erstes Kunsthotel von Ernst Fuchs).

Sonstiges: Friesach – sehenswerte Altstadt, Mittelalterfest „Spectaculum". In der Nähe Burg Hochosterwitz – Festungsanlage mit 14 Tortürmen und Waffenkammer.

Burg Hochosterwitz

Aufgabenstellungen – „Tourismus in Kärnten"

1. Ergänzen Sie Sehenswürdigkeiten bzw. Sehenswertes, das Ihnen in Kärnten wichtig ist.

2. Ein Gast möchte mit seiner Familie auf dem Fahrrad die Drau entlang Kärnten entdecken. Dabei möchte er dreimal übernachten, um sich kulturelle Sehenswürdigkeiten anzusehen. Stellen Sie eine Route zusammen und erklären Sie, wo Ihrer Meinung nach das Übernachten besonders empfehlenswert wäre.

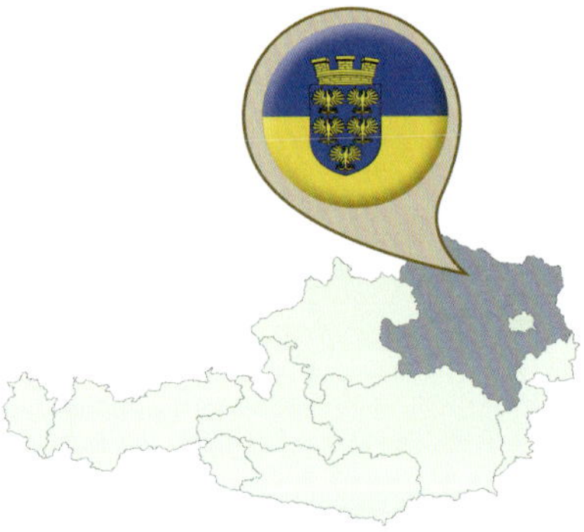

7 Niederösterreich

Franz ist Systemgastronomiefachmann-Lehrling. Auf die Frage, welche Orte für ihn die schönsten in Niederösterreich seien, kann er einiges aus seinem Bezirk und seiner näheren Umgebung im Westen seines Heimatbundeslandes berichten. Aber Niederösterreich ist sehr groß, und so weiß er weniger über das Wein- und Waldviertel und noch weniger über das Industrieviertel. Er ist gespannt, welche Highlights diese Teile seines Bundeslandes bieten.

Benennen Sie als Niederösterreicherin/als Niederösterreicher Ihren Wohnbezirk und tragen Sie sechs Sehenswürdigkeiten, Orte oder Besonderheiten ein:

1.
2.
3.
4.
5.
6.

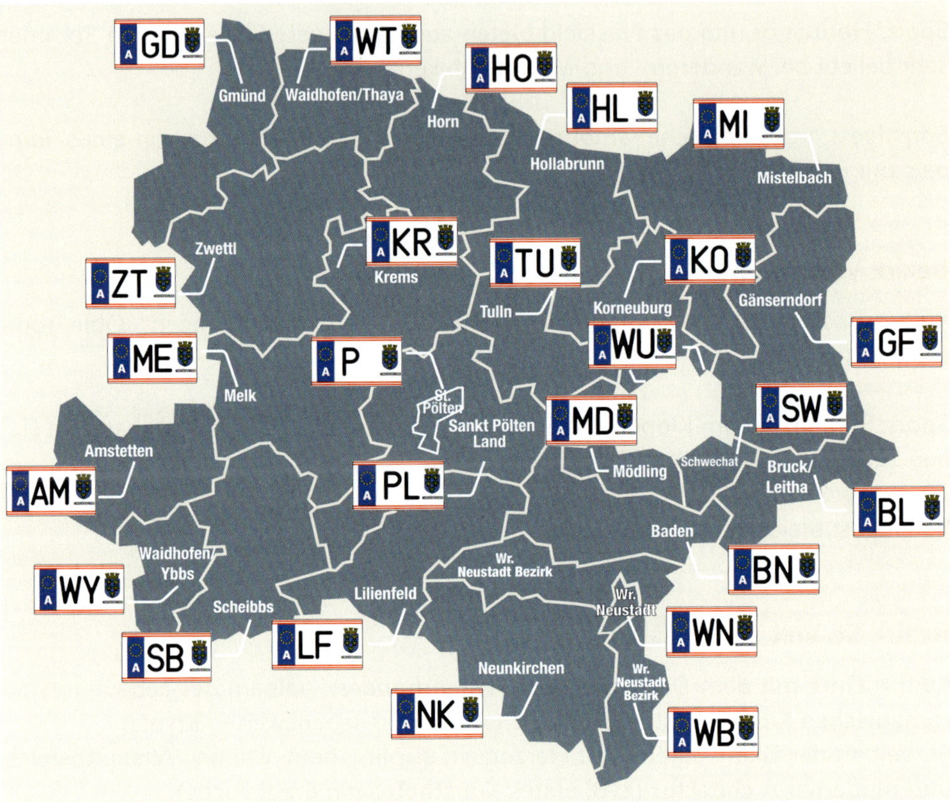

Niederösterreich wird in vier Viertel eingeteilt: Mostviertel, Weinviertel, Waldviertel und Industrieviertel. Einige der Bezirke befinden sich in zwei dieser Viertel und werden nur einmal genauer beschrieben.

Das Mostviertel

Sankt Pölten und der Bezirk Sankt Pölten Land

St. Pölten ist seit 1986 die Hauptstadt von Niederösterreich. Die Stadt vereinigt die Baustile Barock, Jugendstil und Moderne. St. Pölten ist eine bedeutende Handels- und Industriestadt.

Sehenswürdigkeiten:
- Das Rathaus ist das Wahrzeichen der Stadt; beeindruckend sind Barockfassade und Turm
- Die Domkirche – eine barockisierte romanische Basilika
- Die im Jugendstil erbaute ehemalige Synagoge der Stadt
- Die Prandtauerkirche, eine ehemalige Klosterkirche der Karmeliterinnen

Rathaus St. Pölten

- Das architektonisch wertvolle „Institut der Englischen Fräulein“
- Das Regierungsviertel mit dem „Landtagsschiff“
- Der Klangturm mit begehbaren Klangräumen in drei Etagen, mit Klangkugeln und einer Aussichtsplattform

Bekannte Gemeinden im Bezirk St. Pölten Land:

- **Herzogenburg** – hier finden alljährlich die Niederösterreichischen Kindersommerspiele statt
- **Neulengbach** – auf einem Bergkegel über der Stadt kann man die Burg besichtigen
- **Wilhelmsburg** – das 2007 eröffnete Geschirrmuseum widmet sich dem von 1795 bis 1997 in Wilhelmsburg produzierten Wilhelmsburger Steingut und Lilienporzellan.

Highlights in St. Pölten

Kultur

Klangturm und Aussichtsplattform

Sport

NV-Arena St. Pölten

Sonstiges

Landtagsschiff in St. Pölten

Im Juni 2014 wurden die Vorrundenspiele der American-Football-Europameisterschaft in der NV-Arena in St. Pölten ausgetragen. Suchen Sie mindestens fünf weitere Veranstaltungen, die in diesem Stadion ausgetragen wurden.

1.
2.
3.
4.
5.

Bezirk Amstetten

Kultur: Haag – das Mostviertelmuseum zeigt unzählige Gegenstände zu den Themen Most, Feldwirtschaft, Flachsverarbeitung, Bienenwirtschaft und alte Wohnkultur.

Sport und Gesundheit: Die von Amstetten ausgehende Mostviertler Höhenstraße bzw. die Moststraße kann man erwandern oder mit dem Fahrrad befahren.

Sonstiges: Amstetten – Musicalsommer, die Mostlandmesse.

Stadttierpark Haag

Bezirk Waidhofen an der Ybbs

Waidhofen an der Ybbs ist eine Statutarstadt.

Kultur: Der Stadtturm, das Wahrzeichen der Stadt, ist ein mächtiger quadratischer Turm, den man auch besteigen kann.

Sonstiges: Der Ybbsuferweg, der tief im Graben des Ybbstales verläuft, ermöglicht es, ein Stück Natur in der Stadt kennenzulernen.

Wallfahrtskirche Sonntagsberg in Waidhofen an der Ybbs

Aufgabenstellung

- Was ist eine Statutarstadt? Recherchieren Sie über die Bedeutung des Begriffs!

Oskar Kokoschka (1886–1980) und Egon Schiele (1890–1918) waren bekannte österreichische Maler der Moderne

Recherchieren Sie im Internet und notieren Sie die wichtigsten Informationen:

Die Nibelungen

Die Babenberger

Bezirk Scheibbs

Kultur: Wieselburg – von historischer Bedeutung ist das Wieselburger Oktogon, eines der bedeutendsten Bauwerke der Babenberger (in der Pfarrkirche).

Sport und Gesundheit: Wanderwege in und um die Stadt Scheibbs, z. B. Stadtrundweg, Wanderweg zur Urlingerwarte, Radwege im Erlauftal, Höhenwanderweg.

Bezirk Lilienfeld

Kultur: Das Bierkrugmuseum in Hainfeld ist das einzige österreichische Museum für historische Bierkrüge.

Bezirk Melk

Kultur: Melk – hoch über der Donau liegt das barocke Benediktinerkloster Stift Melk.

Sport und Gesundheit: Wanderwege und Radwege (z. B. Donauradweg).

Sonstiges: Das Geburtshaus von Oskar Kokoschka, das sogenannte Kokoschkahaus, befindet sich in Pöchlarn. Auch kann man hier das Nibelungendenkmal mit den Wappen der Nibelungenstädte besichtigen.

Seit mehr als 1 000 Jahren ist Melk ein geistliches und kulturelles Zentrum, zunächst als Babenbergerburg und dann ab 1089 als Benediktinerkloster. In den Kaiserzimmern, die einst Kaiser Karl VI. und Maria Theresia, Papst Pius VI. und Napoleon beherbergt hatten, ist eine ständige Ausstellung eingerichtet, die die wesentlichen Epochen der Geschichte und die Gegenwart des Klosters zeigt. Der Marmorsaal und die Bibliothek, Meisterleistungen barocker Raumkunst mit den berühmten Fresken Paul Trogers, sind im Rahmen der Besichtigung des Stiftes ebenso zu sehen wie die Altane (Verbindungsbalkon zwischen Marmorsaal und Bibliothek) mit großartigem Ausblick auf die Donau.

Bezirk Tulln (teilweise im Weinviertel)

Kultur: Tulln – Egon-Schiele-Museum; der Nibelungenbrunnen ist eine Gestaltung der Szene „Begegnung von Kriemhild, der Burgunderkönigin, mit dem Hunnenkönig Etzel".

Sonstiges: Zwentendorf – Österreichs einziges Kernkraftwerk. Die Inbetriebnahme wurde durch eine Volksabstimmung am 5. November 1978 verhindert.

Das Weinviertel

Bezirk Hollabrunn (kleiner Teil im Waldviertel)

Kultur: Der Retzer Erlebniskeller ist einer der größten historischen Weinkeller Mitteleuropas.

Sonstiges: In Maissau befindet sich das größte Amethystenvorkommen in Europa. Ein freigelegter Amethystgang kann besucht werden.

Amethyst

Bezirk Korneuburg

Sport und Gesundheit: Vielzahl an Wander- und Radfahrmöglichkeiten.

Sonstiges: Die Stockerauer Au ist seit 1994 ein Naturschutzgebiet. Sie ist eine der letzten großen zusammenhängenden Auen Mitteleuropas.

Bezirk Mistelbach

Kultur: Seit 11. Mai 2013 steht die lebensgroße Michael-Jackson-Statue in Mistelbach an der Zaya.

Sonstiges: Aus der Frühzeit der Stadt sind in Laa an der Thaya die Burganlage, Reste der Stadtmauer, die Stadtpfarrkirche mit Pfarrhof, das Bürgerspital und das Alte Rathaus erhalten.

Poysdorf gilt als die Sektmetropole Österreichs. Die Produktion beträgt jährlich rund 25 Mio. Liter.

Bezirk Gänserndorf

Sport und Gesundheit: An das Groß-Enzersdorfer Stadtgebiet grenzt das unter Naturschutz stehende Augebiet Lobau, welches Teil des Nationalparks Donau-Auen ist; viele Wander- und Radwege.

Sonstiges: Die Bezirkshauptstadt Gänserndorf ist Ausgangspunkt für Ausflüge in das kulturell sehr interessante Weinviertel mit unzähligen Museen sowie zu den March-Donau-Auen und den wunderschönen Schlössern des Marchfeldes.

Aufgabenstellung

- Planen Sie für Ihre Gäste eine Fahrt zu den Marchfelder Schlössern. Recherchieren Sie über die Öffnungszeiten, die Ticketpreise und ob und wann es Führungen gibt.

Schloss Hof

Schloss Eckartsau

Schloss Marchegg

Schloss Orth

Das Waldviertel

Bezirk Waidhofen an der Thaya

Waidhofen an der Thaya ist die nördlichste Bezirkshauptstadt Österreichs.

Bezirk Horn

Kultur: Horn – im Höbarthmuseum ist eine der bedeutendsten urgeschichtlichen Sammlungen Niederösterreichs zu sehen.

Sport und Gesundheit: weitläufige Wander- und Radwege.

Sonstiges: Burgschleinitz-Kühnring – im Schloss Harmannsdorf schrieb die österreichische Friedensnobelpreisträgerin Berta von Suttner ihren Roman „Die Waffen nieder".

Berta von Suttner

Krems und der Bezirk Krems Land

Die Statutarstadt Krems liegt in der Wachau und gehört geografisch sowohl zum Waldviertel als auch zum Mostviertel.
Kultur: Die Loisium-Kellerwelt in Langenlois zeigt alles rund um den Wein dieser Region.

Sport und Gesundheit: Entlang der Donau führt der Rad- und Wanderweg von Passau nach Wien.

Sonstiges: Dürnstein – von Dezember 1192 bis März 1193 wurde König Richard Löwenherz von England auf der Burg Dürnstein gefangen gehalten.

Recherchieren Sie im Internet und notieren Sie die wichtigsten Informationen:

Das Loisium

Bezirk Zwettl

Kultur: In der Umgebung von Groß Gerungs befinden sich die Steinpyramide und mehrere Geotope, die unter dem Namen „Kraftarena" touristisch beworben werden.

Sport und Gesundheit: zahlreiche Wander-, Mountainbike- und Reitwege.

Geotope sind

Bis in das Jahr 1708 lässt sich die Geschichte der heutigen Privatbrauerei Zwettl zurückverfolgen. Mit der heutigen Brauerei der Familie Schwarz wurde Zwettl zur Stadt der großen Biere. Im Jahr 2000 wurde Zwettl der Beiname „Braustadt" zuerkannt.

Bezirk Gmünd

Kultur: Litschau ist die nördlichste Stadt in Österreich; ihr Wahrzeichen ist der alte Schlossturm, auch Hungerturm genannt.

Sonstiges: Gmünd ist das wirtschaftliche, kulturelle und touristische Zentrum des oberen Waldviertels.

Das Industrieviertel

Bezirk Neunkirchen

Kultur: Die 14 Meter hohe Säule aus Sandstein (bekrönt von der Allerheiligsten Dreifaltigkeit) am Hauptplatz von Neunkirchen wurde zur Erinnerung an das Pestjahr 1713 errichtet.

Sport und Gesundheit: Reichenau an der Rax – Ausgangspunkt vieler Wanderwege und Klettersteige auf die Rax und das Bergmassiv der Rax-Schneeberg-Gruppe.

Der Semmering ist Fremdenverkehrs- und Luftkurort, Winter- wie Sommersportgebiet. Seit 1998 gehört die Semmeringbahn zum UNESCO-Weltkulturerbe. Der Semmering ist Teil der sogenannten **Wiener Alpen**.

Wiener Neustadt und Bezirk Wiener Neustadt

Kultur: Der Wiener Neustädter Dom ist ein im Kern spätromanisches Bauwerk, das 1279 geweiht wurde.

Sport und Gesundheit: Die Gegend um Kirchschlag in der Buckligen Welt bietet ein umfangreiches Rad- und Wanderwegenetz.

Bezirk Baden

Sport und Gesundheit: In der Kurstadt Baden sind schon seit Jahrtausenden heiße Schwefelquellen bekannt; die älteste Quelle befindet sich in einem Stollen unter dem heutigen Casino der Stadt.

Sonstiges: Die erste Badeanlage der sogenannten Thermenregion wurde in Bad Vöslau ab 1822 betrieben, gleichzeitig der Beginn des Kurortes. Im Stadtgebiet befindet sich auch die Quelle des **Vöslauer Mineralwassers.**

Bezirk Mödling

Kultur: Die gut erhaltene und renovierte Altstadt von Mödling steht unter dem Schutz der Haager Konvention.

Sport und Gesundheit: viele Wanderwege im Wienerwald.

Sonstiges: Gumpoldskirchen gehört zum Weinbaugebiet Thermenregion und ist durch die Rebsorten Zierfandler und Rotgipfler bekannt.

Zierfandler- und Rotgipflerweine sind bei guter Reife der Trauben extraktreich mit angenehmer Säure und feiner Blume. Bei Trockenbeerenbildung entsteht ein honigartiges bis sherryähnliches Bukett.

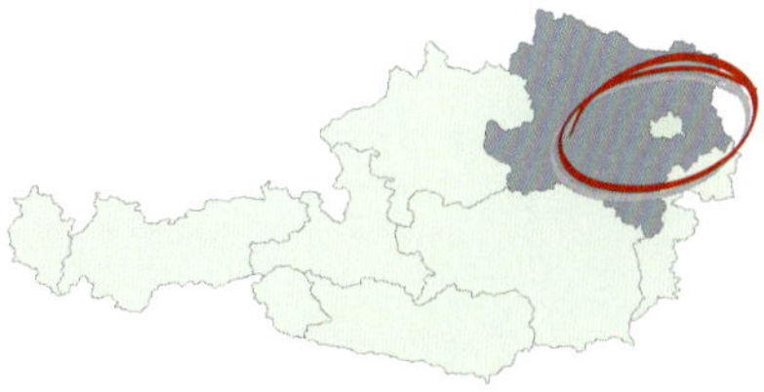

Wien ist von Niederösterreich umschlossen, das Industrieviertel ist südlich von Wien

Bereits vor rund 15 000 Jahren begann sich ein natürliches Mineralwasser in mehr als 600 Meter Tiefe zu sammeln. Dort wurde es Jahrtausende vor allen Umwelteinflüssen und jeglichen Verunreinigungen geschützt. Und von dort tritt es mit eigener Kraft aus der Tiefe an die Oberfläche – denn die Vöslauer Quelle ist artesisch. Und seit 1936, dem Gründungsjahr der heutigen Vöslauer AG, wird das Mineralwasser in Flaschen abgefüllt.

Die **Haager Konvention** zum Schutz von Kulturgut bei bewaffneten Konflikten ist ein völkerrechtlicher Vertrag, der 1954 mit dem Ziel abgeschlossen wurde, Kulturgut während eines Krieges vor widerrechtlicher Inbesitznahme zu schützen. Die UNESCO verantwortet die Einhaltung der Abkommen.

Bezirk Bruck an der Leitha

Sport und Gesundheit: Der Nationalpark Donau-Auen ist eine beliebte Rad- und Wanderregion.

Sonstiges: Im Jahr 1984 fand die Besetzung der Hainburger Au statt. Dabei protestierten Aktivistinnen und Aktivisten gegen den Bau eines Kraftwerkes in der Hainburger Au auf der nördlichen Seite der Donau. Die Proteste waren so massiv und erfolgreich, dass das Gebiet als Aulandschaft erhalten blieb und heute Teil des Nationalparks Donau-Auen ist.

Hainburg an der Donau – Blick vom Braunsberg

Stift Klosterneuburg

Bezirk Wien Umgebung

Kultur: Der Stadt- oder Fischaturm auf dem Hauptplatz ist das Wahrzeichen von Fischamend. Der mächtige sechsgeschossige Turm stammt aus dem 13. Jahrhundert und wird an der Spitze von einem Fisch gekrönt.

Sport und Gesundheit: Unter anderem in Pressbaum werden ausgeschilderte Reit- und Wanderwege sowie Mountainbikestrecken angeboten.

Sonstiges: Klosterneuburg – hier befinden sich das Stift und die höhere Bundeslehranstalt für Wein- und Obstbau und das Bundesamt für Wein- und Obstbau.

Leopoldifest
Um den 15. November, dem Todestag des Schutzheiligen Leopold, wird jedes Jahr im Stift Klosterneuburg das Leopoldifest gefeiert. Der Volksbrauch des Fasslrutschens ist dabei ein besonderes Erlebnis.

Übrigens ist der Heilige Leopold seit dem 17. Jahrhundert der Landespatron von Wien und Niederösterreich.

Aufgabenstellungen – „Tourismus in Niederösterreich"

1. Ergänzen Sie Sehenswürdigkeiten bzw. Sehenswertes, das Ihnen in Niederösterreich wichtig ist.

2. Planen Sie für Ihre Gäste eine Radtour entlang der Donau durch die Wachau mit Übernachtungen und einem Besichtigungsprogramm.

8 Wien

Johann arbeitet als Restaurantfachmann in einem Wiener Kaffeehaus. Er plaudert mit einem deutschen Gast über die Wiener Kaffeehauskultur, darüber weiß er viel und er redet fröhlich drauflos. Da Johann auch gerne Konzerte besucht und mit seiner Oma schon einige Male in der Staatsoper war, kann er die Fragen über die musikalischen Highlights der Stadt auch sehr gut beantworten. Über die historischen Gebäude, z. B. an der Wiener Ringstraße, weiß Johann jedoch nicht sehr viel. Darüber möchte er noch einiges lernen.

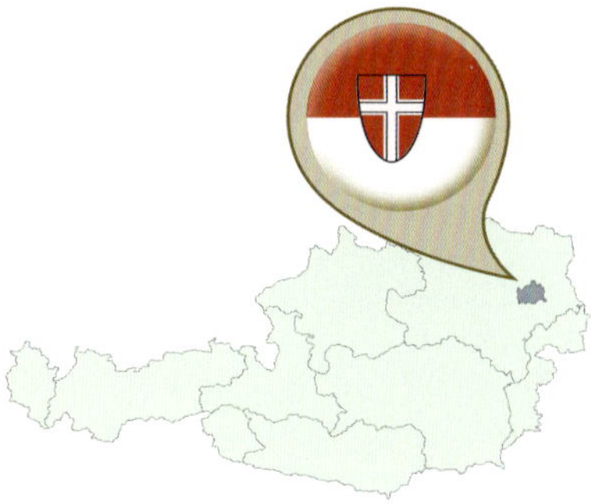

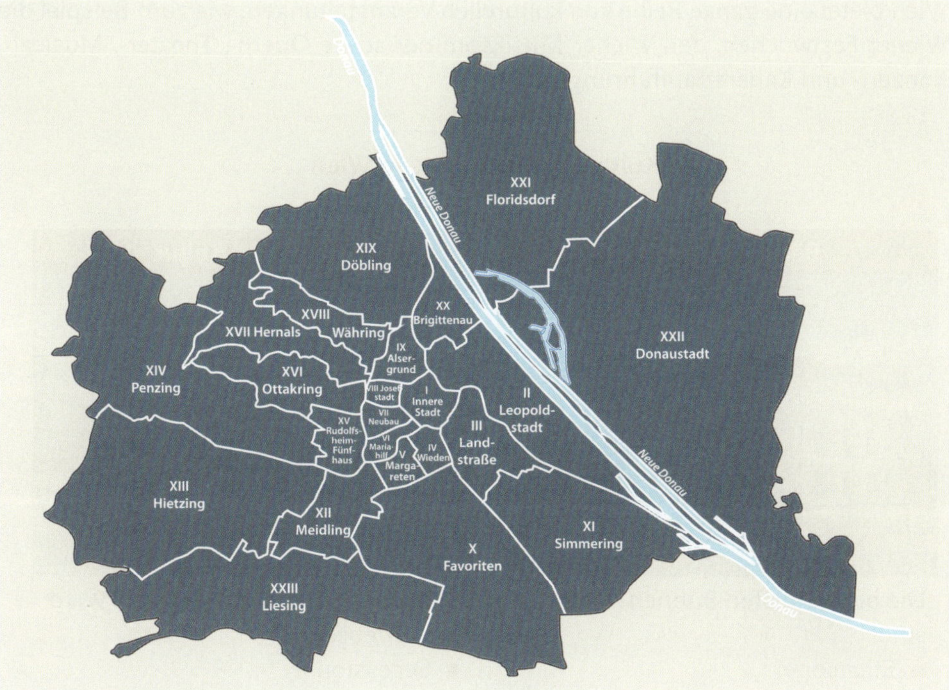

Wien hat 23 Bezirke

Benennen Sie als Wienerin/als Wiener Ihren Wohnbezirk und tragen Sie sechs Sehenswürdigkeiten, Orte oder Besonderheiten ein:

1. ______
2. ______
3. ______
4. ______
5. ______
6. ______

Jährlich besuchen über zehn Millionen Gäste aus dem In- und Ausland die Geschichts- und Kulturmetropole Wien. Österreichs Hauptstadt präsentiert sich dem Besucher widersprüchlich – zugleich kosmopolitisch und nostalgisch sowie extravagant, aber auch provinziell. Wien ist ein wichtiger Handels- und Finanzplatz sowie eine bedeutende Universitätsstadt.

Mit einem umfangreichen Programm feiert die **Universität** Wien im Jahr 2015 ihr 650-Jahr-Jubiläum.

Gästemotive

Nicht allein die Sehenswürdigkeiten sind es, die die Besucherinnen und Besucher anziehen, die unterschiedlichsten Motive führen die Gäste in die Donaumetropole.

Politische Motive

Wien ist als Bundeshauptstadt Österreichs Regierungssitz sowie Sitz des Parlaments und aller Ministerien sowie sämtlicher oberster Behörden (Oberster Gerichtshof, Verfassungs- und Verwaltungsgerichtshof). Darüber hinaus haben in Wien viele internationale Kommissionen, Gremien, Verbände und Organisationen, wie beispielsweise die UNO, die UNIDO und die OPEC, ihre Zentrale.

Parlament

Kulturelle Motive

Die Wiener Innenstadt und das Schloss Schönbrunn zählen zum Weltkulturerbe der UNESCO

Wien bietet eine ganze Reihe von kulturellen Veranstaltungen, wie zum Beispiel die Wiener Festwochen, den Wiener Musiksommer sowie Opern-, Theater-, Musical-, Konzert- und Kabarettaufführungen.

Für Jugendliche gibt es Open-Air-Konzerte, Auftritte bekannter Künstler und Bands u. a. auf der Donauinsel (Donauinselfest), in der Stadthalle und in der Freudenau.

Kulturelle Highlights in Wien

Bekannte Bühnen

Die bekanntesten Bühnen Wiens sind:

- Staatsoper
- Volksoper
- Burgtheater
- Akademietheater
- Volkstheater
- Theater in der Josefstadt
- Theater an der Wien
- Ronacher
- Raimundtheater
- Konzerthaus
- Musikverein (Wiener Philharmoniker)

Kunst und Kultur

Kunst und Kultur kann man in Wien u. a. erleben in:

- Secession
- Albertina
- Museumsquartier
- Kunsthistorisches Museum
- Naturhistorisches Museum
- Museum für Völkerkunde
- Museum für angewandte Kunst (MAK)
- Haus der Musik
- Belvedere

Aufgabenstellung

- Suchen Sie die Adressen der oben genannten Wiener Bühnen. Finden Sie heraus, in welchem Bezirk sich diese Spielstätten befinden. Suchen Sie die günstigste Verbindung mit öffentlichen Verkehrsmitteln vom Hauptbahnhof zu den einzelnen Adressen (sehr hilfreich ist die Website der Wiener Linien www.wienerlinien.at).

Sportliche Motive

Wien ist auch eine Sportstadt, in der viele sportliche Großereignisse stattfinden. Die wichtigsten Veranstaltungsstätten sind das Ernst-Happel-Stadion, die Wiener Stadthalle, das Ferry-Dusika-Radstadion und die Trabrennbahn in der Krieau.

Gastronomische Motive

In Wien haben sich besondere Formen gastronomischer Betriebe entwickelt, die es entweder nur in dieser Stadt gibt oder die sich von hier aus verbreitet haben. Das sind vor allem das Wiener Kaffeehaus und seine Zuckerbäcker-Tradition (Demel, Gerstner, Sacher), das Wiener Beisl und der Heurige.

Gesundheitliche Motive

Die Thermenlandschaft in der Therme Oberlaa (Kur- und Schwefelbad) zieht jährlich Tausende Besucher an.

Highlights in Wien

Kultur	Sport	Sonstiges

Secession	Ferry-Dusika-Radstadion	Donauinselfest

Innenstadt

- Die Entstehungsgeschichte des **Stephansdoms** reicht in das 12. Jahrhundert zurück. Das gotische Langhaus mit Chor und dem 173 Meter hohen Südturm stammt aus dem 14. Jahrhundert. Im unvollendet gebliebenen Nordturm hängt die berühmte Glocke „Pummerin".
- Das **Haas-Haus** wurde 1990 fertiggestellt und ist ein modernes Geschäfts- und Bürozentrum.
- Die **Ruprechtskirche** ist die älteste Kirche Wiens.
- Am **Judenplatz** befindet sich das viel diskutierte Holocaustdenkmal.
- In der **Kapuzinerkirche** befindet sich die Familiengruft der Habsburger.
- Die **Albertina** zeigt die größte Grafiksammlung der Welt.
- Die **Alte Hofburg** war die Residenz der Habsburger. Die Gebäudeteile stammen aus verschiedenen Epochen (Gotik, Renaissance, Barock, Rokoko, Klassizismus, Historismus). Zu bestaunen sind die Kaiserappartements, die Schatzkammern, die Burgkapelle, die Spanische Hofreitschule und die Nationalbibliothek.

Recherchieren Sie im Internet und notieren Sie die wichtigsten Informationen:

Der Wiener Stephansdom

Der Wiener Heurige

Aufgabenstellung

- Recherchieren Sie anhand der Fotos, welche kulturellen Highlights in den Gebäuden der Hofburg besucht werden können.

Die Lösung zu dieser Aufgabe finden Sie in der TRAUNER-DigiBox.

Am 1. Mai 1865 hat Kaiser Franz Joseph die Wiener Ringstraße offiziell eröffnet. 2015 feierte Wien ihren 150. Geburtstag.

- In der **Neuen Hofburg** (Neubarock) befinden sich Konferenz- und Veranstaltungszentren, Museen und Sammlungen.
- Auf dem **Heldenplatz** vor der Hofburg befinden sich Reiterstandbilder von Prinz Eugen und Erzherzog Karl.
- Am **Ballhausplatz** steht das Bundeskanzleramt.
- Entlang des „schönsten Boulevards der Welt“, der **Wiener Ringstraße,** befinden sich viele Häuser (Palais) im Stil des Historismus.

Im **Stadtpark** (am Wienfluss) findet man Künstlerdenkmäler (z. B. von Johann Strauß), Pavillons, einen Kursalon und Spielplätze.

Kunsthistorisches Museum

- Die **Staatsoper** (Neurenaissance) ist neben den Opernaufführungen Austragungsort des jährlich stattfindenden Opernballs.
- Das **Kunsthistorische Museum** zeigt eine der bedeutendsten Kunstsammlungen der Welt.
- Das **Naturhistorische Museum** beheimatet eine der bedeutendsten naturwissenschaftlichen Sammlungen. Beide Museen sind im Stil der Neurenaissance mit monumentalen Stiegenhäusern erbaut. Zwischen den Museen steht ein Denkmal Maria Theresias.
- Das **Museumsquartier** ist ein Zentrum für zeitgenössische Kunst und Kultur (MUMOK, Leopoldmuseum, Kunsthalle).
- Das **Parlament** mit dem Pallas-Athene-Brunnen befindet sich an der Ringstraße und ist neoklassizistisch.

Das **Burgtheater** (kurz „die Burg“) ist das traditionsreichste Bühnenhaus im deutschsprachigen Raum.

Zu erwähnen sind u. a. noch das Wiener Rathaus und die Votivkirche (beide Neugotik).

Aufgabenstellungen

1. Welche Aufführungen kann man zurzeit in diesen Spielstätten besuchen?

Staatsoper ______

Volksoper ______

Burgtheater ______

Akademietheater ______

Theater in der Josefstadt ______

Theater an der Wien ______

Ronacher ______

Raimundtheater ______

2. Außer den Finalspielen bei der American-Football-Weltmeisterschaft 2011 und der Fußballeuropameisterschaft 2009 fanden in Wien viele weitere sportliche Großereignisse statt. Suchen Sie mindestens drei Veranstaltungen.

Das Musical „Tanz der Vampire“ wurde 1997 im Raimund Theater und ab 2009 im Ronacher aufgeführt, aktuell wird es nicht gespielt

Äußere Stadt

- Der **Augarten** mit der bekannten Porzellanmanufaktur und einer weitläufigen Parkanlage
- Der **Karl-Marx-Hof** ist ein Symbol für den sozialen Wiener Wohnungsbau in der Ersten Republik
- Die **Müllverbrennungsanlage in Wien-Spittelau** (entworfen von Friedensreich Hundertwasser)
- Der **Millenium-Tower** ist ein Büroturm mit 202 Metern
- Die **Donauinsel** ist das Freizeitareal Wiens
- Der Donaupark mit dem 252 Meter hohen **Donauturm**
- Die **UNO-City** mit dem Austria-Center Vienna (Konferenzzentrum)
- Der **Prater** war ursprünglich das Jagdgebiet des Adels und ist heute der Wiener Vergnügungspark „Wurstelprater“ mit Riesenrad
- Auf dem **Wiener Zentralfriedhof** findet man viele Ehrengräber von berühmten österreichischen Persönlichkeiten
- Die **Belvedere-Schlösser,** ehemals die Sommerresidenz von Prinz Eugen, bestehen aus dem Oberen Belvedere (heute Gemäldegalerie) und dem Unteren Belvedere (Barockmuseum)

Sonstige Sehenswürdigkeiten

- Das **Technische Museum** enthält einen Querschnitt von Ausstellungsstücken der technischen, gewerblichen und industriellen Entwicklung.
- Das **Schloss Schönbrunn,** die meistbesuchte Sehenswürdigkeit Österreichs, wurde nach Entwürfen von Fischer von Erlach um 1700 im Barockstil erbaut. Erweiterungen folgten um 1740. Zu bestaunen sind 1 441 Zimmer, das Schlosstheater, die Parkanlage mit der Gloriette (einer klassizistischen Säulenhalle), der Tiergarten und das Palmenhaus.
- Die Ausläufer des Wienerwalds sind durch die Höhenstraße erschlossen und verbinden die beliebten Ausflugsziele Cobenzl, Kahlenberg und Leopoldsberg.

Recherchieren Sie im Internet und notieren Sie die wichtigsten Informationen:

Das Riesenrad ______

Die UNO-City ______

Aufgabenstellungen – „Tourismus in Wien“

1. Ergänzen Sie Sehenswürdigkeiten bzw. Sehenswertes, das Ihnen in Wien wichtig ist.

2. Sie beherbergen in Ihrem Hotel in Innsbruck eine Acht-Personen-Gruppe aus den USA. In Innsbruck haben ihre Gäste einiges über die Habsburger erfahren und so möchten sie unbedingt in Wien das Schloss Schönbrunn besuchen. Stellen Sie ein Programm zusammen. Erarbeiten Sie im Detail die Zugfahrt mit dem Railjet, die Benützung der U-Bahn, eine Reservierung für ein gemütliches Mittagessen und den Besuch eines Wiener Kaffeehauses.

Schloss Schönbrunn

9 Burgenland

Susanne, ein Lehrling in einem Hotel in Neusiedl am See, wird am Abend bei einer Weinverkostung in ihrem Lehrbetrieb von einem Gast gefragt, welche Orte für sie die schönsten im Burgenland seien. Susanne erzählt von ihrer Radtour, die sie mit Freunden gemacht hat. Auch beim Nachfragen bezüglich der kulturellen Highlights, wie Kirchen, Klöster und Museen, kann die angehende Restaurantfachfrau zeigen, dass auch junge Menschen sehr kulturinteressiert sein können. Aber Susanne weiß bestimmt nicht alles und so freut sie sich darauf, noch mehr über das östlichste Bundesland zu erfahren.

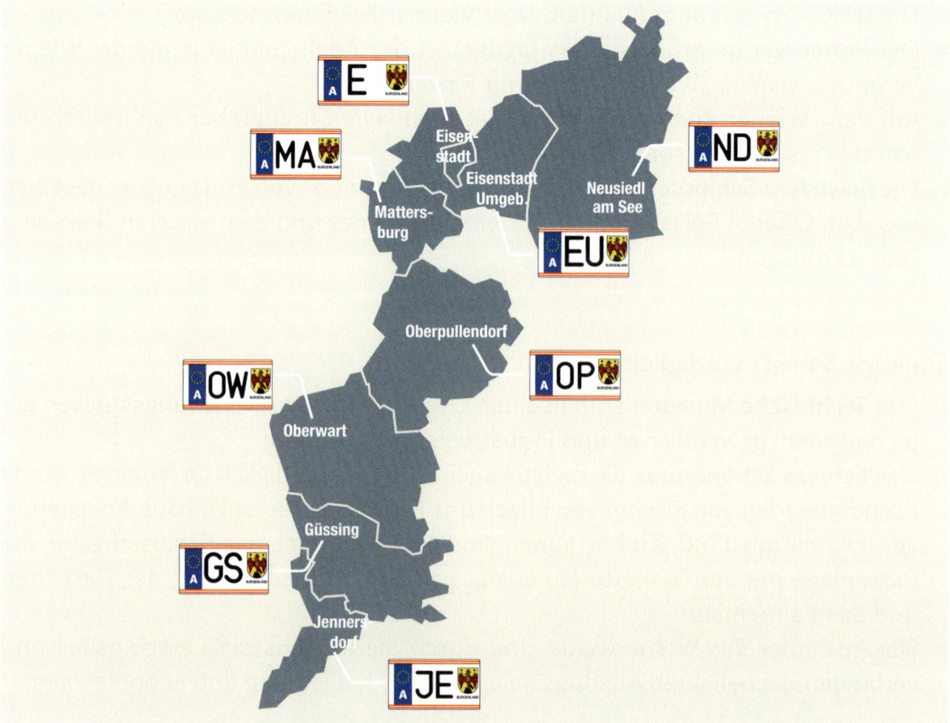

Benennen Sie als Burgenländerin/als Burgenländer Ihren Wohnbezirk und tragen Sie sechs Sehenswürdigkeiten, Orte oder Besonderheiten ein:

1.
2.
3.
4.
5.
6.

Eisenstadt und Bezirk Eisenstadt Umgebung

Seit dem Jahre 1925 ist Eisenstadt die Hauptstadt des Burgenlandes. Bis zu diesem Zeitpunkt war Eisenstadt eine ungarische Freistadt. An Sehenswürdigkeiten hervorzuheben sind die Haydn-Festspiele, das „Fest der tausend Weine“ und die barocke Schlossanlage der Esterházys mit dem Haydnsaal (mit einer außergewöhnlichen Akustik).

Weitere Sehenswürdigkeiten:

- Der Kalvarienberg mit der Bergkirche – ein künstlicher Berg mit einem Passionsweg
- Die Wallfahrtskirche „Maria Heimsuchung“ mit der Haydn-Orgel und dem Haydn-Mausoleum
- Die Marienwallfahrtkirche Loretto mit der „Schwarzen Madonna“
- Die Domkirche St. Martin, eine spätgotische Hallenkirche
- Das Burgenländische Landesmuseum zeigt in unterschiedlichen Ausstellungen zahlreiche Schätze burgenländischer Geschichte, Kultur und Identität
- Die weithin bekannten Opernfestspiele St. Margarethen finden jährlich im Sommer im stillgelegten Teil des Steinbruchs statt
- Die Seefestspiele Mörbisch sind über die Grenzen Österreichs als Operettenfestival bekannt und bietet auf über 6 000 Sitzplätzen in manchen Jahren auch klassische Musicals an

Highlights im Burgenland

Kultur

Kalvarienberg mit der Bergkirche in Eisenstadt

Sport

Kitesurfer am See

Sonstiges

Festspiele St. Margarethen im Steinbruch

Die Freistadt Rust ist eine sogenannte Statutarstadt. Der gesamte malerische Altstadtbereich ist denkmalgeschützt. Sie ist als Stadt der Störche und als Weinbaugemeinde bekannt.

Bezirk Neusiedl am See

Kultur: die Wallfahrtskirche bzw. Basilika Mariä Geburt in Frauenkirchen.

Sport: im Sommer alljährlich Segel-, Windsurf- und Kitesurfwettkämpfe auf dem Neusiedler See. In sehr kalten Wintern bildet sich eine dicke Eisdecke, die Eislaufen und Eissegeln ermöglicht.

Sonstiges: Beim Weinfrühling bieten die Weinbauern ihre Produkte an. Der Nationalpark Neusiedler See-Seewinkel. Die Windmühle von Podersdorf ist die größte von ehemals vierhundert Windmühlen Österreichs.

Recherchieren Sie im Internet und notieren Sie die wichtigsten Informationen:

Josef Haydn

Römische Funde im Mittelburgenland

Der Verband Blaufränkischland Mittelburgenland besteht seit Ende 1989. Er ist die Dachorganisation der mittelburgenländischen Weingüter und Winzer. Die Mitglieder des Verbandes sind Weinbautreibende, die die Sorte Blaufränkisch produzieren und vermarkten.

Bezirk Mattersburg

Kultur: Im nördlichen Teil von Wiesen liegt ein bekanntes Festivalgelände, auf dem regelmäßig Veranstaltungen stattfinden. Das charakteristische Festzelt mit seiner Stahlseilkonstruktion bietet Platz für 4 000 Besucherinnen und Besucher, weitere 4 000 finden im Open-Air-Bereich Platz.

Sonstiges: Auffallend im Stadtbild Mattersburgs ist das mächtige Bahnviadukt, das auch das Wahrzeichen der Stadt ist.

Bezirk Oberpullendorf

Kultur: Schloss Deutschkreutz, ein mächtiges Renaissanceschloss, das aus einem Vierflügelbau mit Ecktürmen und zweigeschossigen Hofarkaden besteht. Lockenhaus ist bekannt für die mittelalterliche Hochburg aus dem 13. Jahrhundert.

Sport und Gesundheit: Die Familientherme Lutzmannsburg-Frankenau bietet neben dem Wellnessangebot weitläufige Wander- und Radfahrmöglichkeiten.

Sonstiges: Weingarten- und Winzerwanderungen durch das Blaufränkischland (DAC Mittelburgenland).

Schloss Deutschkreutz

Bad Tatzmannsdorf

Bezirk Oberwart

Kultur: Im Kunst- und Kulturzentrum „Offenes Haus Oberwart“ finden regelmäßig Ausstellungen bildender Künstler, Musik- und Theaterveranstaltungen, Lesungen und jährliche Festivals (z. B. Burgenländische Tanztage) statt.

Sport und Gesundheit: Bad Tatzmannsdorf ist ein beliebter Kur- und Wellnessort des Bezirkes.

Sonstiges: Insgesamt sind in der Gemeinde Pinkafeld über 20 Objekte per Verordnung unter Denkmalschutz gestellt worden, wie beispielsweise das Schloss Batthyány, die beiden Pfarrkirchen, die Mariensäule, das Kriegerdenkmal sowie einige Kapellen.

Bezirk Güssing

Kultur: Hauptattraktion der Bezirkshauptstadt ist die auf einem Vulkankegel gelegene Burg Güssing. Die Burgspiele sind ein Fixpunkt im sommerlichen Kulturprogramm des Burgenlandes.

Sport: Die Gemeinden des Bezirkes bieten Wander- und Radwege sowie die Möglichkeiten, Golf und Tennis zu spielen.

Bezirk Jennersdorf

Kultur: St. Martin an der Raab – das Römermuseum und römische Hügelgräber, die unter Denkmalschutz stehen.

Aufgabenstellungen – „Tourismus im Burgenland"

1. Ergänzen Sie Sehenswürdigkeiten bzw. Sehenswertes, das Ihnen im Burgenland wichtig ist.

2. Ein Gast möchte mit seinem Motorrad von Neusiedl aus rund um den Neusiedler See fahren und dabei dreimal (noch auf der österreichischen Seite) stoppen. Welche kulturellen Sehenswürdigkeiten kann er sehen? Was empfehlen Sie ihm?

Ziele erreicht? – „Tourismus in den Bundesländern"

KOMPETENZ-ERWERB

1. Kreuzen Sie in der Tabelle an, ob die Aussage stimmt oder nicht stimmt.

Aussage	Stimmt	Stimmt nicht
Vorarlberg wird in vier Bezirke eingeteilt.		
Das Goldene Dachl ist in Innsbruck.		
Osttirol hat keine direkte Verbindung zu Nordtirol.		
St. Johann im Pongau ist ein Tiroler Bezirk.		
Die Felsenreitschule befindet sich in Wien.		
Linz ist die zweitgrößte Stadt Österreichs.		
Der Uhrturm ist das Wahrzeichen von Graz.		
Schilcher ist eine Weinspezialität aus dem Burgenland.		
Kärnten liegt im Süden Österreichs.		
Niederösterreichs Hauptstadt heißt Krems.		
Wien ist ein Bundesland.		
Die Autokennzeichen MA, ND, OP, OW, E und EU stammen alle aus dem Burgenland.		
Die Albertina in Wien beherbergt die größte Grafiksammlung der Welt.		

2. Beschreiben Sie Winter- und Sommersportmöglichkeiten in den Bundesländern Tirol, Vorarlberg und Salzburg.
3. Welche Sehenswürdigkeiten nennen Sie einem Gast, der Klagenfurt besucht?
4. Beschreiben Sie das Weinbaugebiet im Süden der Steiermark. Zu welchem Bezirk gehört es?
5. Welche Attraktionen befinden sich um den Neusiedler See?
6. Welche Bundesländer durchquert die Donau? Planen Sie eine zehntägige Radreise entlang der Donau mit Übernachtungen und fünf Ausflugsprogrammen.

7. Nennen Sie je ein Highlight zu Kultur, Sport und Sonstigem:

In Bregenz und Umgebung: ______________________

In Innsbruck und Umgebung: ______________________

In Salzburg und Umgebung: ______________________

In Linz und Umgebung: ______________________

In Graz und Umgebung: ______________________

In Klagenfurt: ______________________

In St. Pölten: ______________________

Im Burgenland: ______________________

8. Ordnen Sie die Bezirke den Bundesländern zu und schreiben Sie diese in die Karte: Linz Land (LL), Gmunden (GM), Dornbirn (DO), Landeck (LA), Lienz (LZ), Zell am See (ZE), Liezen (LI), Murtal (MT), St. Veit an der Glan (SV), Wolfsberg (WO), Mistelbach (MI), Gänserndorf (GF), Wien Umgebung (WU), Jennersdorf (JE), Amstetten (AM), Perg (PE), Hallein (HA).

Betriebe der Hotellerie und der Gastronomie

Die Bundessparte Tourismus und Freizeitwirtschaft der Wirtschaftskammer Österreich mit dem Fachverband Hotellerie und dem Fachverband Gastronomie vertritt rund 90 000 heimische Tourismusbetriebe. Österreichische Hotels verzeichnen mehr als 130 Millionen Nächtigungen pro Jahr.

Um den unterschiedlichen Wünschen und Bedürfnissen der Gäste gerecht zu werden, haben sich verschiedene gastgewerbliche Betriebsarten gebildet, die auf spezielle Gästekreise ausgerichtet sind und ihre Dienstleistung auf sie abgestimmt haben.

Die Broschüre „Tourismus in Zahlen“ finden Sie in der TRAUNER-DigiBox.

Meine Ziele

KOMPETENZ-ERWERB

Nach Bearbeitung dieses Kapitels kann ich

- den Unterschied zwischen Garnibetrieben und Vollbetrieben erklären;
- die Hotellerie- und Gastronomiebetriebe nach Betriebsarten einteilen und beschreiben;
- sagen, welche Merkmale ein systemgastronomisches Unternehmen aufweist und wie seine Organisation funktioniert;
- zwischen Counterservice, Onlineservice, Freelineservice sowie Free-Flow- und Fresh-Flow-Service unterscheiden;
- die Kategorien zur Klassifizierung von Hotels beurteilen und sagen, warum ein Betrieb in die eine oder andere Sterneklasse eingereiht wird;
- den Sinn von Hotel- und Restaurantführern verstehen;
- das Wissen über Hotellerie und Gastronomie im betrieblichen Alltag anwenden.

Der Begriff Hotel **garni** bedeutet (mit Mobiliar) ausgestattete Herberge".

Schutzhütten bieten Wanderern einfache Übernachtungsmöglichkeiten, oft sind es Matratzenlager

Kennen Sie airb&b? Diese Onlineplattform bietet weltweit die Möglichkeit der Buchung privater Unterkünfte. Recherchieren Sie in Kleingruppen die Bedingungen für Gäste und Gastgeber, vor allem die Zahlungsmodalitäten. Präsentieren Sie Ihre Ergebnisse. Gehen Sie dabei auch auf die Tatsache ein, dass diese privaten Vermieter eine Konkurrenz für eingesessene Pensionen darstellen.

1 Betriebe der Hotellerie

Meine Freundin arbeitet als Kochlehrling in einem Gasthof in Badgastein. Bei einem Besuch staunte ich nicht schlecht, als sie mir erzählte, dass sie von ihrem Lehrbetrieb eine Freikarte für die Felsentherme bekommen hat.

Die Hotellerie unterscheidet zwischen Garnibetrieben und Vollbetrieben.

1.1 Garnibetriebe

Ein Hotel garni ist ein Hotelbetrieb, der Beherbergung, Frühstück, Getränke und höchstens kleine Speisen anbietet, während der klassische Restaurantbetrieb fehlt. Es wird meist privat geführt und besitzt in der Regel nur wenige Zimmer.

Hotel garni
Meist privat geführt.

Frühstückspension
Meist privat geführt; nur Übernachtung und Frühstück; ähnlich einem B&B (Bed and Breakfast)

Apartmenthotel, Bugalowanlage
Nur Unterbringung, der Gast versorgt sich selbst.

Ferienwohnung, Ferienhaus
Hauptsächlich für Familien; für einen längeren Aufenthalt; der Gast versorgt sich selbst

Jugendherberge
Preisgünstige, einfache Herberge des Österreichischen Jugendherbergsverbands. Englisch: youth hostel.

Privatzimmer
Unterkunft in einem privaten Haus. Gesetze in den einzelnen Bundesländern regeln die Privatzimmervermietung, eine Tourismusabgabe (Orts- und Kurtaxe) ist zu entrichten.

Auch **Camping,** also das Übernachten in Zelten, Wohnwagen oder Wohnmobilen bzw. Caravans, ist eine Form des Tourismus. Die Ausstattung der Campingplätze ist sehr verschieden und reicht von der einfachen Wiese bis zu komfortablen Einrichtungen mit Supermärkten, Restaurants, eigenem Swimmingpool sowie Fernsehanschluss und WLAN. In diesem Fall hat sich der Begriff Glamping („glamourous camping") eingebürgert. Viele Campingplätze haben nur in den Sommermonaten geöffnet, es gibt aber auch Wintercamping und Camping in der Stadt, so gibt es in Wien gleich drei Plätze.

Going international

Backpackers are warmly invited to the Vienna City Hostel. Sightseeing, shopping or clubbing – no matter what your favourites are – the hostel is ideally located to fulfil your wishes. All of your preferred targets are within easy reach as our hostel lies centrally and close to the construction site of the new "Hauptbahnhof". For further information contact www.viennacityhostel.at/english/index.php.

1.2 Vollbetriebe

Vollbetriebe sind Beherbergungsbetriebe mit Verpflegung, auch kombinierte Betriebe genannt. Sie bieten dem Gast neben der Unterkunft auch Verpflegung, das ist entweder nur Frühstück oder Halbpension oder Vollpension oder „all inclusive".

All inclusive: Alle Leistungen (z. B. nicht nur das Essen, sondern auch die Getränke) sind im Preis enthalten. Ein einheitlicher Leistungsumfang, wie bei Halbpension oder Vollpension, lässt sich aber nicht definieren, häufig wird der Konsum der zusätzlichen Getränke, vor allem von Alkoholika, eingeschränkt.

Aufgabenstellungen

1. Recherchieren Sie die Bedeutung des Begriffs „3/4 Pension". Was bietet der Betrieb in diesem Fall seinen Gästen an?
2. Warum gibt es so viele Gasthöfe und Hotels, die „Zur Post" heißen? Was meinen Sie? Recherchieren Sie im Internet. Sollten Sie keine Lösung finden, dann haben wir für Sie eine einfache Erklärung in der TRAUNER-DigiBox.
3. Was versteht man unter B&B? Gibt es diese Betriebsform auch bei uns oder ist sie nur in England zu finden?

Beherbergungsbetriebe mit Verpflegung	
Hotel	Beherbergungsbetrieb, der dem Gast eine Reihe von Dienstleistungen anbietet; es gibt mindestens ein Restaurant für Hausgäste und Passantinnen bzw. Passanten. Ein sogenanntes Kurhotel befindet sich in einem Heilbad oder Kurort und bietet Gesundheitsbehandlungen (oft mit ärztlicher Betreuung).
Gasthof	Ist ein Gasthaus mit Zimmerangebot. Meist wird der gleiche Komfort geboten wie in einem Hotel.
Pension	Der Unterschied zu einem Gasthof besteht darin, dass die Verpflegung nur an Hausgäste ausgegeben wird.
Erholungs- und Ferienheime	Sie sind nur einem bestimmten Personenkreis zugänglich, z. B. Ferienheime von Firmen oder Vereinen.

Motel
In den USA erfundene und dort weitverbreitete Betriebsform, meist an Fernverkehrsrouten bzw. in den Außenbereichen großer Städte in verkehrsgünstiger Lage. Motels sind üblicherweise einfach ausgestattet und preisgünstig. Im Gegensatz zu einem Hotel sind die Zimmer oft direkt von außen erreichbar, es wird meist keine eigene Gastronomie angeboten.

Nach der Öffnungsdauer bzw. dem Öffnungszeitpunkt unterscheidet man **Einsaisonbetriebe** (nur im Winter oder nur im Sommer geöffnet), **Zweisaisonenbetriebe** und **Ganzjahresbetriebe.**

Low-Budget-Hotels verfolgen das sogenannte No-Frills-Konzept („ohne Schnickschnack“), das heißt, dass zur Kostensenkung einige Dienstleistungen weggelassen werden. So gibt es zum Beispiel keine Rezeption.

Orange Wings ist ein Low-Budget-Hotel

Aufgabenstellung

- Betriebe lassen sich nach ihrem Angebot einteilen. Finden Sie charakteristische Merkmale!

Betrieb	Merkmale
Sporthotel	Angebote für sportliche Betätigung, z. B. Tennisplatz, Schwimmbad, Reitstall, Golfplatz, Radwege, Wanderrouten
Kinderhotel	
Wellnesshotel	
Seminarhotel	
Biohotel	
Designhotel	

Nach dem Standort bzw. der Lage des Hotels unterscheidet man Stadthotels, Land- bzw. Ferienhotels (in Erholungsgebieten), See- und Strandhotels usw.

Auch die Betriebsgröße ist ein Kriterium, das für die Einteilung von Hotels herangezogen werden kann.

Betriebsgröße und Organisationsform

Klein-, Mittel- und Großbetrieb

- Kleinbetrieb: bis zu 70 Betten
- Mittelbetrieb: zwischen 70 und 150 Betten
- Großbetrieb: über 150 Betten

Hotelkette

- Mehrere Betriebe eines Unternehmens regional, national und international
- Ab ca. 500 Betten
- Z. B. Hilton, Marriott

Systemgastronomischer Betrieb

- Im Franchisesystem organisiert
- Z. B. Accor, Motel One

Franchise: Ein Franchisegeber gewährt einem Franchisenehmer das Recht, das Hotel nach seinem Konzept zu führen.

Going international

Lernen Sie die englischen Übersetzungen für:

- Unterkunft: accommodation
- Einzelzimmer: single room
- Doppelzimmer: double room
- Zweibettzimmer: twin-bedded room

Unabhängig von der Lage, der Größe oder der Art des Betriebes unterscheiden sich die Betriebe auch nach ihrer Rechtsform in **Einzelfirma** (Privatunternehmer, der mit seinem Vermögen haftet), **Personengesellschaft** (Gesellschafter haften uneingeschränkt, auch mit ihrem Privatvermögen) und **Kapitalgesellschaft** (eine sogenannte juristische Person, keine unmittelbare Haftung der Mitglieder gegenüber den Gläubigern).

Um bestimmte Zielgruppen besser anzusprechen, schließen sich eigenständige Hotels zu Dachmarken zusammen, z. B. die Landhotels, die Kinderhotels oder die Wellnesshotels.

Eigenständige Hotels schließen sich zu einer eigenen Marke zusammen, z. B. die „Landhotels Österreich", die für typische österreichische Familienbetriebe steht. Einer der Gründe für den Zusammenschluss ist, dass wirtschaftliche Synergien hergestellt und genutzt werden können, z. B. gemeinsamer Einkauf, gemeinsame Vermarktung. Sehen Sie unter http://www.landhotels.at/information-urlaub-oesterreich.html den kurzen Film an und fassen Sie die Aussagen der Sprecher zusammen.

LANDHOTELS®
Österreich

Kennzeichnungen

Um den Gästen einen Überblick über die gebotenen Leistungen zu geben, haben sich Piktogramme zur Kennzeichnung als hilfreich erwiesen. Die Symbole sollen auf Websites, in Foldern und Prospekten das Angebot verdeutlichen. Hier eine kleine Auswahl. Eine ausführliche Liste der Kennzeichnungen finden Sie in der TRAUNER-DigiBox.

© Deutscher Hotelführer des Hotel- und Gaststättenverbandes, www.hotelguide.de

Hotelklassifizierung (Sterne)

Seit dem 1. Jänner 2010 gilt in Österreich das Hotelklassifizierungssystem Hotelstars Union. Die Einstufung in eine Sterneklasse erfolgt auf Antrag des Betriebes durch eine unabhängige Kommission. Regelmäßige Überprüfungen und ein System der jährlichen Selbstkontrolle sollen die Qualität sichern. Für die Hotelklassifizierung ist der Fachverband Hotellerie der Wirtschaftskammer zuständig, sie ist freiwillig. Derzeit nehmen ca. 12 000 von rund 17 700 österreichischen Betrieben die Klassifizierung in Anspruch.

Es werden die **Sterneklassen** 1–5* und das zusätzliche Qualitätsmerkmal Superior (S) vergeben. In allen Kategorien steht dieses „S" für ein deutliches Mehr an Dienstleistungen.

Den Kriterienkatalog von www.hotelsterne.at finden Sie in der TRAUNER-DigiBox.

Was wird beurteilt?

Grundvoraussetzungen für die Aufnahme in die österreichische Hotelklassifizierung sind Gesamteindruck und Erhaltungszustand (Einrichtungen und Ausstattungen) sowie die einwandfreie Sauberkeit und Hygiene eines Betriebes. Darüber hinaus sind folgende Punkte für die Einstufung von Bedeutung:

- Die Qualität der Dienstleistung, dazu zählen auch Auftreten, Kleidung, Freundlichkeit und Kompetenz der Geschäftsführung und der Mitarbeiterinnen und Mitarbeiter
- Das äußere Erscheinungsbild, unter anderem die Beschilderung, Zufahrt, Parkplätze, Gartenanlage
- Hoteleigene Freizeit- und Zusatzeinrichtungen (z. B. Hallenbad, Sauna, Tagungsräume, Gartenanlage, Garagenparkplätze)
- Zufriedenheit der Gäste (Häufigkeit von und Umgang mit Gästebeschwerden)

Sieben Sterne für das Burj-al-Arab

Fünf-Sterne-Hotels sind der Inbegriff von Luxus. Dennoch gibt es eine Reihe von Hotels, die mit mehr als fünf Sternen beworben werden. Das erste war das Burj-al-Arab in Dubai. Das Hotel selbst wirbt jedoch nicht damit und gibt an, dass die sieben Sterne eine Erfindung eines Journalisten seien. Ähnliches gilt für das Emirates Palace in Abu Dhabi und das Town House Galleria in Mailand.

Da es keine international einheitlichen Zertifizierungen gibt, sind offiziell verliehene Hotelsterne nicht immer mit den Sternen oder anderen Symbolen deckungsgleich, die in Reiseführern, Reisekatalogen, Zeitschriften und auf Buchungsplattformen im Internet zu finden sind. Bei Rankings von Gästebewertungen empfiehlt es sich, den Kriterienkatalog in den Geschäftsbedingungen zu lesen.

Viele Hotels lassen ihren Betrieb von sogenannten **Mystery-Guests** durchleuchten. Er oder sie tritt anonym als Gast auf und erhebt möglichst viele Daten und Fakten anhand eines Beobachtungskatalogs. Dabei handelt es sich meist um geschulte Personen. Es können wichtige Informationen über den Betrieb gesammelt und damit Möglichkeiten zur Verbesserung der Qualität gefunden werden.

Aufgabenstellungen – „Betriebe der Hotellerie“

1. Ergänzen Sie die deutschen und die englischen Begriffe.

2. Nehmen Sie den Kriterienkatalog von www.hotelsterne.at bzw. aus der TRAUNER-DigiBox zur Hand und beantworten Sie, ob es sich bei den aufgezählten Kriterien um eine Mindestanforderung (ja oder nein) handelt. Tragen Sie im Kästchen „Nur für Kategorie“ die Zahlen 1, 2, 3, 4 oder 5 ein, wenn es nur für Ein-Stern-, Zwei-Stern-, Drei-Stern-, Vier-Stern- oder Fünf-Stern-Betriebe als Mindestanforderung (M) gilt.

Kriterien	Ja	Nein	Nur für Kategorie
Steckdose in Spiegelnähe (im Sanitärbereich)			
Zahlung mit Kreditkarte möglich			
Barrierefreiheit im Gebäude			
Shampoo im Badezimmer			
Internetzugang im Zimmer			
Tägliche Zimmerreinigung			
Safe im Zimmer			

2 Betriebe der Gastronomie

Mein Freund Axel arbeitet in einem Restaurant und wir treffen uns nach Dienstschluss gerne in einem Kaffeehaus. Er hat die Ausbildung zum Jungsommelier abgeschlossen und möchte nach seiner Lehrzeit in ein Haubenrestaurant wechseln. Ich habe den „Jungbarkeeper“ gemacht, weil ich in einer Bar arbeiten möchte. Es gibt so viele verschiedene Betriebsformen in der Gastronomie.

Gastronomiebetriebe bieten den Gästen ausschließlich Speisen und/oder Getränke an. Die Angebotspalette ist sehr breit. Betriebsarten sind:

- Restaurants
- Gaststätten
- Cafés
- Bars und Unterhaltungsgastronomie
- Selbstbedienungsbetriebe

Seit 1998 gibt es den Lehrberuf Systemgastronomiefachmann bzw. Systemgastronomiefachfrau. Über Betriebe der Systemgastronomie lesen Sie auf Seite 100 ff.

Betriebsräume eines Restaurants sind:

- Restauranträume
- Bankett- und Veranstaltungsräume
- Stüberl
- Schank, Bar
- Küche, Lager, Office
- Büros
- Garderoben, Waschräume, Toiletten

Restaurants

Restaurants sind Betriebe, die Speisen und Getränke servieren. Es wird zwischen Hotelrestaurants und eigenständigen Restaurants unterschieden.

Restaurants

Luxus- bzw. Haubenrestaurant	Regionales Restaurant	Spezialitäten-restaurant	Ethnorestaurant	Raststätte

Ausstattung: exklusiv	**Ausstattung:** bodenständig	**Ausstattung:** dem Thema angepasst, z. B. Dekoration mit Fischernetzen im Fischrestaurant	**Ausstattung:** landestypisch	**Ausstattung:** zweckmäßig
Angebot: internationale Küche, erstklassiger Service, bestsortierter Weinkeller	**Angebot:** regionale Spezialitäten aus Küche und Keller	**Angebot:** dem Thema angepasst (Fisch, Steak, vegan)	**Angebot:** landestypisch, z. B. italienisch, griechisch, mexikanisch, chinesisch, asiatisch	**Angebot:** reicht von Selbstbedienung über Systemgastronomie bis zu À-la-carte-Restaurants mit regionalem Angebot und Spezialitäten

Welcher Unterschied besteht zwischen einem Heurigenrestaurant und einem klassischen Heurigen (Buschenschank)? Lesen Sie die Buschenschankverordnungen der einzelnen Bundesländer in der TRAUNER-DigiBox sowie über den Verein „Der Wiener Heurige“ unter www.wienerwein.at.

Gaststätten

Gaststätten bieten hauptsächlich Getränke und meist Hausmannskost bzw. regionale Küche an. Das klassische **Gasthaus** ist immer seltener anzutreffen. In Wien weit verbreitet ist das sogenannte **Beisl.** Es bietet meist Tellergerichte (Tagesteller) und Getränke an. In den Sommermonaten gibt es häufig einen kleinen Garten vor dem Lokal (Schanigarten).

Dom-Beisl, Wien

Pub

Ländertypische Gaststätten sind **Pubs** (englisch, irisch; Bier und kleines Speisenangebot) und **Bistros** (französisch; Aperitifs und Weine, meist kleineres Speisenangebot).

Cafés

Kaffeehäuser haben vor allem in Wien eine große Tradition. Und so hat die UNESCO die Wiener Kaffeehauskultur zum immateriellen Landeskulturerbe erhoben.

Das Wiener Kaffeehaus

Die Geschichte des Wiener Kaffeehauses ist mit dem Ende der Türkenbelagerung in Wien verbunden. Der Legende nach soll der gebürtige Pole Georg Kolschitzky das Kaffeehaus in Wien erfunden haben. Als Dank für seine während der Türkenbelagerung 1683 geleisteten Dienste erhielt er aus der Kriegsbeute 500 Sack Kaffeebohnen und eröffnete das Kaffeehaus „Zur blauen Flasche“. Kolschitzky süßte den Kaffee mit Honig und durch Zugabe von Milch oder Rahm machte er ihn milder und bekömmlicher – die Wiener Melange war geboren. Etwa zur gleichen Zeit entstand auch das Kipferl (in der Form des türkischen Halbmondes).

Typisch für das Wiener Kaffeehaus sind kleine Tische mit Marmorplatten ohne Tischtuch, Billardtische und Tische zum Karten- und Schachspielen sowie ein großes Angebot an Zeitungen und Zeitschriften. Im Bild das Café Sperl in Wien.

Kaffeekonditorei Zauner in Bad Ischl

Die Bezeichnung **Kaffeerestaurant** steht für ein Kaffeehaus, in dem auch Mahlzeiten serviert werden. Im Wiener Kaffeehaus werden die Tische dann mit Tischtüchern gedeckt. Weit verbreitet ist die **Kaffeekonditorei,** ein Kaffeehaus in Verbindung mit einem Konditoreibetrieb. Bei den Cafés gibt es eine Reihe von Systemanbietern, siehe Seite 100 ff.

Bars

Die ersten Bars gab es in Amerika, noch heute tragen die klassischen Bars die Bezeichnung American Bar. Schon während der Prohibition verließen die besten Barkeeper Amerika in Richtung Europa. Vor allem in London und in Paris entstanden Cocktailbars nach amerikanischem Vorbild. In Wien eröffnete die „Kärntner Bar“, die heute unter dem Namen Loos Bar betrieben wird. Neben dem eigenständig geführten Barbetrieb gibt es häufig Hotelbars, also Bars, die einem Hotel angeschlossen sind.

Prohibition = Verbot der Alkoholherstellung und des Ausschanks von alkoholischen Getränken.

Traditionelle Bartypen

American Bar

- Angebot von Mixgetränken, große Auswahl an Spirituosen
- Im Speisenangebot nur kleine Imbisse
- Bartheke steht im Mittelpunkt

Hotelbar

- Dient als Treffpunkt für Hotelgäste, z. B. zum Aperitif oder Digestif (vor und nach dem Essen)
- In großen Hotels oft im Stil einer American Bar

Barkeeper der Loos Bar in Wien

Im Trend sind multifunktionale Lokale. Sie werden durch ihre technische Einrichtung mehrmals am Tag verändert und empfangen ihre Gäste morgens zum Frühstück, verwandeln sich nachmittags in eine Lounge und abends bzw. nachts in einen Club mit Tanzfläche. Überhaupt gibt es heute die klassische Einteilung in bestimmte Bartypen immer weniger. Durch den Vormarsch der Erlebnisgastronomie haben sich Mischkonzepte entwickelt. So befinden sich beispielsweise in einem Gebäude nebeneinander eine Cocktailbar, eine Diskothek und eine Lounge.

Lounge = Bar in trendiger Ausstattung mit bequemen Sofas und Sesseln.

Wussten Sie, dass die größte **Diskothek** der Welt auf Ibiza ist? Das „Privilege“ fasst bis zu 14 000 Menschen.

Bartypen an bestimmten Standorten

Bars an oder direkt in einem Swimmingpool heißen **Poolbars.** Um Verletzungen durch Glasbruch zu verhindern, werden hier die Getränke in Plastikbechern angeboten. **Beachbars** befinden sich an einem Strand am Meer bzw. an einem See und bieten oft auch Eis und Eisspezialitäten an. **Schneebars** bzw. **Schirmbars** findet man in allen Skiregionen als Treffpunkt zum Après-Ski. **Eisbars** werden aus großen Eisblöcken gebaut. Sehr imposant ist die Frozen-Ice-Bar in Lech am Arlberg.

Aufgabenstellungen – „Betriebe der Gastronomie“

1. Benennen und beschreiben Sie die verschiedenen Arten von Restaurants. Gehen Sie dabei auch auf Ausstattung und Angebot ein.
2. Grenzen Sie die beiden Begriffe Kaffeehaus und Kaffeekonditorei voneinander ab. Erklären Sie den Unterschied.
3. Im Trend sind multifunktionale Lokale. Was ist damit gemeint?

3 Systemgastronomie

Alexander H. (Lehrling aus Graz), Patrik Z. (Bregenz), Faruk Z. (Wien) und Markus Th. (St. Pölten) sind die ersten vier Nachwuchskräfte von McDonald's Österreich, die die Akademie für Systemgastronomie in Waldegg mit Auszeichnung abgeschlossen haben. Insgesamt werden in Österreich jährlich fast 200 Mio. Gäste in systemgastronomischen Betrieben betreut – Tendenz steigend.

Die Systemgastronomie ist ein Zweig der Gastronomie mit eigenem Lehrberuf. Auch hier werden Speisen und Getränke verkauft. Was ist aber nun der Unterschied?

- Systemgastronomische Betriebe haben einen Markennamen und ein einheitliches Design. Das sichtbare Zeichen ist das Logo. Berufskleidung, Restauranteinrichtung, Verpackungen usw. sind einheitlich.
- Eine Unternehmenszentrale gibt die Zielrichtung vor.
- Die Produktpalette und die Arbeitsabläufe sind standardisiert. Den Gast erwarten an jedem Standort die gleichen Produkte, in gleicher Weise präsentiert.
- Das Konzept ist multiplizierbar. Eine Kette kann sich auf einige wenige Restaurants beschränken (z. B. in einer bestimmten Region) oder sie hat viele Standorte weltweit.

Systemgastronomiebetriebe sind immer an Orten mit hoher Gästefrequenz, in Einkaufszentren, in Fußgängerzonen, an Hauptverkehrsstraßen, in Bahnhöfen etc.

Die Ziele eines systemgastronomischen Betriebes sind so definiert, dass sein Konzept an jedem anderen Ort auch durchführbar ist. Die Expansion erfolgt entweder in Form von eigenen Filialen oder durch den Verkauf von sogenannten Franchiselizenzen, siehe Seite 102.

Aufgabenstellung

- Finden Sie die Unterschiede zwischen Systemgastronomie und Individualgastronomie. Kreuzen Sie die richtige Antwort an!

	Ja	Nein
Hat ein standardisiertes Konzept		
Systemgastronomie		
Individualgastronomie		
Bietet die gleichen Produkte an		
Systemgastronomie		
Individualgastronomie		
Die Marke steht für gleichbleibende Qualität		
Systemgastronomie		
Individualgastronomie		

3.1 Merkmale der Systemgastronomie

In Systemgastronomiebetrieben sind alle Arbeitsbereiche und alle Arbeitsabläufe standardisiert:

- Speisen und Getränke haben standardisierte Rezepte und Anrichte- bzw. Ausschankarten; die Mitarbeiterinnen und Mitarbeiter werden dafür geschult
- Einheitliches Warenwirtschaftssystem (Kalkulation, Bestellung, Einkauf, Lagerverwaltung)
- Einheitliche Kassen- und Abrechnungssysteme
- Maßnahmen zur Hygiene und Unfallverhütung sowie zur Abfallbehandlung werden regelmäßig geschult

Big Macs sind in jedem McDonald's-Restaurant, Whoppers sind in jedem Burger-King-Restaurant gleich

Die Richtlinien werden in Handbüchern festgehalten. Es wird überwacht und dokumentiert. Es wird laufend geschult.

Das Qualitätshandbuch (der Qualitätsführer) erleichtert die Arbeit. Die Anleitungen sind unmissverständlich. Man weiß genau, was zu tun ist.

Erst wenn sich ein System bewährt hat, eignet es sich zur Standardisierung und wird zum Konzept für mehrere Standorte. Für den Betreiber bzw. die Betreiberin eines Restaurants bietet dies eine gewisse Sicherheit, weil er bzw. sie auf erprobte Erfahrungen bauen kann. Es bedeutet aber nicht, dass nicht trotzdem jeder Betrieb wirtschaftlich denken muss, vor allem in Bezug auf Mitarbeiterplanung, Wareneinsatz und Investitionen.

3.2 Vorteile der Standardisierung

Sicherheit durch bewährtes Konzept

Kostenvorteile durch zentrale Verwaltung und zentralen Einkauf; Lagerkosten sind durch raschen Warenumsatz gering

Systematisiertes Einrichtungs- und Ausstattungskonzept **spart Zeit und Kosten**

Vereinfachung durch standardisiertes Ausbildungs- und Einschulungssystem

Der Gast weiß, was ihn erwartet

Die Zentrale übernimmt das Marketing

? Gibt es Nachteile der Standardisierung? Denken Sie zum Beispiel an den Wegfall des individuellen Handelns.

3.3 Organisation von Systemgastronomiebetrieben

Eine Zentrale steht an der Spitze der Organisation. Darunter gibt es Filialen (Filialsystem) oder Standorte (Franchisesystem).

Die Kaufhaus- oder Handelsgastronomie beruht auf dem Prinzip der sekundären Nachfrage, d. h., der Kunde kommt in erster Linie zum Einkaufen und erst in zweiter Linie zum Essen und Trinken.

Organisation als

Filialsystem

- Eine Zentrale steuert und führt die Filialen
- Die Filialleiterin/der Filialleiter ist keine selbstständige Unternehmerin/kein selbstständiger Unternehmer

Franchisesystem

- Die Zentrale (der Franchisegeber) ist rechtlich und finanziell selbstständig
- Die Franchisenehmerin/der Franchisenehmer ist eine selbstständige Unternehmerin/ein selbstständiger Unternehmer

Ein großer Vorteil für die Franchisenehmerin/den Franchisenehmer ist die **Risikominimierung** aufgrund des erprobten Konzeptes. Auch ist meist die **Finanzierung** der Betriebsgründung einfacher als für ein Individualunternehmen, da Banken in systematisierte, erfolgreiche Unternehmenskonzepte mehr Vertrauen haben.

Ein Franchisevertrag ist für viele Jungunternehmerinnen und Jungunternehmer der Traum vom eigenen Betrieb mit einem starken Partner an der Seite. Die Franchisenehmerin/der Franchisenehmer erhält vom Franchisegeber das Recht sowie die Verpflichtung, ein dem Konzept entsprechendes Geschäft zu betreiben. Sie bzw. er darf den Systemnamen, die Marke, das Know-how (z. B. Rezepte, Herstellungsverfahren) und die wirtschaftlichen und technischen Methoden (z. B. Software) verwenden. Dafür zahlt die Franchisenehmerin/der Franchisenehmer Gebühren, die sich meist am Umsatz orientieren.

Die Partner sind verpflichtet, die von der Franchisegeberin/dem Franchisegeber gesetzten Standards einzuhalten und Neuerungen bzw. Weiterentwicklungen mitzutragen und am Standort umzusetzen. Dafür erhält die Franchisenehmerin/der Franchisenehmer gegen Gebühr regelmäßige Betreuungen und Schulungen.

3.4 Unternehmen der Systemgastronomie

Die Konzepte systemgastronomischer Betriebe können sehr unterschiedlich sein. Wir unterscheiden daher Fast-Food-Systeme, Full-Service-Systeme, getränkegeprägte Systeme und standortgeprägte Systeme.

Nordsee

Marché

Unternehmen der Systemgastronomie	
Fast-Food-System-gastronomie	■ Rasche Abwicklung von Bestellung und Verzehr ■ Spezialisierung auf eine Produktgruppe, z. B. Kaffee, Burger, Sandwiches
Full-Service-System-gastronomie	■ Es wird am Tisch serviert ■ Gästebetreuung ist wichtig
Getränke-geprägte Systemgast-ronomie	■ In Freizeiteinrichtungen und Shoppingcentern; Buffets, z. B. im Kino ■ Meist Counterservice ■ Die Herausforderung liegt in der stark schwankenden Besucherzahl; starker Andrang vor und am Ende eines Kinofilms
Standort-geprägte Systemgast-ronomie	■ An Autobahnraststätten, bei Messen, in Möbelhäusern; Kantinen und Messen (Gemeinschaftsverpflegung) sind zwar nicht ausgesprochene Systemgastronomiebetriebe, haben aber sehr viel mit Standardisierung zu tun. ■ Bei Gastronomiebetrieben in Möbelhäusern, Baumärkten usw. spricht man von **Handelsgastronomie.** Sie bietet dem Gast die Möglichkeit einer Pause während des Einkaufs. Das Unternehmen profitiert davon, dass die Kundin bzw. der Kunde länger im Haus bleibt und damit mehr kauft bzw. konsumiert. ■ Autobahnraststätten sowie Gastronomiebetriebe auf Bahnhöfen und Flughäfen werden unter dem Begriff **Verkehrsgastronomie** zusammengefasst.

Der Aufenthalt der Gäste in einem Fast-Food-Restaurant liegt meist unter einer Dreiviertelstunde.

Counter = Ausgabetheke.

3.5 Verkaufs- und Ausgabesysteme

Bei Fast-Food-Anbietern ist das Konzept der Selbstbedienung häufig anzutreffen. Die Selbstbedienung kann sich auf Speisen oder Getränke oder auf beides beziehen.

Counterservice

Am Counter stehen sich die Mitarbeiterin bzw. der Mitarbeiter und die Gäste gegenüber. Dort wählen, erhalten und zahlen sie die gewünschten Produkte. Diese werden auf einem Tablett zur Mitnahme bereitgestellt. Der Gast geht zu einem freien Tisch und verzehrt dort seine Speisen und Getränke. Oft wird er gebeten, nach dem Verzehr sein Tablett in einen dafür vorgesehenen Trolley zurückzubringen.

Eine Sonderform des Counterservice ist der **Drive-in.** Aber auch an der Theke werden Speisen und Getränke für den Verzehr außer Haus mitgegeben. Es sollte darauf geachtet werden, dass warme Speisen und kalte Getränke getrennt zu verpacken sind.

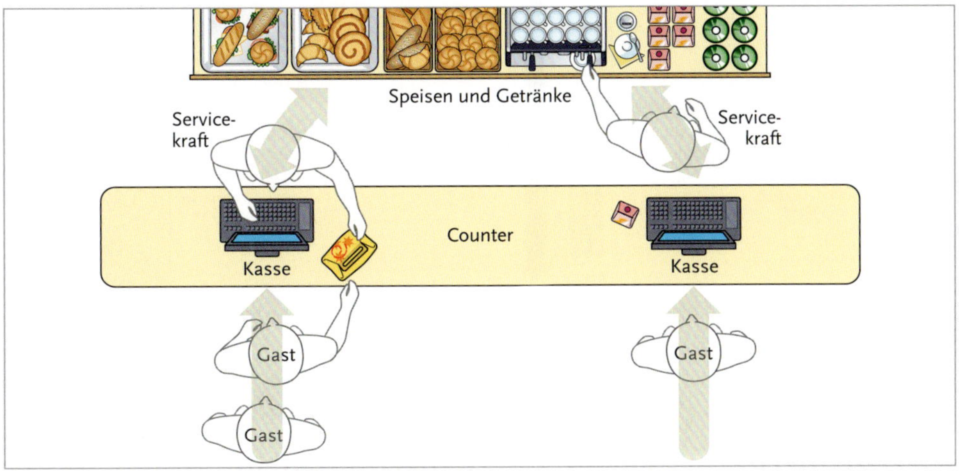

Onlineservice

Kalte Speisen und Getränke nehmen die Gäste selbst aus Vitrinen. Für warme Gerichte gibt es meist eine Ausgabestelle mit Personal (oft eine Köchin oder einen Koch). Tabletts, Besteck und Servietten werden für den Gast am Beginn der Theke bereitgestellt. Der Gast bezahlt an einer Kassa.

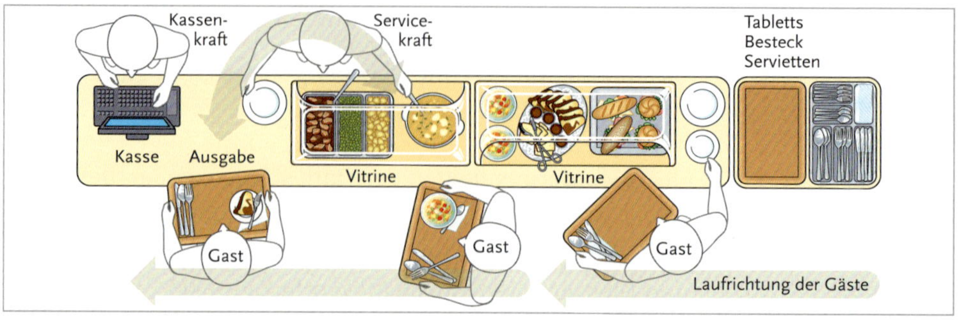

Freelineservice

Um den Gästeandrang auf mehrere Stellen zu verteilen, kann der Freelineservice eingesetzt werden, d. h., es gibt zwei oder mehrere identische Theken. Die Verteilung der Gerichte nach Zielgruppen (Vegetarier, Schweinefleischliebhaber usw.) auf die verschiedenen Theken beeinflusst den Gästefluss zusätzlich.

Free-Flow-Service und Fresh-Flow-Service

Wie auf einem Markt mit Standeln gibt es beim Free-Flow-Service im Restaurant mehrere Verkaufsstellen, die nach Produktgruppen geordnet sind. Daran schließt sich der Sitz- bzw. Essbereich an. An den Verkaufsstellen werden fertige Produkte angeboten (Free-Flow) oder Gerichte werden auf Bestellung des Gastes individuell zubereitet (Fresh-Flow). Die Kasse befindet sich entweder am Restaurantausgang oder am Ausgang vom Marktbereich. Im Sitz- bzw. Essbereich sollten die Tische mit einem Grundgedeck (Serviette, Besteck, eventuell auch Trinkglas) ausgestattet sein.

Von der großen Vielfalt an Sinneseindrücken angeregt, wählt der Gast von den verschiedenen „Marktständen“

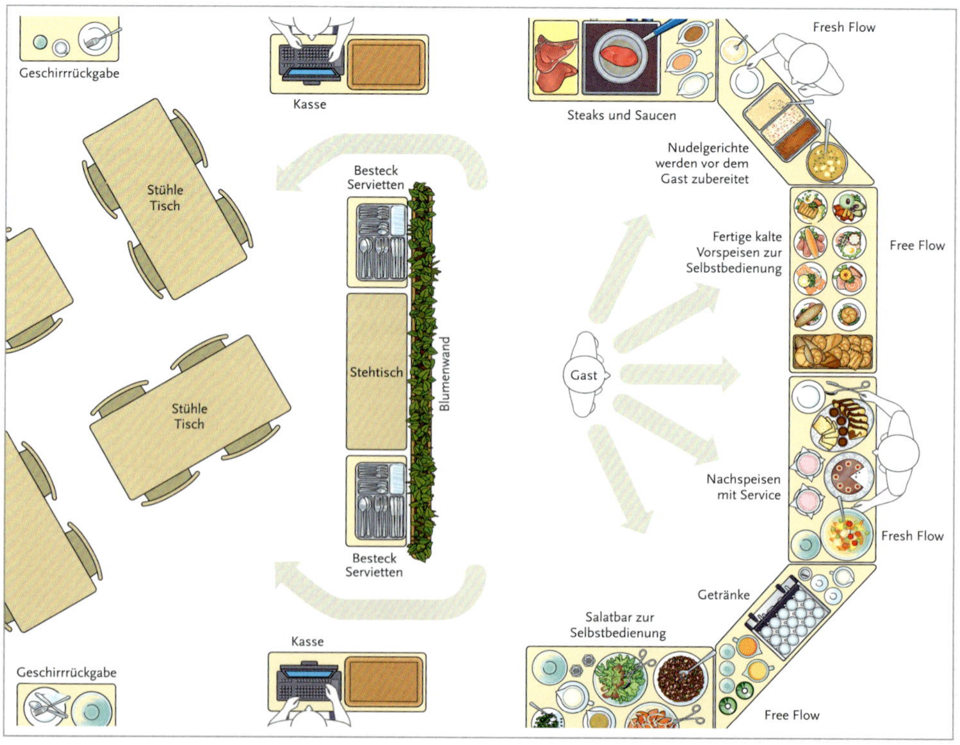

4 Hotel- und Restaurantführer

Ich habe im Internet ein Interview mit einem Gastrokritiker gelesen, er besucht Restaurants und bewertet sie dann. Er ist einerseits gefürchtet (wenn er über die Küche einen Verriss schreibt), andererseits wird seine Meinung auch sehr geschätzt. Wie wäre das, wenn ein Kritiker in meinen Lehrbetrieb käme ...

Man unterscheidet bewertende und informierende Führer:
- Bewertende Führer sind z. B.: Gault Millau (vergibt „Hauben"), A la Carte (vergibt „Sterne").
- Informierende Führer: z. B. Slow Food

Gastrokritik ist ein heikles Thema: Jene, die gut bewertet wurden, freuen sich, jene, die schlechte Noten bekommen haben, hassen den Verfasser. Dennoch lesen viele Gäste Hotel- und Restaurantkritiken in Zeitungen, Zeitschriften und Führern oder im Internet.

Für Österreich sind als Restaurantführer vor allem der Gault Millau und der A-la-Carte-Führer von Bedeutung. Neben dem Service, der Tischkultur und dem Ambiente des Restaurants steht vor allem das Küchenangebot im Vordergrund. Die Kriterien für die Bewertung sind u. a.:
- Frische und Qualität der verwendeten Produkte
- Kreativität und zeitgemäße Zubereitung
- Harmonie bei der Zubereitung (Erhaltung des Eigengeschmacks), Exaktheit der Garung

Restaurantapps für Smartphones sind von verschiedenen Anbietern verfügbar.

Der **Guide Michelin** ist einer der weltweit bekanntesten Restaurant- und Hotelführer. Er vergibt Sterne, wobei ein Betrieb bis zu drei Sterne erhalten kann. Für Österreich gibt es keine Ausgabe (mehr).

Aufgabenstellungen

1. Recherchieren Sie, wie viele Hauben im Gault Millau für ein Restaurant maximal vergeben werden. Was zeichnet die Restaurants in den einzelnen Stufen des Gault-Millau-Punktesystems aus? Sie finden dazu auch eine Zusammenstellung in der TRAUNER-DigiBox.

2. Diskutieren Sie Vor- und Nachteile der Nennung eines Betriebes in einem renommierten Gastronomieführer.

3. Suchen Sie im „Michelin Main cities of Europe" die österreichischen Restaurants (eine Zusammenfassung finden Sie in der TRAUNER-DigiBox).

Die Grüne Haube ist ein markenrechtlich geschütztes Gütesiegel, das seit 1990 vergeben wird.

Darüber hinaus gibt es themenbezogene Gastronomie- und Hotelführer, wie z. B. „Relais & Châteaux" oder „Romantik Hotels & Restaurants".

Ziele erreicht? – „Betriebe der Hotellerie und der Gastronomie“

KOMPETENZ-ERWERB

1. Kreuzen Sie in der Tabelle an, ob die Aussage stimmt oder nicht stimmt.

Aussage	Stimmt	Stimmt nicht
Ein Gasthof ist ein Gasthaus mit Zimmerangebot.		
In einem Hotel garni gibt es ein Restaurant.		
Die Systemgastronomie arbeitet mit standardisierten Konzepten.		
Die Bezeichnung Kaffeerestaurant steht für ein Kaffeehaus, in dem auch Mahlzeiten serviert werden.		
Ein Franchisenehmer ist kein selbstständiger Unternehmer.		

2. Erklären Sie den Unterschied zwischen Garnibetrieben und Vollbetrieben und nennen Sie Beispiele.

3. Erklären Sie den Begriff „all inclusive“.

4. Wählen Sie drei Betriebe in der Nähe Ihres Heimat- bzw. Arbeitsortes oder in der Nähe Ihrer Schule und bestimmen Sie ihren Betriebstyp.

5. Warum schließen sich Hotels zusammen? Nennen Sie mindestens drei Beispiele für sogenannte Dachmarken.

6. Lösen Sie folgende Aufgabe in Kleingruppen: Schlüpfen Sie in die Rolle eines Hoteliers und lesen Sie den unten stehenden Text, der der Internetseite eines Anbieters für einen mobilen Hotelführer entnommen ist. Welche Vorteile bietet die Teilnahme an der Hotelführer-App für das Hotel? Gibt es auch Nachteile? Bestimmen Sie einen Gruppensprecher bzw. eine Gruppensprecherin, die die Ergebnisse präsentiert. Diskutieren Sie im Anschluss daran in der Klasse.

> Mit der Hotelführer-App präsentieren Sie Ihren Betrieb zielgerichtet nach den wichtigsten Urlaubs- und Geschäftsthemen.
>
> 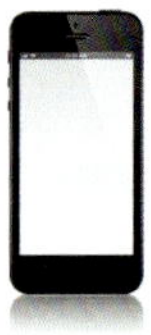
>
> Mit unseren Apps erreichen Sie neue Kunden für Ihr Hotel, Ihren Gasthof, Ihre Pension/Ferienwohnung.
>
> Ob für die Urlaubsplanung zu Hause oder zur schnellen Informationssuche, unsere hotelfinder-apps für mobile Endgeräte sind das ideale Medium für Urlauber und Geschäftsreisende.
>
> Schnelle, zielgruppenorientierte Auswahlkriterien führen Ihre Gäste punktgenau zu den Angeboten Ihres Hauses.
>
> Preise: - Einzelnes APP-Thema Ihrer Wahl 39,-- EUR/Jahr
> - Flatrate für nur 99,-- EUR/Jahr. (wählen Sie beliebig viele APP-Themen)
>
> Übersicht der aktuell buchbaren Themen in der App.

Motorrad	Wandern	Bike (Fahrrad)	Wellness	Sport	Stadt
Messe	Flughafen	Wintersport	Land	Romantik	Golf

7. Hotelklassifizierung

a) Warum ist eine Hotelklassifizierung sinnvoll? Nennen Sie Vorteile sowohl für den Gast als auch für den Betrieb.

b) Die Klassifizierung erfolgt auf freiwilliger Basis. Was glauben Sie, warum gibt es Betriebe, die sich dieser Klassifizierung nicht unterziehen?

8. Grenzen Sie die beiden Begriffspaare voneinander ab und notieren Sie kurze Definitionen.

- Motel und Hotel: ____________________
- Glamping und Camping: ____________________

9. Zählen Sie die sechs Arten von Gastronomiebetrieben auf:

- R _ _ a u _ _ _ _
- G _ _ _ _ _ ä _ _ _
- C _ _ é
- B _ _
- S e l b s t _ _ _ _ _ _ _ _ _ _ _ _ _ _ _ _ _
- S _ _ _ _ _ g a s t r o n o m i e

10. Systemgastronomie

Vervollständigen Sie die Sätze!

a) In Systemgastronomiebetrieben sind alle ____________________ und alle ____________________ standardisiert:

- Speisen und Getränke haben standardisierte ____________________ und Anrichte- bzw. Ausschankarten; die Mitarbeiterinnen und Mitarbeiter werden auf die Herstellung ____________________
- Einheitliches ____________________ (Kalkulation, Bestellung, Einkauf, Lagerverwaltung)
- Einheitliche Kassen- und ____________________ systeme
- Maßnahmen zur ____________________ und Unfallverhütung sowie zur Abfall ____________________ werden regelmäßig geschult

b) Vorteile der Standardisierung:

- Sicherheit durch bewährtes ____________________
- Kostenvorteile durch zentrale ____________________ und zentralen ____________________
- Systematisiertes Einrichtungs- und Ausstattungskonzept spart Zeit und ____________________
- Der Gast weiß, was ihn ____________________
- Die Zentrale übernimmt das ____________________

11. Erklären Sie den Begriff Franchisesystem. Verwenden Sie dabei die Begriffe Franchisegeber (Franchisegeberin), Franchisenehmer (Franchisenehmerin) und selbstständiger Unternehmer (selbstständige Unternehmerin). Welche Verpflichtungen geht der Franchisenehmer/die Franchisenehmerin ein?

12. Welche Verkaufs- und Ausgabesysteme sind in der Systemgastronomie üblich? Beschreiben Sie ein System näher.

13. Welche Hotel- und Restaurantführer sind für Österreich interessant?

Betriebsorganisation

Was ist Organisation? Wie organisiere ich mein Leben? Wie ist Ihr Betrieb (personell) organisiert?

Der Ruf eines Betriebes hängt vom Organisationsvermögen und von den Fähigkeiten der Mitarbeiterinnen und Mitarbeiter ab. Der ständige Umgang mit Gästen erfordert geistige Flexibilität und Einfühlungsvermögen. Die Anzahl der Beschäftigten sowie die Aufgabenverteilung sind von der Größe und der Art des Betriebes abhängig. Will man einen Betrieb zielgerichtet organisieren, ist es also notwendig, eine geeignete Personalstruktur zu schaffen, die es ermöglicht, auf der einen Seite Gewinn für den Betrieb zu erzielen und auf der anderen Seite die Gäste zufriedenzustellen.

Meine Ziele

Nach Bearbeitung dieses Kapitels kann ich

- die Mitarbeiterinnen und Mitarbeiter eines Hotels in die Gruppen Front of the House und Back of the House einteilen;
- die Aufgaben der Mitarbeiterinnen und Mitarbeiter in allen Bereichen der Organisation von Betrieben der Hotellerie und Gastronomie nennen;
- im Mitarbeitermanagement mitarbeiten, weil ich über Motivation einiges gelernt habe;
- die Grundzüge des Controllings verstehen;
- in meinem Lehrbetrieb das erlernte Wissen über die Organisation von Betrieben sinnvoll einsetzen.

1 Organisation eines Hotels

„Erst wenn man hinter die Kulissen blickt, kommt man drauf, wie viele Beschäftigte ein Betrieb hat", erklärte mir mein Chef beim ersten Vorstellungsgespräch. Ich bin neugierig zu erfahren, wer was wie macht …

In einem Hotel kann man die Mitarbeiterinnen und Mitarbeiter in zwei große Gruppen einteilen.

Mitarbeiterinnen und Mitarbeiter

Front of the House	Back of the House

Sind in direktem Kontakt mit dem Gast, dazu gehören: ■ Direktor/in ■ Rezeptionsmitarbeiter/innen ■ Hallenmitarbeiter/innen ■ Servicemitarbeiter/innen	Sind nicht in direkten Kontakt mit dem Gast, dazu gehören: ■ Küchenmitarbeiter/innen ■ Abwäscher/innen ■ Kontrollierende ■ Buchhalter/innen ■ Housekeepingpersonal

Going international

Eine Reihe von englischen Begriffen ist auch im deutschen Sprachgebrauch üblich:
Accounting = Buchhaltung
Facility management = Einrichtungsverwaltung
Food and beverage = Speisen und Getränke
Front office = Rezeption
Housekeeping = Dienstleistungen auf der Etage (Hausdamen)
Human resources = Personal
Laundry = Wäscherei
Public relations (PR) = Öffentlichkeitsarbeit

1.1 Managementsysteme

Ein Blick in die Geschichte der Betriebsorganisation zeigt die Entwicklung zweier Systeme:

- Europäisches System: Das sehr personalintensive System wurde im 19. Jahrhundert von César Ritz in Paris für die individuelle Betreuung von Gästen entwickelt und später von vielen Betrieben in der ganzen Welt übernommen.
- Amerikanisches System: Es wird vor allem in den Hotelketten (z. B. Sheraton, Hilton, Marriott) verwendet. Ein Generalmanager bzw. eine Generalmanagerin zeichnet für den gesamten Betrieb verantwortlich.

César Ritz

César (auch Cäsar) Ritz ist als erfolgreicher Hotelier bekannt. Er wurde schon zu Lebzeiten als „König der Hoteliers und Hotelier der Könige" bezeichnet. Zahlreiche Hotels tragen noch heute seinen Namen, wie das Ritz-Hotel in London oder in Paris sowie die international tätige Ritz-Carlton-Gruppe.

Ritz Carlton in Wien

Die beiden Systeme werden heute meist gemischt bzw. an die Betriebsstruktur angepasst verwendet und so unterscheiden wir zwischen dem (neuen) europäischen System und dem internationalen System.

Europäisches System

Der Hotelleitung sind drei Abteilungen unterstellt.

Hotelleitung (Direktor/in)

Beherbergung	Verpflegung	Verwaltung
■ Empfang, Rezeption ■ Halle ■ Etage	■ Einkauf und Lagerverwaltung ■ Küche ■ Service	■ Kaufmännische Abteilung ■ Hilfsabteilungen ■ Nebenbetriebe

Internationales System

CEO = Chief-Executive-Officer, Vorstandsvorsitzender.

Das internationale System ist aus dem amerikanischen System hervorgegangen. Internationale Ketten- und Großhotels haben einen sogenannten CEO. Nähere Erklärungen zum internationalen System finden Sie auf Seite 117.

Generalmanager/in

■ Chief-Accountant ■ Purchasing-Department ■ Cashier ■ EDP ■ Controlling	■ Resident-Manager ■ Housekeeping ■ Chief-Engineer ■ Frontoffice (Reception, Reservation, Information) ■ Sales, Public Relations ■ Human Resources	■ Food-&-Beverage-Manager ■ Chef de Cuisine ■ Banquetmanager ■ Restaurantmanager (Chief-Steward) ■ Roomservice

1.2 Aufgaben der Mitarbeiterinnen und Mitarbeiter

Der **Direktor** bzw. die **Direktorin eines Hotels** kann der Eigentümer oder die Eigentümerin sein oder er oder sie ist angestellt. In der **Beherbergungsabteilung** unterstehen ihr bzw. ihm folgende Personen:

- **Empfangschef/in:** Die Abteilungsleiterin/der Abteilungsleiter ist verantwortlich für die Rezeption, den Gästeempfang, die Reservierung, die Kassa und die Halle.
- **Rezeptionist/in:** unterstützt den Empfangschef/die Empfangschefin beim Empfang der Gäste und bei der Zimmereinteilung. Weitere Aufgaben sind das Kassieren der Zimmerrechnung, die Betreuung der EDV (Hotelsoftware) und die Depotverwaltung.
- **Sekretär/in:** ist für den Schriftverkehr mit den Gästen, Reisebüros, Gemeinden und der Kurverwaltung zuständig (wenn nicht vom Rezeptionisten erledigt) und übernimmt den Versand der Werbe-E-Mails.

Eine Erklärung der Organisationsmittel für den Empfang, wie Zimmerpläne, Reservierungslisten oder Mitteilungsblätter finden Sie in der TRAUNER-DigiBox.

Der **Portier** bzw. **Concierge** ist hauptverantwortlich für die Halle. Er soll ein gutes Personengedächtnis haben und sprachgewandt sein. Er ist die zentrale Informationsstelle für die Gäste.

Portier, Concierge	▪ Beobachtung der ein- und ausgehenden Personen ▪ Schlüsselgewalt ▪ Postverkehr ▪ Gepäckverteilung ▪ Besorgung von Theaterkarten, Flugtickets usw. ▪ Anmeldung für Sightseeingtouren ▪ Reservierungen für Hotels und Restaurants
Hilfsportier	▪ Unterstützt den Portier
Nachtportier	▪ Betreut spät ankommende Gäste und erstellt die Abreiseliste
Türsteher	▪ Hilfestellung bei der Ankunft und der Abreise der Gäste mit dem Auto ▪ Besorgt Taxis ▪ Verständigt die Lohndiener bei Ankünften
Page	▪ Handreichung und Botengänge für Gäste, Direktion, Rezeption und Portier
Lohndiener	▪ Gepäcktransport zu und von den Zimmern

In sehr großen Betrieben gibt es darüber hinaus einen Fahrer, der die Gäste mit einem hoteleigenen Fahrzeug beispielsweise zum Flughafen oder Bahnhof bringt.

Beachtenswertes beim Frontoffice

Die Mitarbeiterinnen und Mitarbeiter in der Halle sind die Ersten, die mit dem Gast in Verbindung treten.

Der Rezeptionschef ist ein Abteilungsleiter. Er vertritt die Direktion und ist für die optimale Hotelbelegung verantwortlich.

Ein regelmäßiger Austausch untereinander ist wichtig

In Klein- und Mittelbetrieben werden die Aufgaben an das bestehende Personal aufgeteilt.

Der Frontofficemanager arbeitet eng mit den Abteilungen Housekeeping, Food & Beverage, Banquetting und Sales zusammen.

Für die gute Betreuung der Gäste müssen die Aufgaben zwischen Rezeption und **Etage** gut koordiniert werden.

Die internationale Vereinigung der Hotelportiers heißt Les Clefs d'Or – Die Goldenen Schlüssel

Going international

The German Thomas Munko discovered his "hosting gene" during his education in the hotel trade. To reply to the question: "What must a concierge in the luxury hotel business have in order to make his guests happy?", he said: "A hotel concierge should be an excellent networker. We help each other with our network: Les Clefs d'Or!" For further information read the article: "Der Nichts-ist-unmöglich-Mann", you find it in the digital appendix.

Der Bereich **Housekeeping** liegt meist in der Hand weiblicher Führungskräfte, der sogenannten Hausdamen. Im Deutschen ist der Titel also nur weiblich, im Englischen wird die Position geschlechtsneutral als **Executive Housekeeper** bezeichnet.

Als Verantwortliche für die Sauberkeit in allen Bereichen des Hotels sind die Hausdamen zugleich Organisationstalent, Animator und Dekorationskünstler

Die Hausdamenliste enthält alle für die Etage benötigten Informationen über die Zimmer. Ein Muster finden Sie in der TRAUNER-DigiBox.

Eine Stellenbeschreibung einer Hausdame eines deutschen Hotels finden Sie in der TRAUNER-DigiBox.

Es wird zwischen Non-Food-Lagern und Lebensmittellagern unterschieden. In den Lebensmittellagern dürfen ausnahmslos Lebensmittel, Getränke und Speisen gelagert werden.

Etage	
Hausdame	■ Verantwortlich für die Sauberkeit im gesamten Hotel ■ Verantwortlich für die Wäscherei ■ Organisation der Arbeitsabläufe ■ Erstellung der Dienstpläne ■ Kontrolle der Gästezimmer ■ Beschaffung des Blumenschmucks ■ Einkauf von Kleinmaterialien und Putzmitteln ■ Zimmerfreimeldung bei der Rezeption ■ Aufbewahrung und Verwaltung der Fundsachen
Stellvertretende Hausdame/ Etagenhausdame	■ Vertretung der Hausdame ■ Ihr unterstehen höchstens zwei Etagen ■ Kontrolle und Freigabe der Gästezimmer ■ Kommunikation mit der Rezeption und dem Zimmerservice
Zimmermädchen	■ Betreuung und Reinigung der Gästezimmer ■ Meldung an die Etagenhausdame
Lohndiener	■ Erledigung schwerer Etagenarbeiten, wie Möbeltransport oder das Aufstellen von Extrabetten ■ Putzt evtl. Schuhe der Gäste
Reinigungskräfte	■ Reinigung der öffentlichen WC-Anlagen und der Verkehrswege im Hotel
Wäschebeschließer/in	■ Koordination aller Arbeiten im Wäschebereich, Wäscheverwaltung ■ Kontrolle der retournierten Fremdwäsche
Wäscher/-in Bügler/in	■ Fachgerechte Reinigung und Trocknung der Wäsche ■ Bügeln ■ Evtl. Ausbesserungsarbeiten

Eine betriebseigene Wäscherei ist sehr kostenintensiv. Nicht nur die Anschaffung der Wäsche, auch die Pflege und die Erneuerung der Wäschestücke kosten viel Geld. Es ist daher zu überlegen, ob die Wäsche an Fremdfirmen gegeben wird.

Sämtliche Waren des Hotellerie- und Gastronomiebereichs werden in der **Lagerverwaltung** zusammengefasst.

Wichtig ist bei jeder Betriebsgröße, dass der gesamte Einkauf zentralisiert ist, d. h., es ist eine Abteilung oder eine Person dafür verantwortlich. Das kann der Wirtschaftsdirektor/die Wirtschaftsdirektorin, der Einkäufer/die Einkäuferin oder der Lagerverwalter/die Lagerverwalterin sein. Dazu ist es notwendig, dass die Abteilungen gemeinsam die Qualitätsstandards für alle einzukaufenden Waren festlegen. Nur so wird ein exakter Qualitäts- und Preisvergleich zwischen den einzelnen Anbietern möglich.

Ziel des Einkaufs muss es sein, die festgelegte Qualität zum bestmöglichen Preis zu erwerben.

Die Abteilung Einkauf und Lagerverwaltung ist nicht nur für die Warenübernahme und die sachgemäße Lagerung der eingekauften Waren zuständig, sie übernimmt auch die Kontrolle (Bestandsüberwachung, Lagerbuchführung). Die Aufgaben der Mitarbeiterinnen und Mitarbeiter sind:

Einkäufer/in	Verantwortlich für den Einkauf: ■ Entgegennahme und Kontrolle der Bestellungen ■ Wahl der Lieferanten ■ Organisation des Einkaufs ■ Verrechnung der Waren
Lagerverwalter/in	Leitet das Lager: ■ Kontrolle der Waren ■ Ausgabe der Waren ■ Führen der Lieferantenkartei
Wirtschafter/in	Bestandsüberwachung: ■ Kontrolle der Warenausgabe an Küche, Restaurant und Bar
Kellermeister/in	Wareneingangskontrolle der Getränke: ■ Betreuung der gelagerten Waren; Bestandsüberwachung ■ Warenentnahme ■ Verrechnung der Waren

Die Lager sind nach HACCP-Standards zu führen. Das HACCP-Konzept ist ein vorbeugendes Kontrollsystem, das die gesundheitliche Unbedenklichkeit und den einwandfreien Zustand von Lebensmitteln garantieren soll.

Kühllager

Trockenlager

Die Hierarchie in der **Küche** ist durch die Küchenbrigade vorgegeben. Der Küchenchef/die Küchenchefin hat die Küchenleitung inne. Meist wird die Brigade mit französischen Bezeichnungen benannt. In amerikanisch geführten Betrieben werden englische Begriffe verwendet.

Positionen innerhalb einer Küchenbrigade:
- Küchenchef/in: chef de cuisine (französisch), executive chef (englisch)
- Stellvertreter/in: sous-chef (französisch), second chef (englisch)
- Abteilungskoch/köchin: chef de partie (französisch und englisch)
- Jungkoch/köchin: commis (französisch), assistent (englisch)

Das Einrichten der einzelnen Posten eines Küchenbetriebs sowie die Größe der Brigade richten sich nach der Betriebsgröße.

Diese Erdbeeren gehen retour – sie sind nicht frisch

Wann ist ein Kaufvertrag gültig?
Anhand des Speisen- und Menübuches wird festgestellt, welche Waren in welchem Umfang benötigt werden. Nach Überprüfung des Lagers anhand der Lagerfachkarte wird der Bedarf festgestellt, die Ware bestellt und mit dem Lieferanten ein Kaufvertrag abgeschlossen. Welche Punkte muss er enthalten? Die Lösung finden Sie in der TRAUNER-DigiBox.

Details über Warenübernahme, Bestandsüberwachung und Lagerbuchführung inklusive einer Lagerfachkarte finden Sie in der TRAUNER-DigiBox.

Küchenbrigade

Küchenleitung	Fleischposten	Suppen- und Beilagenposten	Posten der kalten Küche	Süßspeisenposten
Chef de cuisine Küchenchef/in Stellvertreter/in	**Saucier, Rôtisseur** Saucenkoch, Saucenköchin, Bratenkoch, Bratenköchin	**Potager, Entremetier** Suppenkoch, Suppenköchin, Beilagenkoch, Beilagenköchin	**Gardemanger** Koch der kalten Küche, Köchin der kalten Küche	**Pâtissier** Süßspeisenkoch, Süßspeisenköchin
▪ Bestimmt die Arbeitseinteilung ▪ Qualitäts- und Hygienemanagement ▪ Rezeptanwendung ▪ Einsatz der Lebensmittel, Mengenberechnung und Speisenkalkulation ▪ Vorschläge für die Speisenkarte ▪ Ausbildungsprogramme, Lehrlingsausbildung ▪ Beschwerdemanagement	▪ Fleisch- und Saucengerichte	▪ Suppen und Beilagen aller Art ▪ Gemüse ▪ Vegetarische Gerichte	▪ Salate ▪ Kalte Vorspeisen ▪ Kalte Buffets	▪ Zubereitung von kalten und warmen Süßspeisen, Desserts und Früchten

Darüber hinaus gibt es eine Reihe von Bezeichnungen für die Mitarbeiterinnen und Mitarbeiter in der Küche, beispielsweise Poissonnier für Fischkoch/-köchin oder Grillardin für jemanden, der für Grillgerichte verantwortlich ist. Eine Aufgliederung einer großen Küche und ihrer Abteilungen finden Sie in der TRAUNER-DigiBox.

Die Speisen- und Menükunde finden Sie im Buch „Küche in Theorie und Praxis".

Wirtschaftliches Arbeiten in der Küche, also ein erfolgreiches Küchenmanagement, ist gegeben, wenn bestmögliche Qualität zu möglichst geringen Kosten angeboten wird. Ein langfristig erfolgreicher Betrieb muss es schaffen, die Gäste immer wieder aufs Neue zu begeistern, indem er auf veränderte Essgewohnheiten und Trends schnell reagiert, ohne Bewährtes außer Acht zu lassen.

Köche im Interalpen-Hotel Tyrol

„rolling pin" = Fachmagazin (auch online) mit einem umfassenden Stellenmarkt für die Hotellerie und die Gastronomie; „rolling pin" ist übrigens das englische Wort für Nudelholz bzw. Nudelwalker.

Aufgabenstellungen – „Küche"

1. Ordnen Sie die Begriffe zu und tragen Sie die Nummern ein!

1	Chef de Cuisine		Suppenkoch/-köchin
2	Sous Chef		Koch/Köchin der kalten Küche
3	Chef de Partie		Stellvertreter/Stellvertreterin des Küchenchefs/der Küchenchefin
4	Commis		Beilagenkoch/-köchin
5	Saucier		Jungkoch/-köchin
6	Rôtisseur		Süßspeisenkoch/-köchin
7	Potager		Abteilungskoch/-köchin
8	Entremetier		Bratenkoch/-köchin
9	Gardemanger		Küchenchef/in
10	Pâtissier		Saucenkoch/-köchin

2. Sammeln Sie Stellenangebote für den Küchenbereich. Stöbern Sie im Internet und in einschlägigen Fachzeitschriften, z. B. im „rolling pin". Welche Positionen werden gesucht? Welche Anforderungen werden an diese Jobs gestellt?

Die Mitarbeiterinnen und Mitarbeiter im **Service** tragen die Leistungen des Betriebs nach außen. Im Vordergrund stehen somit Dienstleistung und Verkauf. Es genügt nicht, dass alle fleißig arbeiten. Alle Mitarbeiterinnen und Mitarbeiter müssen im Team agieren. Die Arbeitsabläufe sind genau zu organisieren.

Serviersysteme

Einkellner- oder Stationskellnersystem

- Jede Servicemitarbeiterin bzw. jeder Servicemitarbeiter ist für eine Station verantwortlich

Zweikellnersystem

- Zwei Servicekräfte teilen sich eine Station
- Wird das Zweikellnersystem um einen Zahlkellner bzw. eine Zahlkellnerin erweitert, dann spricht man vom **Oberkellner- oder Zahlkellnersystem**

Chef-de-Rang-System, französisches Serviersystem

- Umfangreiche Servierbrigade mit einem Restaurantdirektor/einer Restaurantdirektorin und einem Maître d'Hôtel (Chef de Service)
- Der Chef de Rang ist für das komplette Service auf einer Station verantwortlich
- Der Sommelier/die Sommelière ist für das Weinservice zuständig

Nicht nur in Amerika, sondern weltweit in US-amerikanisch geprägten Betrieben ist das sogenannte **amerikanische Serviersystem** gängige Praxis. An die Stelle des Maître d'Hôtel tritt der Restaurantmanager bzw. die Restaurantmanagerin. Kaufmännische Fähigkeiten stehen dabei oft im Vordergrund. Weitere Berufsbezeichnungen sind Headwaiter/Headwaitress, Captain, Winebutler, Stationwaiter/Stationwaitress und Busboy/Busgirl.

Eine ausführliche Beschreibung der Serviersysteme finden Sie im Buch „Servieren und Gästeberatung".

Wie werden die Positionen im Service in Ihrem Lehrbetrieb bezeichnet?

Aufgabenstellung – „Service"

- Recherchieren Sie im Internet oder nehmen Sie Ihr Schulbuch „Servieren und Gästeberatung" zur Hand und ergänzen Sie die deutschen Bezeichnungen sowie die Aufgaben, die die Mitarbeiterinnen und Mitarbeiter zu erfüllen haben.

	Deutsche Bezeichnung	Hauptaufgabe(n)
Directeur de Restaurant	Restaurantdirektor	Organisation des Restaurants
Maître d'Hôtel		
Sommelier, Sommelière		
Chef de Rang		
Demi-Chef		
Commis de Rang		
Apprenti de Salle		
Chef de Halle		
Chef de Bar		
Commis de Bar		
Chef d'Ètage		
Commis d'Ètage		

Das **Controlling** betrachtet, beobachtet und analysiert; Erfolgs- und Finanzkennzahlen werden berechnet.

Was ist was?

- Betriebsrat: gewählter Vertreter bzw. gewählte Vertreterin der Mitarbeiterinnen und Mitarbeiter.
- Betriebsbüro: zuständig für alle verwaltungstechnischen Aufgaben, die für einen reibungslosen Betrieb eines Hotels nötig sind.
- Kontrollbüro: innerbetriebliche Kontrollabteilung.

In den Bereich der Verwaltungsabteilung fallen auch die sogenannten Hilfsabteilungen. Das sind Betriebshandwerker, wie Tischler oder Elektriker. In den meisten Fällen gibt es diese Positionen nicht, es werden Fremdfirmen beauftragt. Ebenso zur Verwaltungsabteilung gehören die Nebenbetriebe, wie Shops, Massageinstitute oder Friseure.

Die **Verwaltungsabteilung** ist die kaufmännische Abteilung des Betriebes. Im Idealfall sind die Mitarbeiterinnen und Mitarbeiter in der Buchhaltung und im Controlling sowohl betriebswirtschaftlich als auch gastronomisch geschult. Im Klein- und Mittelbetrieb wird diese Abteilung vom Unternehmer bzw. von der Unternehmerin geleitet. Die betriebliche Buchhaltung ist meist outgesourct, d. h., sie wird an eine externe Firma übertragen.

Gibt es eine **kaufmännische Abteilung** im Haus, dann sind folgende Positionen zu besetzen:

- In der **Buchhaltung** sind es Buchhalterinnen und Buchhalter (Führung der Finanzbuchhaltung), Lohnbuchhalterinnen und Lohnbuchhalter (zum Errechnen der Löhne und Gehälter) sowie der Hauptkassier bzw. die Hauptkassierin. In diesen Aufgabenbereich fallen u. a. die Einnahme und Kontrolle aller Gelder aller Kassen, wie Restaurant-, Kaffeehaus-, Bar-, Hotelkassa ebenso wie die Verrechnung mit Banken und Kreditkarteninstitutionen sowie die Kontrolle der Abrechnungen.
- In der **Personalabteilung** sind der Personalchef/die Personalchefin/Human-Resources-Manager (vor allem Planung und Bewertung des Personalbedarfs) mit oder ohne Mitarbeiterinnen und Mitarbeitern beschäftigt.

Aufgabenstellung – „Mitarbeiterinnen und Mitarbeiter"

- Ergänzen Sie die Aufgabengebiete der im Organigramm dargestellten Positionen eines Betriebs sowie die Bezeichnungen der Mitarbeiterinnen und Mitarbeiter, die diesen Abteilungen angehören.

Beherbergung	Verpflegung	Verwaltung
Empfangschef/in	Lagerverwalter/in	Buchhalter/in
Portier	Küchenchef/in	Personalchef/in
Hausdame/ Executive Housekeeper	Restaurantdirektor/in	

Die Anzahl der Mitarbeiterinnen und Mitarbeiter ist von der Betriebsgröße abhängig, so können Abteilungen kleiner und mit anderen zusammengelegt werden.

Österreichische Klein- und Mittelbetriebe sind meist Familienbetriebe, in denen die Besitzer und Familienangehörigen einen Teil der Aufgaben übernehmen.

Organisationsmodelle von Mittelbetrieben und Kleinbetrieben finden Sie in der TRAUNER-DigiBox.

Internationales System

In der internationalen Großhotellerie ist vor allem das **amerikanische Organisationssystem** zu finden. Das Organigramm kann beispielsweise so aussehen:

CEO, Generalmanager, Generaldirektor

Chief-Accountant Finanzleiter	**Resident-Manager** Verantwortlicher Stellvertreter des Generaldirektors	**Food-&-Beverage-Manager** Wirtschaftsdirektor
Purchasing-Manager Zentraler Einkauf, außer von Lebensmitteln und Getränken (erledigt der F-&-B-Manager)	**Housekeeping Departement** Etage	**Chef** Küchenchef, Küchenchefin
Cashier Kassa	**Chief-Engineer** Leiter/in der technischen Abteilung	**Banquet-Manager** Bankettmanager/in (Organisation von Veranstaltungen)
EDP Departement Electronic-Data-Processing EDV-Abteilung	**Frontoffice Manager** Empfang, Rezeption	**Restaurantmanager** Restaurantleiter/in, unterstellt sind: Captain, Sommelier, Chief-Steward (Inventar, Abwasch)
Controller Abteilung für innerbetriebliche Kontrolle	**Sales-Manager** Verkaufsdirektor/in, Werbung und Verkaufsförderung (Public Relations) für den Betrieb	**Barmanager, Bar-Supervisor** Barchef/in unterstellt sind: Barman, Barmaid, Barkeeper, Barwaiter
	Human-Resources-Manager Personalchef/in	**Room-Service Departement** Zimmerservice, unterstellt sind: Captain, Chef d'Ètage, Commis

The Savoy, London

Der F-&-B-Manager/die F-&-B-Managerin ist für die Organisation, Planung und Durchführung rund um die Speisen (Food) und die Getränke (Beverages) eines Hotelbetriebes zuständig. In seinen/ihren Verantwortungsbereich fallen:

- Planung der Budgets
- Entwerfen von Konzepten (für Restaurants, Bars, Küche Veranstaltungen), darunter z. B. Angebotsplanung
- Überwachung der budgetierten Personalkosten und Wareneinsätze

Going international

A chef is a person who is a highly skilled professional cook. The word chef is part of many professional kitchen titles, eg executive chef, sous-chef, chef de partie.

Gordon Ramsay is a well known British chef

1.3 Mitarbeitermanagement

Das beste Konzept, der schönste Standort und die günstigste Kostenstruktur sind nur eine Seite des Erfolgs. Die Mitarbeiterinnen und Mitarbeiter sind für den Erfolg ebenso mitentscheidend. Die ersten Sekunden des ersten Kontakts zwischen Gast und Betrieb prägen in der Vorstellung des Gastes das Bild des gesamten Unternehmens – und für diese ersten Sekunden zeichnen meist die Mitarbeiterinnen und Mitarbeiter verantwortlich.

Sarah Sigloch arbeitet für die Hotelkette Ramada, im Bild der Standort Salzburg

Der **Hospitality-HR-Award** zeichnet nachhaltiges Mitarbeitermanagement in der Hotellerie in Deutschland, Österreich und der Schweiz aus. Er würdigt innovative, originelle Maßnahmen zur Mitarbeitergewinnung und -bindung. Die Initiatoren des Awards ehren damit Unternehmen, die die zentrale Rolle eines vorausschauenden Human-Resources-Managements für ihre Wettbewerbsfähigkeit erkannt haben und danach handeln.

Die Gewinnerin 2014 ist Sarah Sigloch. In der Begründung für ihre Wahl steht u. a.: „Sie schafft es, das Unternehmenswohl und das Wohl des einzelnen Mitarbeiters in Einklang zu bringen. Für sie sind Bemühungen um neue Mitarbeiter und Kollegen nicht mit der Einstellung und dem unterzeichneten Vertrag beendet – denn dann beginnt die gemeinsame Zusammenarbeit erst. Die eigentliche Arbeit des HRs bedeutet für sie, die Potentiale und Stärken der einzelnen Mitarbeiter zu erkennen, zu fördern, zu fordern und den Mitarbeiter den eigenen Talenten gemäß optimal im Team einzusetzen."

Es gibt viele Möglichkeiten zur Motivation von Mitarbeiterinnen und Mitarbeitern. Eine tolle Idee ist die Mitarbeiterzeitung im Hotel Hochschober. Sie finden eine Ausgabe der Zeitung in der TRAUNER-DigiBox.

Aufgabenstellung

- Was ist für Sie als Mitarbeiterin/Mitarbeiter wichtig bzw. nicht so wichtig?

	Wichtig	Nicht so wichtig	Weiß ich nicht
Die Bezahlung muss angemessen sein.			
Die Dienstzeiten müssen flexibel sein.			
Es muss Angebote zur Weiterbildung geben.			
Ein gutes Betriebsklima.			
Das Team muss gut zusammenarbeiten.			
Möchte Verantwortung übernehmen.			
Es werden Karrieremöglichkeiten angeboten.			

Was ist für Sie darüber hinaus wichtig?

Was können Vorgesetzte tun, damit ihre Mitarbeiterinnen und Mitarbeiter das, was sie tun, mit Freude tun?

- Sich für die Mitarbeiterinnen und Mitarbeiter Zeit nehmen, wenn sie Fragen haben
- Volle Konzentration auf die Mitarbeiterinnen und Mitarbeiter beim Mitarbeitergespräch
- Eingehen auf die gestellten Fragen und Interesse dafür zeigen
- Feedback geben: sachliche Kritik und ehrliches Lob

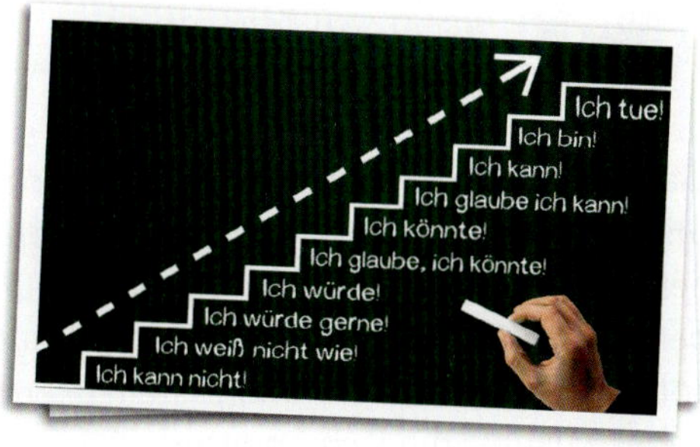

Für immer mehr Menschen nimmt die Bedeutung von Freizeit und Flexibilität zu. Die Jobs in der Hotellerie und in der Gastronomie mit Diensten am Abend und am Wochenende sind nicht sehr familienfreundlich. Flexible Arbeitsformen schaffen zufriedenere Menschen. Auch in der Hotellerie und in der Gastronomie sollte eine gewisse Flexibilität geboten werden.

Neue Ideen sind gefragt, um einerseits neue Mitarbeiterinnen und Mitarbeiter anzuwerben und anderseits die schon länger im Betrieb arbeitenden Personen an den Betrieb zu binden. Nur mit einem modernen **Mitarbeitermarketing** kann eine geringere Fluktuation erreicht werden.

Ein Spruch lautet: „Jeder Chef hat die Mitarbeiter, die er verdient." Das kann man sehen, wie man will. Tatsache ist, dass nicht motivierte Mitarbeiterinnen und Mitarbeiter häufiger krank sind, das Betriebsklima verschlechtern und schneller kündigen.

Die Wirtschaftskammer Österreich entsendet regelmäßig Teilnehmerinnen und Teilnehmer zu Berufsweltmeisterschaften und -europameisterschaften. Bei den handwerklichen Berufen sind auch HGAs und Restaurantfachleute vertreten. Sehen Sie, wer im österreichischen Team der EuroSkills 2014 in Lille dabei war in der TRAUNER-DigiBox.

SkillsAustria
Find us on Facebook

Ein Mitarbeitermarketing kann zum Beispiel folgende Punkte umfassen:

Täglich	Wöchentlich	Monatlich	Jährlich	Ständig bzw. bei Problemen
Die Fünf-Minuten-Service-Besprechung: Morgen-, Mittag- und Abendschicht	Das Kadermeeting	Die Mitarbeiterbesprechung	Zwei Seminartage pro Mitarbeiter/in	In jeder Abteilung
■ Welche Probleme gab es gestern? ■ Welche Ziele gibt es heute? ■ Verkaufsempfehlungen (Speisen und Getränke anhand der Karte) ■ Mise en Place ■ Qualitätsstandards	**Zum Beispiel:** jeden Freitag um 15.00 Uhr für alle Kadermitarbeiterinnen und -mitarbeiter	**Zum Beispiel:** jeden ersten Montag im Monat von 14.00 bis 16.00 Uhr für alle	Inner- und außerbetriebliche Weiterbildung	Wie kann man die Erwartungen der Gäste besser erfüllen?

2 Controlling in der Hotellerie und Gastronomie

Jetzt geht's ans Rechnen ... Das hat mir in der Hauptschule eigentlich immer Spaß gemacht. Ich bin neugierig, was man im Zusammenhang mit einem Hotel oder Restaurant berechnen kann – ich glaube, das nennt sich Kennzahlen.

Controlling ist eine Managementaufgabe

Ganz allgemein versteht man unter Controlling das Planen, Steuern, Überwachen und Kontrollieren eines Vorganges. Controlling ist also viel mehr als Kontrolle, es liefert die Daten für eine erfolgreiche Führung des Unternehmens. Das heißt, dass der Betrieb Gewinn erwirtschaftet. Vorauszudenken bestimmt das Controlling, man sollte sich ständig die Frage stellen, mit welchem Sortiment der Betrieb auch in naher Zukunft die sich ändernde Gästenachfrage bewältigt.

Das englische Wort „to control" bedeutet steuern bzw. lenken.

Controllingschwerpunkte

Zielorientierung	Entscheidungsvorbereitung	Informationsfunktion	Führungsfunktion
■ Überwachung der Unternehmensziele ■ Steuerung der Zielerreichung	■ Hilfestellung bei der Vorbereitung von Entscheidungen ■ Unterstützung auf allen Entscheidungsebenen	■ Systematisches Informationsmanagement ■ Steigerung der Effizienz der Informationsprozesse	■ Unterstützung der Unternehmensführung (unabhängige Kontrolle aller Bereiche des Hauses)

Controlling betrachtet, beobachtet und analysiert die Rentabilität des Betriebes (Rentabilität = Einträglichkeit; überprüft wird, ob es sich lohnt).

2.1 Controlling im Food-and-Beverage-Bereich

Der Wirtschaftsdirektor, der Küchenchef und der kaufmännische Direktor führen für ihre Bereiche das Controlling durch.

Controlling im Food-and-Beverage-Bereich

Wirtschaftsdirektor/in	Küchenchef/in	Kaufmännischer/e Direktor/in
■ Im Restaurant: Kontrolle der Portionen, des Verkaufs, des Verkaufspreises, der Kassa ■ In der Bar: Inventur, Bewertung der Rezepte ■ Bankett: Bewertung der Menüs	■ Bewertung der Lebensmittelkosten, Bewertung der Rezepte ■ Gemeinsam mit der Lagerverwaltung: Inventur, Wareneingang und -ausgang, Berechnung optimaler Bestellmengen und Bestellzeitpunkte	■ Kontrolle der Rechnungen ■ Bewertung der Wareneingangslisten ■ Erstellen eines Verkaufsberichts ■ Gemeinsam mit der Einkaufsleitung: Kontrolle der Marktlisten und Kaufaufträge

Grundsätzlich möchte man in der Gastronomie jedem Gast zu jeder Zeit die von ihm gewünschten Speisen und Getränke servieren können. Was ist aber, wenn sich der Lieferant verspätet oder ein unerwarteter Gästeansturm das Lager leerräumt? Es ist daher sinnvoll, eine eiserne Reserve im Haus zu haben.

Eiserne Reserve = Mindestbestand an Waren im Lager.

Zur rechnerischen Ermittlung der eisernen Reserve multipliziert man den täglichen durchschnittlichen Verbrauch mit der Anzahl der Liefertage.

Mindestbestand = Lieferzeit in Tagen x durchschnittlicher Verbrauch pro Tag

Aufgabenstellung

- Sie arbeiten im Café Cappucci, in dem eine Reihe von Kaffeegetränken serviert wird. Berechnen Sie den Mindestbestand an Frischmilch, die Lieferzeit beträgt zwei Tage, der durchschnittliche Verbrauch zehn Liter pro Tag.

  Mindestbestand = ____________________

Damit der Mindestbestand immer vorhanden ist, muss die Bestellung rechtzeitig abgesendet werden. Es ist daher sinnvoll, einen sogenannten **Meldebestand** zu kennen. Er gibt den optimalen Zeitpunkt für die Bestellung an.

Meldebestand = (durchschnittlicher Verbrauch x Lieferzeit) + Mindestbestand

Aufgabenstellung

- Im Café Cappucci beträgt der durchschnittliche Verbrauch an Frischmilch zehn Liter und die Lieferzeit zwei Tage. Den Mindestbestand entnehmen Sie aus Ihrer Berechnung (siehe Aufgabe oben).

  Mindestbestand = ____________________

Berechnungen finden Sie im Buch „Rechnungswesen für die Gastronomie“.

In vielen Betrieben ist es auch üblich, den Mindestbestand nach Erfahrungswerten festzulegen. Ein Höchstbestand an Ware im Lager bezeichnet den gerade noch tragbaren Warenbestand, ohne zu viel Betriebskapital gebunden zu haben bzw. ohne dass der Verderb der Ware zu befürchten ist.

Aufgabenstellung

- Das Bierlokal „Zapfhahn“ verkaufte im letzten Monat ca. 450 Liter Bier. Als eiserne Reserve sind 80 Liter festgelegt. Täglich werden im Lokal 20 Liter Bier gezapft. Die Brauerei liefert das Bier zwei Tage ab Bestellung der Ware. Berechnen Sie den Meldebestand und interpretieren Sie das Ergebnis.

Näheres zu den Lagerräumen und zur Lieferantenbeurteilung finden Sie auf Seite 129.

2.2 Controlling im Lager

Nur ein qualifizierter Mitarbeiter bzw. eine qualifizierte Mitarbeiterin wird die Warenannahme gemäß den festgelegten Einkaufsrichtlinien vornehmen können.

Routineüberprüfung bei der Warenannahme

- Werden nur Waren angenommen, die vorher ausdrücklich bestellt wurden?
- Wird überprüft, ob alle Artikel den festgelegten Einkaufsrichtlinien entsprechen?
- Wird jeder Artikel, der nach Gewicht gekauft wird, extra gewogen?
- Werden Kisten und Kartons geöffnet und die darin enthaltenen Artikel kontrolliert?
- Werden Gewicht, Anzahl etc. mit den auf den Rechnungen und Lieferscheinen angegebenen Werten verglichen und überprüft?
- Wird sofort eine Gutschrift beantragt, wenn Gewicht, Anzahl oder Preis nicht der Bestellung entspricht?

Aufgabenstellung

- Überprüfen Sie die Warenlieferung! Folgende Waren wurden geliefert:

Lieferschein	Bestellung
1 Kiste Salat	1 Kiste Salat
1 Kiste Tomaten	1 Kiste Fleischtomaten
1/2 Kiste Äpfel	1 Kiste Äpfel
1/2 Kiste Birnen	1 Kiste Birnen
1 Kiste Champignons	1 Kiste Champignons

- Vergleichen Sie die gelieferte Ware mit dem Lieferschein.
- Vergleichen Sie die gelieferte Ware mit der Bestellung.
- Was stimmt nicht? Welche Waren nehmen Sie nicht an?

Wichtige Punkte für eine geregelte Bestandsüberwachung

- Klar geregelte Lageröffnungszeiten müssen vereinbart sein.
- Waren dürfen nur von dazu berechtigten Personen ausgegeben werden. Lageranforderungsscheine müssen unterschrieben werden.
- Ausreichende Sicherheitsvorkehrungen bezüglich der Regelung der Schlüsselübergabe müssen eingeführt sein.
- Mindest- und Höchstbestände der Artikel sind festzulegen.
- Aus den Lagerkarteien muss der Sollbestand der einzelnen Artikel jederzeit ersichtlich sein.
- Monatlich muss mitgeteilt werden, welche Artikel den geringsten Umschlag haben.

2.3 Controlling im Beherbergungsbereich

Die Preispolitik des Betriebes wird mit sogenannten Kennzahlen kontrolliert. Dies sind u. a.:
- Zimmerbelegung in Prozent
- Durchschnittlicher Beherbergungserlös pro belegtem Zimmer

Verknüpfung mit dem Gegenstand „Rechnungswesen für die Gastronomie".

Going international

To control whether strategies of revenue is successful or not you have to know about the ARR (average room rate) and the Revpar (revenue per available room).

ARR = average price of each room sold per day
Revpar = average price of each available room per day

Example:
Hotel capacity: 100 rooms
Sold: 80 rooms
Revenue: 4,820.00 €

ARR = 4,820.00:80 = 60.00 €
Revpar = 4,820:100 = 48.20 €

Ideal is ARR = Revpar, because it means 100% employment.

Revenue = Einnahmen, auch Umsatz.

Faktoren, die den Deckungsbeitrag im Bereich Beherbergung beeinflussen, sind:
- Verkaufspreise
- Relevante Kosten
- Anzahl der verkauften (belegten) Zimmer

Deckungsbeitrag = Differenz zwischen den erzielten Erlösen und den variablen Kosten. Es handelt sich also um den Betrag, der zur Deckung der Fixkosten zur Verfügung steht.

Kosten im Beherbergungsbetrieb

Fixkosten	Variable Kosten
Kosten, die unabhängig von der Belegung des Hotels anfallen	Diese Kosten fallen nur an, wenn Gäste im Hotel wohnen
Beispiele: Löhne der Festangestellten, Pacht, Zinszahlungen, Versicherungen, Gebühren, Werbung	**Beispiele:** Wäschereikosten für die Zimmer, Zimmerreinigung, Gästezimmerartikel

Der Fixkostenanteil ist i. d. R. der weitaus höhere Betrag, der regelmäßig durch Angebotseinholung überprüft werden sollte.

Beide Ergebnisse werden durch die Anzahl der vermieteten Zimmer dividiert, um die Kosten pro Übernachtung zu ermitteln. Diese beiden Werte zusammengenommen sind dann die Preisuntergrenze für die Vermietung des Hotelzimmers.

Wurde das Kostenbudget pro Monat durch Buchungen schon erreicht, sind also die Fixkosten durch den Logisumsatz bereits gedeckt, können Sie Zusatzangebote (z. B. Sonderangebote für Gruppen) auch unterhalb der Preisuntergrenze machen, solange die variablen Kosten gedeckt sind.

Ziele erreicht? – „Betriebsorganisation“

KOMPETENZ-ERWERB

1. Kreuzen Sie in der Tabelle an, ob die Aussage stimmt oder nicht stimmt.

Aussage	Stimmt	Stimmt nicht
Im Einkellnersystem gibt es die Position des Chef de Rang.		
Die Sommelière ist für die Weinberatung zuständig.		
Das Chef-de-Rang-System wird auch als englisches Service bezeichnet.		
Der Gardemanger ist für die Süßspeisen verantwortlich.		
Der Sous Chef ist der Stellvertreter des Chef d'Ètage.		

2. Verfassen Sie eine E-Mail an Richard Rauch (buero@steirawirt.at) und bewerben Sie sich als Commis de Rang. Diese Aufgabe ist eine Verknüpfung mit dem Gegenstand „Wirtschaftskunde mit Schriftverkehr“.

SteiraWirt
DAS WIRTSHAUS DER FAMILIE RAUCH

Steira Wirt
Das Wirtshaus der Familie Rauch

Commis de Rang

Geschlecht: m/w
Bereich: Commis de Rang
Rang: Fachkraft
Anstellungsverhältnis: Vollzeit/Ganzjahresvertrag

Wir verstärken unser erfolgreiches Team rund um Richard Rauch - Gault Millau Koch des Jahres 2015 und suchen ab sofort junge und engagierte Mitarbeiter/innen.

Bezahlung lt. Kollektiv.
Überzahlung je nach Erfahrung und Qualifikation möglich.
Ganzjahresstelle.
Unterkunft vorhanden.

3. Auf den Fotos sehen Sie verschiedene Bereiche eines Hotels mit angeschlossenem Restaurantbetrieb. Welche Abteilungen sind betroffen? Welche Mitarbeiterinnen und Mitarbeiter arbeiten in diesen Abteilungen?

Roomservice

4. Bilden Sie Dreiergruppen. Lesen Sie den Artikel „Wo Mitarbeiter auch Familie sind“. Fassen Sie das Wichtigste zusammen. Ein gewählter Gruppensprecher/eine gewählte Gruppensprecherin präsentiert die Ergebnisse. Den Artikel finden Sie in der TRAUNER-DigiBox.

5. Nennen und erklären Sie die Schwerpunkte des Controllings.

6. Nehmen Sie zu folgenden Aussagen Stellung und begründen Sie fachlich:

- Controlling ist Vorausdenken. Wie entwickelt sich die Gästenachfrage? Welches Sortiment bieten wir an? Wo soll der Betrieb in Zukunft stehen?
- Controlling ist Führung durch Zielsetzung (Planung von Umsätzen, Planung von Kosten, Personaleinsatzplanung).

Gast- und Wirtschaftsräume

In einem Beherbergungsbetrieb unterscheidet man Gasträume und Wirtschaftsräume. Ebenso wie die Mitarbeiterinnen und Mitarbeiter können auch die Räumlichkeiten in die beiden Bereiche Front of the House (Gästebereich) und Back of the House (Mitarbeiterbereich) eingeteilt werden. Der Gästebereich ist sozusagen die Schauseite des Betriebes. Hier spielt sich der gesamte Aufenthalt der Gäste ab. Der zweite Bereich ist „hinter den Kulissen", seine Mitarbeiterinnen und Mitarbeiter sollen dem Gast einen möglichst angenehmen Aufenthalt ermöglichen.

Die Gäste sind herzlich willkommen

Meine Ziele

KOMPETENZ-ERWERB

Nach Bearbeitung dieses Kapitels kann ich

- sagen, welche Gast- und Wirtschaftsräume es gibt und wofür sie dienen;
- beschreiben, wie ein Küchenbetrieb organisiert ist;
- die Aufgaben in der Abwasch und in den Serviceoffices erklären;
- eine Lieferantenbeurteilung durchführen;
- mithelfen, eine Küche zu planen;
- die Vor- und Nachteile von Eigen- und Mietwäsche gegenüberstellen.

1 Gasträume

Bei Gasträumen in einem Hotel denke ich an Gästezimmer, an das Restaurant und an den Wellnessbereich. Doch da gibt es noch andere, klar – es zählen ja auch alle Aufenthaltsräume, wie Kinderspielzimmer oder Seminarräume, dazu. Gibt es noch mehr?

Zu den **Gasträumen in einem Hotel** zählen Verpflegungsräume, Gästezimmer, Aufenthalts-, Funktions- und Freizeiträume.

Gasträume	
Verpflegungsräume	■ Restaurant, Speisesaal: Man rechnet mit rund 2 m^2 Raum pro Sitzplatz; wichtig sind kreuzungsfreie Wege für Gäste und Personal ■ Café, Bar ■ Stüberl: gemütlicher, oft rustikal eingerichteter Raum in der Ferienhotellerie ■ Frühstückszimmer: selten ein eigener Raum, meist wird nach dem Frühstück auch das Mittagessen serviert oder er dient als Pausenraum bei einem Seminarbetrieb
Gästezimmer	■ Bedürfnisse des Gastes: Schlafen, Wohnen, Waschen, evtl. Essen und Trinken (z. B. Frühstück), Aufbewahren (Kasten für Kleidung, Zimmersafe), Schreiben (Tisch und Sessel) ■ Nach der Größe unterscheidet man: Einbettzimmer, Doppelzimmer, Zweibettzimmer, Appartement, Juniorsuite, Suite (Zimmerflucht), Penthouse
Aufenthaltsräume	■ Die Hotelhalle soll einladend sein ■ Auch die Verkehrswege (Stiegenhaus, Gänge, Lift) zählen zu den Aufenthaltsräumen
Funktionsräume	■ Seminarräume: Räume in verschiedenen Größen mit oder ohne Trennwände; für Veranstaltungen aller Art ■ Newsroom: Computer mit Internet, Fernseher, Zeitungen und Zeitschriften, gemütliche Sitzmöbel ■ Spielzimmer für Kinder: mit oder ohne Kinderbetreuung; sollte wegen des Lärms etwas abseits liegen Lounge: zum Verweilen, um auf jemanden zu warten; Raucherlounge/Raucherzimmer/Cigar-Bar: dieser abgeschlossenen Raum muss eine gute Entlüftung haben
Freizeiträume	■ Sauna, Dampfbad, Solarium, Hallenbad, Whirlpool (Jakuzzi): müssen in hygienisch einwandfreiem Zustand sein ■ Fitnessraum: mit oder ohne Betreuung von Fachkräften ■ Tischtennisraum, Tennishalle

Eine **Minibar** im Hotelzimmer ist ein kleiner Kühlschrank, der Getränke und kleine Imbisse enthält. Der Gast ist somit vom Roomservice unabhängig.

Vor- und Nachteile und eine Diskussionsaufgabe zur Minibar finden Sie in der TRAUNER-DigiBox.

Eine Bibliothek zählt zu den Funktionsräumen, im Bild das „Wortreich" im Hotel Hochschober

Going international

Junior suite:
usually one room with more space and furniture than a standard hotel room; may include a living and sitting area.

Suite:
a multiple room; some sleeping rooms and one living room with connecting doors.

Penthouse:
apartment on the highest floor.

Grand lit, queen-size bed, king-size bed: beds vary in size; grand lit is a larger single bed, queen-size has approx. 150 x 200 cm, king-size has approx. 190 x 200 cm.

Verschiedene Pläne von Hotelhallen finden Sie in der TRAUNER-DigiBox.

In Gastronomiebetrieben ohne Hotelbetrieb spricht man von folgenden Gasträumen:

- Restaurant: vgl. Vollbetrieb (mit Hotel), Seite 93, und Betriebe der Gastronomie, Seite 97
- Café: Hier nimmt das Wiener Kaffeehaus eine Sonderstellung ein, siehe Seite 98

Wer steht nicht gerne mal an der Schank?

Die Schank ist ein zentraler Punkt eines Gastraumes. Hier werden die Getränke ausgegeben. Meist gibt es Stehplätze, manchmal auch Hocker für Gäste.

Der gesellige Treffpunkt

Seit fast 400 Jahren gilt die Schank im Bierwirt als der Platz, wo gemütlich zusammengesessen, geplaudert und einfach in netter Gesellschaft ein kühles Bier genossen wird. Nirgendwo sonst kann man den Tag besser Revue passieren lassen als im neu gestalteten Schankbereich.

Sogenannte Schankkräfte sind für den Ausschank von Getränken zuständig. Sie bereiten die Getränke serviergerecht vor und bedienen auch Gäste, die an der Theke konsumieren.

Das Schankpult sollte aus rostfreiem Stahl sein. Die Schank verfügt über Kühlladen mit unterschiedlichen Temperaturen für die verschiedenen Getränke, weiters über Zapfhähne, Premixanlagen, Portionierer (für Spirituosen), Waschbecken und Gläserspüler. Auch eine Registrierkassa und eine Kaffeemaschine sind meist im Schankbereich zu finden. Die Schankkraft gibt die Getränke gegen einen Bon aus.

Bei einer automatischen Schankanlage erhält der Mitarbeiter bzw. die Mitarbeiterin mit einem Schlüssel oder Stift die Getränke portionsweise. Gleichzeitig mit der Abgabe wird boniert. Dadurch ist eine genaue Kontrolle möglich.

Aufgabenstellung

- Welche Gasträume gibt es in Ihrem Lehrbetrieb? Beschreiben Sie alle. Wie werden die Räume genutzt? Gibt es aus Ihrer Sicht Verbesserungsmöglichkeiten? Was würden Sie ändern? Diskutieren Sie nach der Präsentation jedes einzelnen Schülers bzw. jeder einzelnen Schülerin in der Gruppe.

Whirlpools sind aufgrund der hohen Energiekosten in der Erhaltung sehr teuer.

2 Wirtschaftsräume

Meine Tante ist Hausdame in einem Hotel in Tirol. Hausdame – das klingt irgendwie verstaubt. Doch wenn ich sie nach ihrem Job frage, strahlt sie und spricht von Hygienemanagement und davon, dass sie für die Pflege und Reinigung des gesamten Beherbergungsbereichs verantwortlich ist, und das sind 80 Zimmer.

Für jederzeit frische Wäsche ist das Housekeepingdepartment verantwortlich

Zu den **Wirtschaftsräumen in einem Hotel** zählen die Lagerräume, die Küche(n), die Abwasch, die Serviceoffices, Depots für das Housekeeping, Sozialräume, die Wäscherei sowie Büros und Werkstätten.

2.1 Lagerräume

Die Warenvorräte sind ein wesentlicher Teil des Vermögens der Hotel- und Gastgewerbebetriebe, daher ist eine ständige Kontrolle aus wirtschaftlicher Sicht besonders wichtig. Je öfter die Lagervorräte überprüft werden, umso genauer ist die Lagerhaltung. Ein Schwund kann sofort registriert und die Ursache dafür erhoben werden. Aus Gründen der Lagerkapazität, aber auch um Sonderangebote und Saisonangebote nützen zu können, beschränken sich viele Betriebe auf kleinere Lagervorräte. Frische Waren werden meist täglich angeliefert.

Die optimale Lagerhaltung ist erreicht, wenn die richtige Menge der richtigen Ware zum richtigen Preis und zur richtigen Zeit am richtigen Ort ist.

Lagerräume

Lage

- In der Nähe der Küche bzw. der Abteilung, wo die Waren benötigt werden
- Lieferanteneingang und Warenannahme räumlich vor den Magazinen
- Gäste dürfen von der Warenanlieferung nicht gestört werden

Ausstattung

- Fugenfreier Bodenbelag und abwaschbare Wände
- Hygienisch einwandfrei; keine Insekten, keine Vorratsschädlinge (Motten, Käfer), keine Hygieneschädlinge (Mäuse)
- Gute Belüftung, gutes Licht

Die Lagerräume werden vom Arbeitsinspektorat und von den Aufsichtsorganen, die die Einhaltung der Lebensmittelgesetze überwachen, streng kontrolliert. Näheres finden Sie in der TRAUNER-DigiBox.

Aus der angebotenen Produktpalette im Restaurant bzw. Hotelbetrieb ergibt sich, welche Lagerarten notwendig sind. Wenn beispielsweise viel Flaschenwein verkauft wird, dann ist ein Weinkeller erforderlich. Werden zum Beispiel keine Tiefkühlprodukte verwendet, dann braucht man zwar ein Kühlhaus, aber nicht unbedingt ein Tiefkühlhaus.

Hauplager nach der Warenanlieferung

Küche (Lebensmittel)

Trockenlager
- Teigwaren, Convenienceprodukte, Öle, Gewürze, Kaffee, Tee, Konserven

Kühlhaus (Pluskühler) mit Klimazonen
- Fisch, Fleisch, Gemüse, Milchprodukte

Tiefkühlzelle (Minuskühler)
- TK-Ware, wie Pommes frites, TK-Gemüse, TK-Fleisch, TK-Fisch

Service (Getränke)

Flaschenlager
- Glas- und Plastikgebinde, Tetra Paks

Fass- und Containerlager
- Bierfässer, Sirupcontainer

Weinlager/Weinkeller
- Wein- und Schaumweinflaschen

Non-Food-Lager

Gastrobedarf
- Servietten, Verpackungsmaterial

Büromaterial
- Papier, Ordner

Sanitärmaterial
- Seifen, Toiletteartikel

Putzmittellager
- Reinigungsmittel, -geräte

Geschirrlager
- Reservegeschirr, Besteck

Mülllager/Müllräume

Ungekühlt und getrennt
- Wert- und Sperrmüll, Restmüll

Gekühlt
- Speisereste, Küchenabfälle (die Kühlung kann bei speziellen Behältern und häufiger Entsorgung entfallen)

Tageslager Küche und Servicebereich (evtl. Etagenlager im Hotelbereich)

Küche (Produktionsplatz)

Schränke für Trockenprodukte

Kühlschränke und Kühlladen

Tiefkühlzelle (Minuskühler)

Service (Getränke)

Getränkeabgabe bei der Schank
- Kühlladen

Weinklimaschrank im Restaurant
- Mit diversen Klimazonen

Zapfanlage

Non-Food-Lager

Zwischenlager in den einzelnen Abteilungen
- Küche, Serviceoffice, Reinigungsmitteloffice auf der Etage

Müll

Kleinmüllsammelstellen
- In der Abwasch, im Serviceoffice

Exkurs

Lieferantenbeurteilung

Die Lieferanten erhalten vom Betrieb Vorgaben bezüglich der Qualität der Waren. Verschiedene Lieferanten sind zu beurteilen und man kann zum Beispiel mit Bewertungsblättern eine Rangordnung festlegen, indem man die Stärken und Schwächen auflistet. Danach entscheidet man sich für einen bzw. auch mehrere Lieferanten.

Mögliche Einteilung:
- A-Lieferantinnen und -Lieferanten: Stammlieferanten; liefern hauptsächlich
- B-Lieferantinnen und -Lieferanten: liefern nur manchmal
- C-Lieferantinnen und -Lieferanten: werden nur im Notfall herangezogen

Hat ein Lieferant eine Monopolstellung, d. h., kann nur er eine bestimmte Ware liefern, dann wird er jedenfalls zum Zug kommen.

Ein Bewertungsblatt zur Lieferantenbeurteilung finden Sie in der TRAUNER-DigiBox.

⚠ Müssen von einer Ware große Mengen (z. B. ein Überkarton) genommen werden, ist für den Betrieb Kapital gebunden.

Für einen gastgewerblichen Betrieb gibt es eine Reihe von Möglichkeiten, kostensparend einzukaufen. Eine Zusammenstellung finden Sie in der TRAUNER-DigiBox.

Kriterien zur Lieferantenbeurteilung

Preis-Leistungs-Verhältnis
Ist der Preis im Verhältnis zur Leistung angemessen?

Verlässlichkeit
Wird die bestellte Ware zum richtigen Zeitpunkt und in der richtigen Menge geliefert?

Flexibilität
Wie werden zusätzliche Bestellungen behandelt?

Qualität
Entspricht die Lieferung den vorgegebenen Qualitätsnormen? Entspricht sie den gesetzlichen Richtlinien (HACCP)?

Saisonale Angebote
Werden saisonale Angebote rechtzeitig bekannt gegeben? Sind sie preislich attraktiv?

Up to date
Ist der Lieferant bereit, neue Produkte vorzustellen und zu liefern?

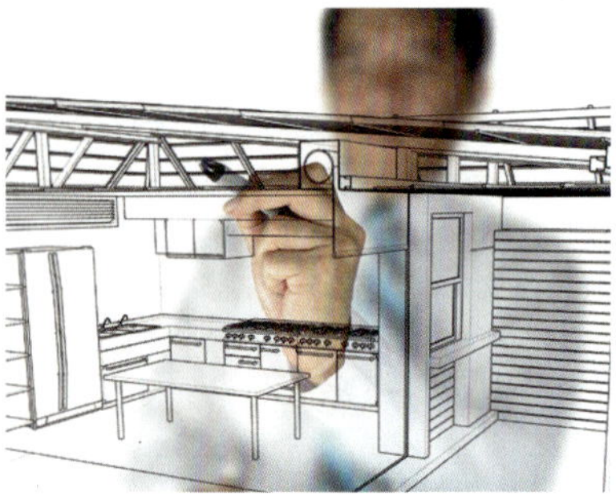

Einen detaillierten Plan von Lager- und Nebenräumen finden Sie in der TRAUNER-DigiBox.

Aufgabenstellungen

1. In Ihrem Betrieb gibt es nur ein zentrales Lager. Sie haben vor umzubauen, welche Lager würden Sie schaffen?

2. Welche Ware gehört in welches Lager? Schreiben Sie die passende Zahl in die Kästchen!

Trockenlager (1) ▪ Pluskühler (2) ▪ Minuskühler (3) ▪ Weinkeller (4) ▪ Non-Food-Lager (5)

- ☐ Servietten
- ☐ TK-Gemüse
- ☐ Rotweinflaschen
- ☐ Reinigungsmittel
- ☐ Teebeutel
- ☐ Kümmel
- ☐ Karotten
- ☐ Papierhandtücher für die Toiletten
- ☐ Kaffee
- ☐ Teigwaren

3. Nehmen Sie zu folgender Aussage Stellung: „Die Kühlung von Küchenabfällen kann entfallen, wenn spezielle Behälter verwendet werden und die Entsorgung sehr oft stattfindet." Lesen Sie dazu auch einen Artikel über die Gesetzeslage sowie von der Firma Saubermacher in der TRAUNER-DigiBox.

4. Sie möchten den Gemüselieferanten wechseln. Welchen Lieferanten bzw. welche Lieferantin würden Sie bevorzugen? Diskutieren Sie in der Klasse darüber, warum Sie sich für den einen und gegen die anderen entschieden haben.

- ☐ Der Gemüsehändler Müller ist langjähriger Partner, er ist termintreu und die Qualität der Ware passt fast immer.
- ☐ Johanna Mayer möchte mit Ihnen ins Geschäft kommen. Sie stellt einen Rabatt in Aussicht. Bei Zahlung innerhalb von zehn Tagen gewährt sie zudem 3 % Skonto.
- ☐ Den Großhändler Laue & Söhne kennen Sie nicht. Bei einem Treffen der Gastwirte loben ihn jedoch alle und streichen seine Zuverlässigkeit heraus.

2.2 Küchen

In jedem gastgewerblichen Unternehmen, egal ob Hotel, Restaurant, Kaffeehaus oder Gasthaus, ist die Küche das Herzstück des Betriebes. Von ihr hängt der Ruf des gesamten Hauses ab. Es ist deshalb notwendig, anhand der organisatorischen Abläufe die Küche sorgfältig zu planen. Damit ist auch die personelle Organisation wesentlich leichter. Gute Planung sorgt nicht nur für einen klaglosen Arbeitsablauf, sondern gibt den Mitarbeiterinnen und Mitarbeitern auch jenes gute Gefühl, das sie zum Erbringen optimaler Leistungen brauchen.

Abhängig von der Größe der Küche und davon, wie sie organisiert ist, spricht man von einer Hauptküche bzw. von Neben- und Satellitenküchen.

Hauptküche

Die Hauptküche trägt die Hauptlast bei der Speisenproduktion.

Wie ist der Küchenbetrieb organisiert?

Konventionelle Küche – zentrale Küche

- Die gesamte Küche befindet sich in einem Raum
- Am meisten verbreitete Form, vor allem in Gasthäusern, mittelgroßen Restaurants, Kaffeerestaurants, Pensionen, kleinen Hotels

1 Lager

2 Küche (= Ausgabe)

3 Speisesaal/Restaurant

Produktions- und Fertigungsküche

- Trennung in zwei Küchen; organisatorisch, muss nicht räumlich sein
- In der Produktionsküche werden die Rohmaterialien zur Weiterverarbeitung vorbereitet, die Mise en Place wird bereitgestellt
- In der Fertigungsküche werden die Speisen fertiggestellt

1 Lager

2 Produktionsküche

3 Fertigungsküche (= Ausgabe)

4 Office (Restaurant, Bankett etc.)

Die Hauptküche wird eingeteilt in:

- Warme Küche: Herstellung und Ausgabe warmer Gerichte; À-la-carte-Gerichte, Menüs
- Kalte Küche: Vorbereitung von Fleisch, Fisch, Herstellung von kalten Speisen, Vorspeisen
- Patisserie: Herstellung von warmen und kalten Süßspeisen

In der Küche eines Fast-Food-Restaurants werden ganz oder teilweise vorgefertigte Speisen regeneriert. Die Lagerung erfolgt in Kühl- und Tiefkühlräumen, für die Zubereitung werden u. a. Griller und Fritteusen verwendet.

Neben- und Satellitenküchen

Die Fertigung der Speisen erfolgt in verschiedenen Neben- und Satellitenküchen.

Die Hauptfertigungsküche ist unterteilt in

Nebenfertigungsküche	Anrichteküche	Frühstücksküche
■ Die vorgefertigten Speisen oder die Basis-Mise-en-Place kommen aus der Hauptfertigungsküche ■ Speisen werden vollendet und bis zur Ausgabe warm gehalten ■ Versorgt Restaurant, Stüberl	■ Nebenküche, z. B. Bankettküche ■ Wenige Arbeitsgeräte ■ Viel Gästegeschirr ■ Auch für Zimmerservice zuständig	■ Vor allem in Großbetrieben mit hoher Bettenanzahl ■ Frühstücksgerichte à la minute, aber auch Vollendung von vorgefertigten Speisen ■ In Frühstückspensionen meist gleich neben dem Frühstückszimmer

Küchenplanung

Wie bei jeder Planung ist es auch bei der Küchenplanung wichtig, viele Überlegungen anzustellen und genau zu arbeiten. Der Neubau einer Küche oder die Renovierung einer bestehenden Küche ist sehr teuer. Ein grober Fehler bei der Planung lässt sich später nicht mehr oder nur mit weiteren finanziellen Mitteln ausbessern, hemmt den Arbeitsfluss und sorgt für täglichen Ärger.

Werden bestehende Küchen umgebaut, muss festgestellt werden, wie sie mit den Zielen in Einklang gebracht werden können.

Auf eine leichte Erreichbarkeit des Speisesaals bzw. Restaurants sowie auf kurze Wege zur Warenannahme und in die Lagerräume ist zu achten.

Bei den Überlegungen sind folgende Fragen zu stellen:

- Für welchen Betriebstyp wird die Küche gebaut?
- Welche Leistung (Kapazität) muss die Küche erbringen?
- Welcher Gästekreis soll angesprochen werden (Passanten, Kurgäste, Familien mit kleinen Kindern ...)?
- Welche Speisen sollen verkauft werden (À-la-carte-Gerichte, Menüs, Diätküche, Fast Food ...)?
- Welche Art von Service soll durchgeführt werden (mit Bedienung, Selbstbedienung)?

Nach der Beantwortung der Fragen richtet sich die Zielentwicklung des Betriebes.

Gesetzliche Vorschriften für den Bau und Hygienebestimmungen sind zu beachten! Detaillierte Überlegungen über die Lage und Größe der Küche finden Sie in der TRAUNER-DigiBox.

Rationelles Arbeiten – der Arbeitsablauf bestimmt die Anordnung der Einrichtungsgegenstände

2.3 Abwasch

Die Reinigung des schmutzigen Geschirrs wird in zwei Bereiche eingeteilt:

- In der **Weißabwasch** werden Teller, Anrichteplatten, Schüsseln, Gläser und Besteck gereinigt.
- In der **Schwarzabwasch** erfolgt die Reinigung von Töpfen, Pfannen, Blechen und Werkzeugen, wie Messern, Kochlöffeln und Sieben.

Gläser und Besteck müssen sofort nach Beendigung des Spülvorgangs aus der Maschine genommen und mit einem Tuch poliert werden.

Einige Betriebe haben Gläserpoliermaschinen

Besteckpoliermaschine

Wohin geben Sie nicht benütztes Besteck vom Tisch des Gastes?

- ☐ Aus hygienischen Gründen unbedingt in die Abwasch.
- ☐ In die Besteckladen, da es nicht benutzt wurde.

2.4 Serviceoffices

Als Office bezeichnet man einen für das Service und die Servicemitarbeiterinnen und -mitarbeiter bestimmten Arbeitsraum.

Serviceoffices	
Restaurantoffice	■ Verbindung zwischen Küche und Restaurant ■ Aufbewahrung von Serviergegenständen aller Art ■ Reinigung: Gläser und Weißabwasch ■ Vorbereitung der Mise en Place für das Service ■ In vielen Betrieben befinden sich auch die Restaurantkassa und die Servicebar im oder vor dem Office
Etagenoffice	■ Je nach Größe des Betriebes kann in jedem Stockwerk eines untergebracht sein ■ Speisenlift in die Kaffeeküche ■ Schreibtisch ■ Aufbewahrung von Serviergegenständen aller Art ■ Kühlschrank, Eismaschine ■ Rohrpost für Bons und div. Informationen ■ Telefon, Ruftafel (optisches Signal mit aufleuchtender Zimmernummer) ■ Abwasch für Gläser und Geschirr
Bankettoffice	■ Aufbewahrung von Bankettgeschirr ■ Großzügige Abstellmöglichkeiten ■ Staplerwagen mit Tellerrechauds ■ Getränkeausgabe, Eismaschine ■ Computerterminals ■ Teller- und Gläserabwasch
Baroffice	■ An die Bar angeschlossener Raum, dessen Einrichtung ähnlich wie die der übrigen Offices ist

Going international

An office is generally a room where administrative work is done. In the hotel business the term is also used for a working space or area that exists for several reasons. There is the front office or front desk that welcomes guests and a lot of other rooms with special use.

Roomservice-Zentraloffice

Vorwiegend in amerikanisch geführten Betrieben liegt es im Parterre in der Nähe der Haupt- und Kaffeeküche. Der sogenannte Captain's Place verfügt u. a. über einen Schreibtisch und einen Computer. Die Einrichtung ähnelt der eines Etagenoffice. Sinnvoll ist eine eigene Liftanlage mit Stellagen, der Lift mündet in jedem Stock in ein kleines Office.

2.5 Depot und Offices für das Housekeeping

In Großbetrieben gibt es neben einem Zentraldepot ein Etagenoffice pro Etage sowie eigene Depots für Fundgegenstände (Lost and Found), Maschinen, Wäsche und Möbel.

Böden und Wände der Depots und Offices müssen leicht zu reinigen sein, die Böden müssen rutschfest ausgestattet sein. Die Stellagen und Kästen sollen gelochte Fachböden aufweisen, um eine gute Belüftung zu ermöglichen. Ihre Höhe ist der maximalen Griffhöhe anzupassen. Unfallsichere Aufstiegshilfen sind bereitzustellen.

2.6 Sozialräume

Das Arbeitnehmerschutzgesetz schreibt vor, dass für die Belegschaft sogenannte Sozialräume zur Verfügung zu stellen sind. Es sind dies Umkleideräume mit Kleiderkästen für jede Mitarbeiterin/jeden Mitarbeiter, Waschräume, Duschen und Toiletten sowie Räume, in denen Mahlzeiten eingenommen werden können.

2.7 Wäscherei

Wäsche in guter Qualität ist teuer, daher stellt sie einen großen Teil des Anlagevermögens des Gastgewerbebetriebes dar. Ihre Anschaffung erfordert einen hohen Kapitaleinsatz. Durch häufiges Waschen wird die Wäsche schnell verbraucht und der Wäschebestand muss ständig erneuert werden. Für die Wäscherei sind Sortiergestelle und -boxen, Waschmaschinen, Wäschetrockner, Bügelmaschinen sowie eigene Trockenräume erforderlich.

Da dies alles sehr viel Geld kostet, verwenden viele Betriebe heute Mietwäsche oder Lohnwäsche und verzichten auf eine betriebseigene Wäscherei.

Wie wird die Wäsche organisiert?

- Eigene Wäscherei und Eigenwäsche

Vorteile	Nachteile
Unabhängigkeit, Qualität kann selbst bestimmt werden	Kostenintensiv durch Wasser-, Strom- und Waschmittelverbrauch sowie Mitarbeitereinsatz; Kontroll- und Ausbesserungsarbeiten erfordern viel Zeit

- Eigenwäsche, von Fremdfirma gewaschen (Lohnwäsche)

Vorteile	Nachteile
Außer einem Wäschelager wird kein weiterer Raum benötigt	Mehr Wäsche erforderlich, damit immer genügend im Haus ist (Mindestbestand)

- Mietwäsche

Vorteile	Nachteile
Entfall der hohen Investitionen für Wäsche, Geräte und Räumlichkeiten	Kontrolle bei der Anlieferung erforderlich, da Schäden oder Verschmutzung sonst erst bei der Wäscheausgabe festgestellt werden können

2.8 Büros und Werkstätten

Büroräume in einem Hotel sind u. a. das Backoffice, das Küchenbüro und das Büro für die Lagerverwaltung. Gibt es eine eigene Buchhaltung und eine eigene Personalabteilung, so haben auch sie Büroräumlichkeiten. Große Betriebe haben auch eigene Werkstätten für beispielsweise einen Elektriker oder einen Tischler.

Ziele erreicht? – „Gast- und Wirtschaftsräume"

KOMPETENZ-ERWERB

1. Beschreiben Sie die Gasträume in einem Hotel.
2. Erklären Sie folgende Begriffe: Penthouse, Minibar, Lounge.
3. Worauf ist bei der Ausstattung von Lagerräumen zu achten?
4. Beschreiben Sie eine konventionelle Küche? Erklären Sie auch den Ablauf der Ware.
5. Verfassen Sie eine E-Mail und holen Sie Angebote für Mietwäsche bei mehreren einschlägigen Firmen ein. Diese Aufgabe ist eine Verknüpfung mit dem Gegenstand „Wirtschaftskunde mit Schriftverkehr".
6. Füllen Sie den Lückentext zu den Kriterien zur Lieferantenbeurteilung aus!

Preis-Leistungs-Verhältnis
Ist der Preis ____________ ____________ angemessen?

Verlässlichkeit
Wird die bestellte Ware ________ ____________ Zeitpunkt und in der ____________ Menge geliefert?

Flexibilität
Wie werden ____________ zusätzliche Bestellungen behandelt?

Qualität
Entspricht die Lieferung den vorgegebenen Qualitäts-____________? Entspricht sie den gesetzlichen Richtlinien (HA________)?

Saisonale Angebote
Werden saisonale Angebote rechtzeitig bekannt gegeben? Sind sie ____________ attraktiv?

Up to date
Ist der Lieferant bereit, ____________ Produkte vorzustellen und zu liefern?

Veranstaltungs-management

Die Hotellerie unterscheidet Veranstaltungen, die im Haus (Inside-Catering), und solche, die außer Haus (Outside-Catering) durchgeführt werden.

Für jeden gastronomischen Betrieb ist es eine besondere Aufgabe, eine Veranstaltung organisieren zu dürfen. Gleichzeitig ist damit sehr viel Arbeit verbunden. Egal, ob traditionelle Veranstaltung (Ball, Hochzeit, Konferenz) oder Event, Clubbing, Charity usw., die Gäste haben fast immer den Wunsch nach Essen und Trinken. Und so ist es für die Durchführung einer Veranstaltung notwendig, äußerst präzise Informationen zu erhalten. Auch sind die räumlichen und personellen Voraussetzungen zu bedenken.

KOMPETENZ-ERWERB

Meine Ziele

Nach Bearbeitung dieses Kapitels kann ich

- einen Überblick über die Veranstaltungsarten geben;
- sagen, welche räumlichen und personellen Voraussetzungen zur Durchführung einer Veranstaltung erfüllt werden müssen;
- die Unterlagen für den Verkauf einer Veranstaltung erklären;
- bei der Durchführung von Veranstaltungen mithelfen;
- im direkten Gespräch mit Gästen meinen Betrieb präsentieren.

Weiteres zur Organisation von Veranstaltungen lernen Sie im Gegenstand „Servieren und Gästeberatung“.

1 Veranstaltungsarten

Veranstaltung ist nicht gleich Veranstaltung. Julia hat gelesen, dass es für größere Veranstaltungen sogenannte Functionsheets gibt. „Noch nie gehört“, denkt sie. „Wozu braucht man das?“

Veranstaltungen sind eine gute Chance, um einen zusätzlichen Umsatz zu erzielen. Außerdem wird die Auslastung der Zimmer erhöht, der Bekanntheitsgrad des Betriebes gesteigert und die Möglichkeit von Folgegeschäften geschaffen.

Design-Center, Linz

Konventionelle Veranstaltungen	
Ball	Er kann vom Betrieb selbst durchgeführt werden (Hausball) oder auch für einen Verein (Rotes Kreuz, Lions Club etc.), ein Unternehmen oder eine Privatperson organisiert werden.
Bankett	Ein Bankett zu organisieren, ist sehr aufwendig. Perfekte Rahmenbedingungen, sehr gut geschulte Mitarbeiterinnen und Mitarbeiter und eine genaue Planung sind Voraussetzungen für ein gutes Gelingen. Die Tische werden sehr oft zu einer Tafel zusammengestellt. Es gibt ein Protokoll, Menü- und Getränkeauswahl sind erlesen. Bankette eignen sich im Besonderen für Hochzeiten, Staatsempfänge, Jubiläen.
Buffet	Buffets sind weit verbreitet und bei den Gästen sehr beliebt, da das meist große Speisen- und Getränkeangebot frei zur Wahl steht und meist während der ganzen Veranstaltung verfügbar ist. Für den Betrieb vorteilhaft ist der geringere Mitarbeitereinsatz im Service, zu beachten ist jedoch, dass zum Sauberhalten der Buffettische sowie zum Abräumen der Gästetische Servicepersonal benötigt wird.
Cocktailparty	Diese zeitlich begrenzte Veranstaltungsform wird u. a. gerne bei Presseempfängen oder Produktpräsentationen durchgeführt. Weder beim Kommen noch beim Gehen sind die Gäste an eine bestimmte Zeit gebunden. Es gibt keine Sitzplätze, höchstens einige wenige am Rand des Raumes. Zum Abstellen von Gläsern oder Tellern gibt es kleine Tische. Die Cocktailparty kann in Form eines Cocktailbuffets organisiert sein, wobei ein kleines Buffet für kalte und warme Speisen und eine kleine Bar für alle Getränke aufgebaut sind. Oder die Speisen und Getränke werden auf Platten oder Serviertassen angeboten. Die Speisen sind als Fingerfood vorbereitet.
Konferenzen, Seminare, Schulungen, Tagungen, Vorträge, Symposien, Präsentationen	Diese Veranstaltungen werden für die Hotellerie immer wichtiger, da sie unabhängig von Saisonzeiten stattfinden und daher auslastungsschwächere Monate füllen können. Viele Betriebe haben sich auf diese Veranstaltungsform spezialisiert, wichtig sind die entsprechenden Räume und die (Seminar-)technische Ausstattung. Zum guten Gelingen tragen aber ebenso das passende Speisen- und Getränkeangebot sowie ein perfektes und freundliches Service bei.
Sektempfang	Kann zu jeder Tageszeit stattfinden, dauert meist kurz und wird normalerweise als Stehempfang organisiert. Er kann entweder privaten oder geschäftlichen und/oder offiziellen Charakter haben.

Protokoll = Ablaufplan einer Zeremonie.

Fingerfood

Symposien = Mz. von Symposion bzw. Symposium; wissenschaftliche Tagung.

Flying Buffet – die Häppchen werden auf Löffeln angerichtet, das Personal serviert auf Platten

Aufgabenstellung – „Küche“

- Veranstaltungen haben heute viele Namen: Recherchieren Sie ihre Bedeutung!
  - Clubbing: spezielle Musikveranstaltung mit Videoclips und sonstigen Darbietungen; manchmal werden eigene Cocktails und Speisen kreiert.
  - Charity:
  - Event:
  - Incentive:
  - Kick-off-Meeting:
  - Workshop:
  - Come-together-Event:
  - Matinee:
  - Session:
  - Splash:

Überlegen Sie auch den unternehmerischen Nutzen dieser Veranstaltungen.

2 Betriebliche Voraussetzungen

Meine Eltern betreuen im Sommer viele Veranstaltungen bei uns in der Gegend und ich war schon oft bei der Lieferung eines Caterings dabei. Man glaubt gar nicht, woran man da alles denken muss …

Damit eine Veranstaltung gelingen kann, müssen in einem Betrieb bestimmte Voraussetzungen gegeben sein. Das sind vor allem genügend Platz, eine geeignete Infrastruktur (Garderoben, zusätzliche Schankanlagen etc.) sowie flexible Mitarbeiterinnen und Mitarbeiter.

Sehen Sie sich das Kurzvideo mit dem Titel „Catering hinter den Kulissen“ von Harry’s Gastroentertainment an, um einen Eindruck von den umfangreichen Vorbereitungsarbeiten zu bekommen (http://www.harrys.co.at/index.php?content=920).

2.1 Räumlichkeiten

Räumlichkeiten für Veranstaltungen müssen sich von den übrigen Gasträumen separieren lassen. Fassungsvermögen und Bestuhlung müssen geeignet sein.

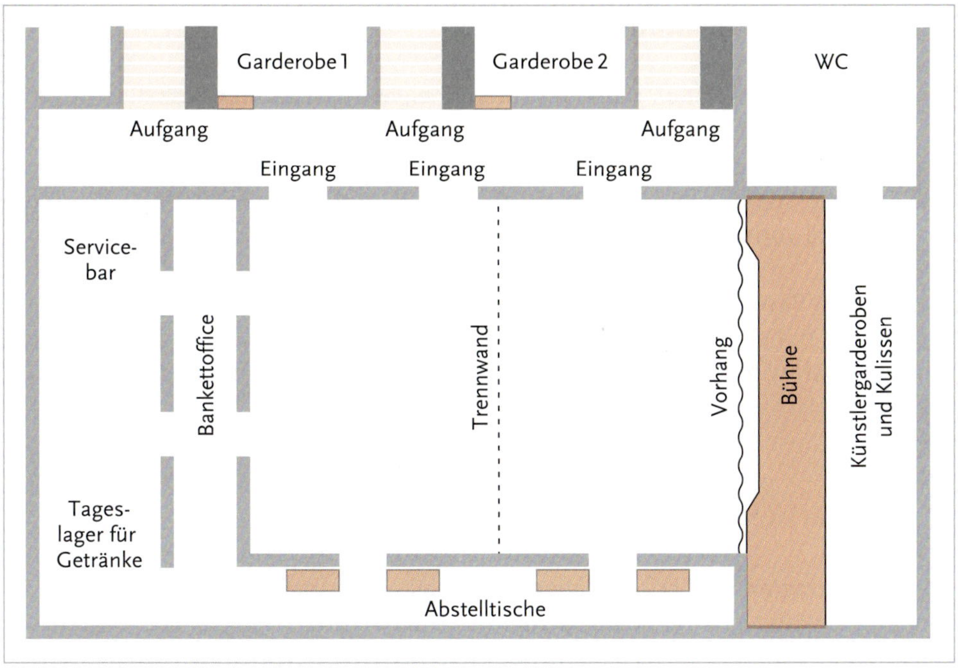

Raumbedarf pro Person
- Für Stehempfänge: ca. 1,5 m^2
- Für Festessen: ca. 2–2,5 m^2
- Für Buffets: ca. 2,5–3,5 m^2

Zu kleine Räumlichkeiten schaffen eine gedrängte Atmosphäre, gutes Service ist nur schwer möglich. Zu große Räume vermitteln den Eindruck, dass die Veranstaltung nicht gut besucht ist.

In größeren Betrieben findet man für Veranstaltungen meist ein System von variablen, miteinander in Verbindung stehenden Räumen, die der Größe und Art der Veranstaltung angepasst werden können. Im Allgemeinen steht ein großer Saal zur Verfügung, der durch Raumteiler in mehrere kleine Räume geteilt werden kann.

Bankettoffice

Hier werden sämtliche Utensilien gelagert und vorbereitet, die für ein gutes Service notwendig sind. Die Ausstattung besteht aus Stellagen und Abstelltischen mit Tellerwärmern, Reservegeschirr, -besteck und -gläsern, Tischwäsche etc.

Servicebar

Hier steht eine Schankanlage, die nur nach den Bestellungen für die Veranstaltung bestückt ist und nach Bedarf in Betrieb genommen wird. Ausgegeben werden hier alle Getränke, angefangen bei Aperitifs, über Bier, Wein bis zu den Heißgetränken, den Cocktails und Digestifs.

Garderobe

Sie gehört zu jedem Festsaal. Bei Bedarf wird eine Mitarbeiterin oder ein Mitarbeiter dort eingesetzt.

2. 2 Technische Einrichtungen

Für Veranstaltungen wie Seminare, Kongresse oder Präsentationen ist eine technische Grundausstattung unbedingt erforderlich. Es ist für eine ausreichende Anzahl von Stromanschlüssen sowie störungsfreie Anschlüsse für Fernsehen, Radio, PC,

Internet (WIFI), Videoanlagen (DVD), Projektoren/Beamer, Leinwand und Verdunkelungsmöglichkeiten zu sorgen.

2. 3 Tisch- und Tafelinventar

Für Veranstaltungen ist es meist notwendig, **eigene Tische und Sessel** anzuschaffen. Sie sollen platzsparend, d. h. stapel- und/oder zusammenklappbar, einfach in der Handhabung und leicht zu transportieren sein. Stabilität und Formschönheit sind selbstverständliche Voraussetzungen. **Tisch- und Tafelwäsche** muss in ausreichender Zahl vorhanden sein, um Engpässe zu vermeiden.

Die meisten Betriebe verfügen über ein eigenes **Bankettgeschirr.** Die Anschaffung stellt einen hohen Kostenfaktor für den Betrieb dar. Bei einem regen Veranstaltungsgeschäft wird sich diese Investition jedoch bezahlt machen.

Bei der Berechnung der Menge des Bankettgeschirrs geht man immer von der Gesamtzahl der Plätze in den Veranstaltungsräumen aus und rechnet ein Drittel als Reserve dazu. Bei Buffets nimmt man die Gesamtzahl der Plätze mal zwei und rechnet anschließend noch Reserve dazu (z. B. zwei Reserven/zehn Gäste).

2. 4 Mitarbeiterinnen und Mitarbeiter

Um einen exakten und erfolgreichen Ablauf einer Veranstaltung gewährleisten zu können, benötigt ein Betrieb geschultes Personal und eine genaue Organisationsstruktur. Während in Klein- und Mittelbetrieben Besitzer/in, Geschäftsführer/in, Restaurantleiter/in oder Rezeptionist/in die Veranstaltung anbahnt, aufnimmt, plant und organisiert, gibt es in großen Betrieben und in Betrieben, die sich auf das Veranstaltungswesen spezialisiert haben, eine eigene Food-and-Beverage- oder Bankettabteilung.

Organigramm einer Bankett- und Cateringabteilung

Wirtschaftsdirektor/in

Marketing- und Verkaufsdirektor/in	Bankettmanager/in	Bankettküchenchef/in
Sales-Manager/in	Assistent-Bankettmanager/in	Bankettsouschef/in
Bankettsekretär/in	Bankettserviceleiter/in	Bankettköche und -köchinnen
	Bankettservice-Mitarbeiterinnen und Mitarbeiter	

Bei der Durchführung von Veranstaltungen in Klein- und Mittelbetrieben müssen die Mitarbeiterinnen und Mitarbeiter äußerst flexibel agieren. Oft werden Aushilfskräfte hinzugezogen.

Zusätzlich sind die Haustechnik für die Installierung und Instandhaltung aller technischen Einrichtungen sowie das Housekeeping für die Dekoration, Wäsche und den Etagenbedarf einzubeziehen.

Aufgaben der Bankettabteilung

Veranstaltungsverkauf

Veranstaltungsplanung
- Menüplanung
- Korrespondierende Getränke
- Vorarbeiten für individuelle Wünsche

Mitarbeiterorganisation und -koordination
- Vor- und Zubereitung der Speisen
- Vorbereitung der Getränke-Mise-en-Place
- Set-up, Dekoration, Sonderwünsche

Koordination der Durchführung

Aufräumarbeiten

Reflektieren und Evaluieren

In einem Follow-up-Meeting (Nachfolgebesprechung) einerseits mit den Mitarbeiterinnen und Mitarbeitern und andererseits mit dem Besteller/der Bestellerin der Veranstaltung kann **reflektiert** (nachgedacht) und **evaluiert** (beurteilt) werden. Die aus der Evaluierung gezogenen Rückschlüsse fließen in Verbesserungen des Veranstaltungsmanagements ein.

3 Verkauf und Organisation von Veranstaltungen

In Evas Lehrbetrieb werden an 35 Wochenenden im Jahr Hochzeitsgesellschaften bewirtet, man kann also sagen, der Betrieb hat sich auf Hochzeiten spezialisiert. Evas Chef macht kaum Werbung, es hat sich herumgesprochen, dass alles passt. Dennoch müssen die Verkaufsunterlagen ständig aktuell gehalten werden. Außerdem gleicht keine Veranstaltung der anderen und so ist Flexibilität gefragt.

Oft genügt es nicht, auf Anfragen zu warten. Die Mitarbeiterinnen und Mitarbeiter der Sales- und Marketingabteilung müssen aktiv werden und laufend auf das Leistungsangebot des Betriebes aufmerksam machen.

Werbung

Direkte Werbung	Indirekte Werbung
Der Betrieb macht direkt auf seine Leistungen aufmerksam, z. B. in Form von Mailings. Zeigt ein Kunde/eine Kundin Interesse, werden umgehend Informationen zugesandt.	Unadressierte Werbeaussendungen, Werbe-SMS in digitalen Medien, Rundfunkwerbung usw., also Werbung, die an eine anonyme Gruppe von Menschen herangetragen wird.

„Der erste Eindruck entscheidet, der letzte bleibt", sagen Verkaufstrainerinnen und -trainer.

Viele Gäste, die zum ersten Mal zu uns kommen, haben sich im Internet auf unserer Website sowie bei Hotel- und Restaurantbewertungen über den Betrieb informiert. Entscheidend ist es daher, die versprochenen Leistungen und Angebote auch bieten zu können.

Aufgabenstellung

- Welche Beispiele sind positiv, welche negativ? Kreuzen Sie an.

Beispiele	Positiv	Negativ
Die Anfahrt zum Hotel Sonne ist gut beschildert.		
Der Parkplatz hinter dem Hotel „Zur Schönen Aussicht" ist schlecht beleuchtet.		
Vor dem Eingang zum Restaurant stapeln sich leere Schachteln.		
Die Auffahrt zum Hotel durch den Park ist weihnachtlich dekoriert.		
Die Karten im Speisenkartenkasten bei der Einfahrt sind vergilbt und nicht aktuell.		
Unter dem großen Aschenbecher, der sich neben dem Haupteingang befindet, liegen Zigarettenstummel.		

Im Normalfall meldet sich der Gast zunächst telefonisch, um zu fragen, ob zum geplanten Termin die Räumlichkeiten frei sind

Auf Einladung des Betriebes kann ein Probeessen vereinbart werden, bei dem die Menü- und Getränkeauswahl besprochen wird.

3.1 Verkaufsgespräch

Die Basis für den Verkauf einer Veranstaltung bildet das Verkaufsgespräch. Die Mitarbeiterinnen und Mitarbeiter benötigen eine hohe fachliche Kompetenz, viel Einfühlungsvermögen und sollten jedenfalls über ein verkäuferisches Talent verfügen.

Haben Sie mit dem Gast einen Termin vereinbart, müssen Sie sich auf das Gespräch gut vorbereiten. Überlegen Sie sich vorher das Gespräch und richten Sie sich alle Unterlagen her.

Es wirkt nicht professionell, wenn Sie während des Verkaufsgesprächs einen Taschenrechner, einen Notizblock oder einen Kugelschreiber suchen müssen.

Achten Sie darauf, dass Sie ausreichend Zeit für das Gespräch einplanen!

Je besser Sie vorbereitet sind, je besser Sie sich auf den Gast einstellen können, umso eher wird es zu einem Geschäftsabschluss kommen. Überreichen Sie im Anschluss an das Gespräch die Informations-, Konferenz- bzw. Bankettmappe. Sind die Verhandlungen bereits so weit fortgeschritten, dass eine Bestellung absehbar ist, kann das Reservierungsformular ausgefüllt werden. Ist die Veranstaltung terminlich fixiert, muss sie im Veranstaltungsplan eingetragen werden.

Beispiel für einen Veranstaltungsplan

Monat/ Tag	Uhrzeit	Veranstaltungsart, Besteller, Personenzahl	
		Saal I	Saal II
Juni 1.	17:00	Business-Circle, ca. 100 Personen	
Juni 1.	20:00		Frauenforum, 45 Personen
Juni 2.	12:00		Seniordinner, 50 Personen
Juni 2.	17:00	Pressekonferenz, Concordia, 50 Personen	

Warum ist das Führen eines Veranstaltungsplans so wichtig?

Aufgabenstellungen

1. Welche Rolle spielt die Website eines Betriebes für den Verkauf einer Veranstaltung?
2. Mundpropaganda ist jene Form von Werbung, die durch zufriedene Gäste erfolgt. Sie ist sehr zielführend und bürgt dafür, dass Nachfolgeaufträge eintreffen. Gibt es auch Nachteile dieser Form von Werbung?
3. Führen Sie im Rollenspiel ein Verkaufsgespräch über folgende Veranstaltungen:
   - Weihnachtsfeier
   - Feier zum 70. Geburtstag Ihres Gastes
   - Taufe

   Worauf achten Sie dabei?

3.2 Verkaufsunterlagen (Informationsmappe, Konferenzmappe, Bankettmappe)

Sie enthalten:

- Eine Visitenkarte der Ansprechpartnerin bzw. des Ansprechpartners im Betrieb
- Allgemeine Informationen über den Betrieb und über die Bankettabteilung
- Übersichtsblätter und -formulare über die Veranstaltungsräumlichkeiten mit Plänen, Verwendungsmöglichkeiten und allen technischen Details
- Möglichkeiten der Tischordnung und Sesselstellung
- Standardisierte und frei wählbare Menüvorschläge sowie Getränkeangebote
- Veranstaltungspauschalen
- Konferenzpauschalen (Conference-Packages), Arrangements (z. B. für Seminare)
- Formulare, z. B. die allgemeinen Geschäftsbedingungen (Vorauszahlungen, Storno etc.)
- Zimmerarrangements
- Angebote für Rahmenprogramme
- Checkliste für das Verkaufsgespräch

Um eine optimale Raumausnützung erzielen zu können, muss das Fassungsvermögen der Räume bei unterschiedlicher Bestuhlung bekannt sein. Sie finden ein Beispiel in der TRAUNER-DigiBox.

Abbildungen von Tafelformen und Möglichkeiten der Tischstellung finden Sie in der TRAUNER-DigiBox.

Fotos von bereits organisierten Veranstaltungen (links: Salzburgarena, rechts: Hotel Bristol in Wien) werten die Website bzw. die Bankettmappe auf

Die Mitarbeiterinnen und Mitarbeiter im Verkauf haben eine sehr große Verantwortung. Sie wägen ab, ob eine Veranstaltung machbar ist, haben den Überblick über den Veranstaltungskalender und beraten die Gäste. Sie sind es, die Zusatzverkäufe tätigen können.

Mustercheckliste finden Sie in der TRAUNER-DigiBox.

Der **Functionsheet** (Veranstaltungsauftrag) enthält alle Details, die zwischen der Auftraggeberin/dem Auftraggeber und der Bankettabteilung vereinbart wurden. Eine Kopie ergeht an alle im Haus betroffenen Abteilungen, wie Restaurant, Küche, Direktion/F&B-Abteilung, Garderobe, Housekeeping usw., die alle unterzeichnen müssen.

Sie organisieren für Ihre Oma anlässlich ihres 60. Geburtstags eine Feier. Füllen Sie den Functionsheet aus!

3.3 Checklisten und Functionsheets

Um nichts zu vergessen und die Veranstaltungsorganisation zu optimieren, haben sich Checklisten sehr bewährt. Sie vereinfachen die Informationsweitergabe und eine spätere Kontrolle.

Schon für das Verkaufsgespräch ist eine **Checkliste** hilfreich. Sie kann gleichzeitig als **Reservierungsformular** verwendet werden. Die Checkliste „Verpflegung" dient der rechtzeitigen Bereitstellung der gewünschten Speisen und Getränke im Tagesablauf.

Beispiel: Functionsheet

Auftraggeber ____________________

Kontaktperson ____________________

Straße ____________________

Ort ____________________

Telefon/Telefax ____________________

E-Mail ____________________

Tag(e) der Veranstaltung

Datum von: __________ **bis:** __________

Anlass __________ **PAX:** __________

Raum __________ **Raummiete €** __________

Bestuhlung ____________________

Raum-Set-Up ____________________

Dekoration ____________________

Technisches Equipment ____________________

☐ Flipchart mit drei Stiften	☐ Overheadprojektor	☐ Funkmikrofonanlage	☐ DVD-Player/-Rekorder
☐ Monitor 19'	☐ VHS-Rekorder	☐ Videokamera	☐ Notebook
☐ Beamer	☐ Leinwand	☐ Laserpointer	☐ Laserdrucker
☐ Visualizer	☐ Pinnwand	☐ CD-Player	

Sonstiges ____________________

Seminargetränke ____________________

Pausen ____________________

Aperitif __________ **Zeit:** __________

Menü (1. Tag) ____________________

Menüpreis € __________ **Sammelrechnung** __________

Getränke ____________________

Frontoffice	**DZ**	**ZBZ**	**DBZ**	**EZ**	**APP**
Anzahl	____	____	____	____	____
Preis/pPN	____	____	____	____	____

Housekeeping ____________________

Porterage ☐ ja € pP: __________ € Pauschale: __________

Angenommen am __________ **von:** __________

Form der Bezahlung __________ **Rechnung an:** __________

Verteiler ☐ Direktion ☐ F&B ☐ Frontoffice ☐ Reservierung ☐ Technik

4 Durchführung von Veranstaltungen

Ich habe zwei Monate bei einem großen Caterer in Deutschland gearbeitet. Da gab es einen zackigen Zeitplan und wenn wir verspätet aus der Pause kamen, gab es richtig Ärger. Oft kamen die Lieferanten nicht zum vereinbarten Zeitpunkt. Mein Chef war ständig am Telefonieren und am Organisieren ...

Eine gelungene Durchführung hängt in erster Linie davon ab, ob alle Mitarbeiterinnen und Mitarbeiter positiv motiviert sind und gemäß dem Zeitplan gearbeitet werden kann.

Verknüpfung mit dem Gegenstand „Servieren und Gästeberatung", und zwar mit dem Kapitel „Organisation von Veranstaltungen".

Vorbereitungsarbeiten

Für einen reibungslosen Ablauf jeder Veranstaltung sind die Vorbereitungsarbeiten besonders wichtig. Der Bankettleiter/die Bankettleiterin muss die Übersicht haben. Er/sie überwacht die Mise-en-Place-Arbeiten und deckt meist ein Mustergedeck auf.

Mitarbeitereinsatzplan
Die Größe der Servierbrigade ist von der Art der Veranstaltung abhängig. Die Servierart bestimmt die Richtwerte für die Anzahl der zu betreuenden Gäste. Eine Mitarbeiterin bzw. ein Mitarbeiter betreut:

- 30–40 Gäste bei einem Buffet oder bei einer Cocktailparty, bei der angeboten wird
- Bis 20 Gäste bei einem Essen mit Tellerservice
- Bis 10 Gäste bei einem Essen mit Plattenservice (Vorlegen)
- 20–30 Gäste beim Getränkeservice

Vor dem Eintreffen der Gäste versammelt die Bankettleiterin/der Bankettleiter alle am Service beteiligten Personen. Der Veranstaltungsablauf und alle Details der Veranstaltung müssen besprochen werden.

Öffentliche Musikaufführung ist nicht gratis!
Es ist eine entgeltliche Nutzungsbewilligung von der AKM notwendig. Näheres finden Sie im Merkblatt Musiknutzung in der TRAUNER-DigiBox.

AUTOREN | KOMPONISTEN | MUSIKVERLEGER

Ablauf/Protokoll

Neben den servicetechnischen Besonderheiten müssen vor allem die Unterbrechungen besprochen werden, das sind beispielsweise Tischreden oder künstlerische Einlagen. Ist also nach dem Hauptgang eine längere Unterbrechung geplant, muss die Küche wegen des Anrichtens des Desserts informiert werden.

Schon im Vorhinein ist abzuklären, wie viel Platz eine Band oder auch ein Alleinunterhalter für die Instrumente und die technischen Geräte benötigt. Auch die Spieldauer und der daran anschließende Abbau der technischen Geräte sind wichtig. Unter Umständen nimmt dieser Abbau so viel Zeit in Anspruch, dass keine Mitarbeiterinnen und Mitarbeiter mehr im Haus sind.

Sonderwünsche

Besondere Wünsche gibt es fast immer. Das beginnt bei der Dekoration und einem besonderen Raum- und Tischschmuck und reicht bis zu Sonderwünschen beim Essen, wie laktose- oder glutenfreien Speisen.

Gehen Sie dabei besonders auf den Gast ein, denn hier haben Sie die Möglichkeit, Zusatzverkäufe zu vereinbaren. Versprechen Sie aber nichts, was Sie nicht halten können. Die meisten Gäste reagieren sehr sensibel und verzeihen es nicht, wenn Sie einen Sonderwunsch nicht erfüllen können.

Aufräumarbeiten

Besonders bei Outside-Caterings, und vor allem dann, wenn man das gesamte Inventar zur Verfügung gestellt hat, muss beim Abtransport sehr genau gearbeitet werden. Mit Stapelschränken und Zählboxen ist zu kontrollieren, ob man auch alles wieder mit nach Hause nimmt. Inventar-Checklisten sind unbedingt zu führen.

Vergessenes Inventar bedeutet Verlust!

Reflexion und Evaluierung

Nach Ende einer Veranstaltung wird mit allen Mitarbeiterinnen und Mitarbeitern eine Positiv-negativ-Liste erarbeitet, um aus Fehlern zu lernen und Gelungenes hervorzuheben. Bei standardisierten Veranstaltungen ist nicht jedes Mal eine Nachbesprechung erforderlich. Es sollten aber regelmäßig Qualitätschecks stattfinden, weil auch Routine gefährlich werden kann. War der Gast zufrieden, kann es zu Folgeaufträgen kommen.

Nur nicht übernehmen!
Mit einem umfangreichen Catering sollten sich nur leistungsfähige, gut organisierte Betriebe befassen. Eine improvisierte Veranstaltungsdurchführung bringt Reklamationen und schadet dem Image des Betriebes. Falls die Bestellung zu umfangreich sein sollte, ist es daher besser, dem Kunden einen anderen Betrieb zu empfehlen.

Die zehn wichtigsten Punkte bei der Organisation von Veranstaltungen sind:

1. Flexibilität
2. ______
3. ______
4. ______
5. ______
6. ______
7. ______
8. ______
9. ______
10. ______

Aufgabenstellung

- Die Durchführung von Banketts und Buffets ist eine servicetechnische Herausforderung. Nehmen Sie das Buch „Servieren und Gästeberatung" zur Hand, lesen Sie das Kapitel Angebotsformen, Seite 201 ff., und notieren Sie sich die wichtigsten Punkte. Tauschen Sie die Erfahrungen aus, die Ihre Mitschülerinnen und Mitschüler mit der Organisation einer Veranstaltung schon gemacht haben. Erarbeiten Sie anschließend die in diesem Kontext wichtigsten zehn Punkte und präsentieren Sie diese vor der Klasse.

Organisation von Seminaren

In Österreich gibt es sehr viele Seminarhotels. Wir greifen daher diese Veranstaltungsform heraus, um ihre Organisation näher zu beschreiben.
Eine ruhige Lage des Seminarhotels und vor allem der Seminarräume ist eine der wichtigsten Voraussetzungen, warum Veranstalter eine Lokalität aussuchen. Es ist aber nicht nur die angenehme Atmosphäre im Haus – dazu zählen auch Sie als aufmerksame Gastgeber sowie die seminargerechte Verpflegung –, es ist auch das Angebot rund um das Seminar. Ganztägige Seminare mit kurzen Pausen dazwischen sind für die Trainerin/den Trainer sowie für die Teilnehmerinnen und Teilnehmer sehr anstrengend. Sie nutzen daher gerne Freizeiteinrichtungen zur Erholung und Regeneration auch außerhalb der Arbeitszeit.

Die Seminarleiterin/der Seminarleiter erwartet sich präzise Informationen vor Beginn des Seminars. Sie/er braucht eine Ansprechpartnerin bzw. einen Ansprechpartner im Hotel, denn oft ändert sich kurzfristig etwas am Ablauf der Veranstaltung oder die Technik funktioniert nicht einwandfrei.

Die Trainerin bzw. der Trainer erwartet sich ein ganzheitliches Konzept mit Entspannungsangeboten rund um das Seminar. Lesen Sie dazu die Zusammenstellung des Freizeitprogramms eines Seminarhotels im Wienerwald in der TRAUNER-DigiBox.

Die Vor- und Nachbereitung eines Seminars findet oft im Hotelzimmer der Trainerin/des Trainers statt. Ein Businesszimmer mit größerem Schreibtisch, Lampe, genügend Steckdosen und Internetverbindung wird daher besonders geschätzt.

Voraussetzungen für Seminarangebote

Geeigneter Standort des Hotels
Das Hotel sollte einerseits gut erreichbar sein und andererseits eine ruhige Lage aufweisen.

Wahl der Zielgruppe
Das Hotel muss sich folgende Fragen stellen: Wen möchte ich mit meinem Seminarangebot ansprechen? Für welche Art von Veranstaltung ist mein Betrieb besonders geeignet?

Angebote, Rahmenprogramm
Für Seminare werden oft **Pauschalen** angeboten. Das Rahmenprogramm reicht vom Begrüßungscocktail über Ausflugs- bis zu Kulturangeboten.

Rentabilität
Die gebotenen Konditionen müssen für die Seminarleiterin bzw. den Seminarleiter attraktiv sein. Der Nutzen für das Hotel liegt in der Verbesserung der Auslastung, dem Zusatzumsatz mit Extras und einem eventuellen Folgegeschäft.

Kooperationen
Gruppen von Seminarhotels werben gemeinsam. Prospekte und Internetauftritte werden gemeinsam erstellt, Messen gemeinsam besucht; z. B. www.seminarhotels.at, www.tagen.at.

Ein Beispiel eines Seminarangebots finden Sie in der TRAUNER-DigiBox.

Was sind Kamingespräche?
In ruhiger, entspannter Atmosphäre (am Kaminfeuer) stattfindende Gespräche. Der Begriff wird gerne für die informellen Gespräche nach dem Seminarende verwendet. In dem für die Seminarteilnehmer reservierten Raum können auf Wunsch des Veranstalters auch noch zu späterer Stunde Getränke und kleine Speisen serviert werden.

Räumliche Anforderungen

Die Teilnehmer/innen erwarten die Unterbringung in komfortablen Einbettzimmern. Die Mahlzeiten sollten in einem eigenen Raum oder zumindest an einer eigenen Tischgruppe des Restaurants serviert werden.

Die Pausenzonen sollten genügend Bewegungsfreiheit zum Entspannen bieten. Die sanitären Anlagen müssen leicht erreichbar sein. Eine Garderobe und ein Abstellraum in unmittelbarer Nähe des Seminarraums sind wünschenswert. Bei Schönwetter sollten Tische im Freien zur Verfügung stehen.

Die Seminarteilnehmerinnen und -teilnehmer müssen häufig in Kleingruppen arbeiten. Kleine Gruppenräume oder Nischen in der Nähe des Seminarraums sind von Vorteil. Wichtig ist, dass ein ungestörtes Arbeiten möglich ist.

Ausstattung der Seminarräume

- Tageslicht und gute Beleuchtung, evtl. mit Helligkeitsreglern
- Gute Akustik, nicht hallend (Teppichboden)
- Schallisolierung
- Verdunkelungsmöglichkeit durch Jalousien und/oder Vorhänge
- Gute Belüftung und gute Heizung
- Ausreichende Anzahl an Steckdosen
- Internetzugang, WLAN
- Beamer, Leinwand
- Pinnwände, Magnettafeln, Flipcharts etc.
- Multifunktionstische, evtl. Klappvariante
- Ergonomisch gestaltete, stapelbare Stühle

Der Weg im Hotel zum Seminarraum muss gut beschildert sein. Heißen Sie die Gäste auf einer Begrüßungstafel willkommen.

Tagesablauf	
Frühstück	Ein Frühstücksbuffet ist Voraussetzung für den guten Tagesbeginn.
Während des Seminars	Störungen sind unbedingt zu vermeiden. Die Seminarbetreuung des Hotels muss telefonisch erreichbar sein.
Pausen	Während der Pausen soll der Seminarraum gelüftet, sollen die Papierkörbe entleert und die Seminargetränke ergänzt werden. Unterlagen der Teilnehmer/innen dürfen niemals berührt werden!
Essenszeiten	Wichtig ist, dass die Essenszeiten flexibel gehalten werden können. Rechnen Sie mit Verzögerungen von 15 bis 30 Minuten.
Verpflegung	Diese kann als Buffet oder als Menü erfolgen. Bei mehreren Menüs zur Wahl empfiehlt es sich, beim Frühstück oder zu Seminarbeginn eine Liste aufzulegen, in der jeder Teilnehmer/jede Teilnehmerin seinen/ihren Menüwunsch bekannt geben kann.
Extras	Extras, die von den Teilnehmern selbst zu bezahlen sind, werden vom Gast auf einem Bon unterschrieben, um am Ende der Veranstaltung die Abrechnung zu vereinfachen.

Aufgabenverteilung

Vorbereitungen

- Seminar- und Gruppenräume müssen vorbereitet, die technische Einrichtung muss auf ihre Funktionalität überprüft werden
- Die Ansprechpartnerin/der Ansprechpartner im Hotel kennt den Namen der Seminarleiterin/des Seminarleiters
- In der Rezeption liegt eine Teilnehmerliste mit Zimmereinteilung

Seminarleiter/in

- Reist oft schon am Vorabend an
- Möchte die Räumlichkeiten und die Ausstattung sehen
- Will letzte organisatorische Fragen klären

Teilnehmer/innen

- Reisen individuell an und ein Mitarbeiter begrüßt sie und weist auf die Angebote des Hotels hin
- Wenn möglich, sollte die Räumung der Zimmer erst am Ende des Seminars notwendig sein; ist dies zeitlich nicht möglich, soll ein Raum für die Unterbringung des Gepäcks vorhanden sein; Informationen darüber unbedingt am Vorabend der Abreise geben!

Nachbereitung

- Alle Rechnungen müssen bei Seminarende bereitliegen
- Fragen Sie die Trainerin/den Trainer, ob alles zur Zufriedenheit war
- Legen Sie für die Teilnehmerinnen und Teilnehmer einen kurzen Fragebogen in die Seminarmappe oder lassen sie ihn durch die Trainerin bzw. den Trainer vor Ende der Veranstaltung austeilen

Wie bei jeder Veranstaltung ist natürlich auch bei einem Seminar eine Nachbesprechung mit den Mitarbeiterinnen und Mitarbeitern notwendig. Fragen Sie nach:

- Was war in Ordnung? Wo gab es Pannen?
- Was könnte besser gemacht werden?
- Welches Zusatzservice könnten wir bieten?

Ziele erreicht? – „Veranstaltungsmanagement“

KOMPETENZ-ERWERB

1. Geben Sie einen Überblick über die Veranstaltungsarten.

2. Erklären Sie folgende Begriffe:

- Bankett ______________________
- Incentive ______________________

3. Raum kostet Geld! Warum sind zu kleine und zu große Räumlichkeiten für eine Veranstaltung nicht in Ordnung? Nennen Sie den ungefähren Raumbedarf pro Person für einen Stehempfang und für ein Buffet.

4. Ergänzen Sie im Organigramm der Bankett- und Cateringabteilung die fehlenden Positionen.

Wirtschaftsdirektor/in

Marketing- und Verkaufsdirektor/in		Bankettküchenchef/in
	Assistent-Bankettmanager/in	
Bankettsekretär/in		Bankettköche und -köchinnen
	Bankettservice-Mitarbeiterinnen und Mitarbeiter	

5. In einem Follow-up-Meeting einerseits mit den Mitarbeiterinnen und Mitarbeitern und andererseits mit dem Besteller/der Bestellerin der Veranstaltung kann reflektiert und evaluiert werden. Begründen Sie, warum ein Follow-up-Meeting so wichtig ist.

6. Erstellen Sie eine Informationsmappe/Hotelmappe Ihres Lehrbetriebes. Haben Sie eine, dann machen Sie Verbesserungsvorschläge. Zur Unterstützung finden Sie eine Mappe in der TRAUNER-DigiBox.

7. Sie arbeiten im Landhotel Reschenhof in Mils und erhalten per E-Mail nachfolgende Anfrage. Verfassen Sie ein Angebot. Nehmen Sie die Seminarmappe des Hotels zu Hilfe, Sie finden die Unterlagen in der TRAUNER-DigiBox.

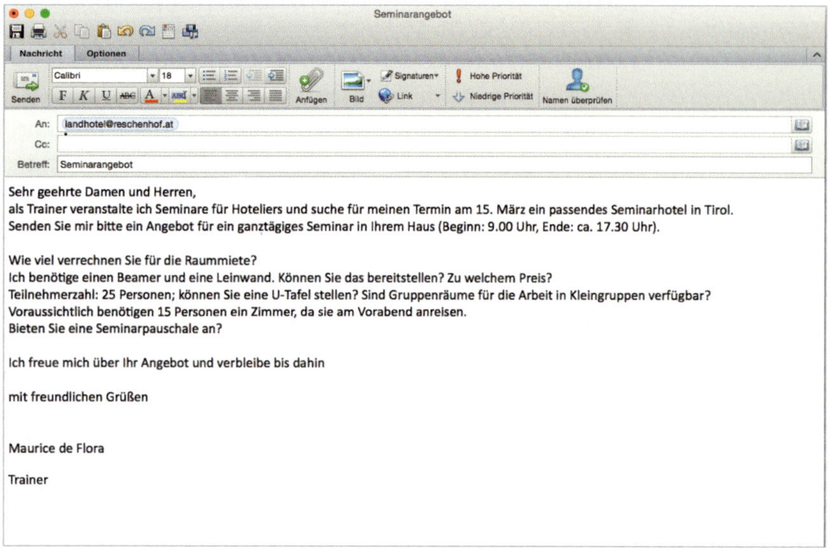

Seminarangebot

An: landhotel@reschenhof.at
Cc:
Betreff: Seminarangebot

Sehr geehrte Damen und Herren,
als Trainer veranstalte ich Seminare für Hoteliers und suche für meinen Termin am 15. März ein passendes Seminarhotel in Tirol.
Senden Sie mir bitte ein Angebot für ein ganztägiges Seminar in Ihrem Haus (Beginn: 9.00 Uhr, Ende: ca. 17.30 Uhr).

Wie viel verrechnen Sie für die Raummiete?
Ich benötige einen Beamer und eine Leinwand. Können Sie das bereitstellen? Zu welchem Preis?
Teilnehmerzahl: 25 Personen; können Sie eine U-Tafel stellen? Sind Gruppenräume für die Arbeit in Kleingruppen verfügbar?
Voraussichtlich benötigen 15 Personen ein Zimmer, da sie am Vorabend anreisen.
Bieten Sie eine Seminarpauschale an?

Ich freue mich über Ihr Angebot und verbleibe bis dahin

mit freundlichen Grüßen

Maurice de Flora

Trainer

8. Sie arbeiten in der Bankettabteilung eines großen Hotels. Ihr Gast sucht nach einem geeigneten Rahmen für die Geburtstagsfeier seiner Schwiegermutter für ca. 25 Personen. Wie finden Sie heraus, was Ihr Gast wünscht?

- ☐ Über gezielte Entscheidungsfragen.
- ☐ Indem ich dem Gast zehn Gerichte zur Auswahl gebe.
- ☐ Brauche ich nicht. Ich nenne einfach das Angebot.
- ☐ Ich errate es. Der Gast sieht so aus, als würde er gerne Fleisch essen.

9. Ein Gast bestellt bei Ihnen eine Kindergeburtstagsfeier für zehn Kinder. Welche Punkte müssen Sie nicht unbedingt abfragen?

- ☐ Die Altersstruktur der Gäste
- ☐ Die Sonderwünsche der Gäste
- ☐ Die Farbe des Autos des Gastgebers
- ☐ Beginn und Ende der Veranstaltung
- ☐ Den Beruf des Gastgebers

Abrechnungssysteme

Wie in jeder anderen Branche gehören auch im Gastgewerbe Abrechnung und Kontrolle zu den wichtigsten Bereichen des Betriebes. Ob ein Restaurant oder Hotelbetrieb Gewinn oder Verlust macht, hängt nicht zuletzt von einem funktionierenden Kontrollsystem ab.

Computergesteuerte Kassen- und Boniersysteme leisten eine unverzichtbare Hilfe, die Arbeitsabläufe werden verkürzt und somit optimiert, die Kommunikation zwischen Küche und Service verbessert. Doch was ist, wenn das elektronische Abrechnungssystem zusammengebrochen ist und länger ausfällt?

Darüber hinaus gibt es Betriebe und/oder Veranstaltungen (z. B. ein Zeltfest), wo es durchaus sinnvoll ist, zum Bonieren die einfachen, althergebrachten Blocks zu verwenden.

Verknüpfung mit dem Gegenstand „Servieren und Gästeberatung", und zwar mit dem Kapitel „Bonieren, Abrechnungs- und Kontrollsysteme".

Meine Ziele

KOMPETENZ-ERWERB

Nach Bearbeitung dieses Kapitels kann ich
- sagen, welche Inhalte eine Rechnung enthalten muss;
- erklären, welche Umsatz- bzw. Mehrwertsteuersätze für welche Leistungen anfallen;
- die Abrechnung der Minibar erläutern;
- die verschiedenen Zahlungsarten aufzählen;
- Abrechnungen (auch in Fremdwährung) durchführen;
- im Gespräch mit Gästen eine Rechnung sowie die Zahlungsmodalitäten meines Lehrbetriebes erklären.

1 Erstellung der Rechnung für den Gast

Meine Freundin Manu arbeitet in einem Studentenlokal am Unicampus. Da ist ein ständiges Kommen und Gehen, viele Gäste haben nur wenig Zeit und da ist es ihr schon öfter mal passiert, dass das Geld für die Konsumation auf dem Tisch lag. Was ist mit dem Beleg? Ist die Abrechnung für Manu korrekt abgelaufen?

Gemäß der Kassenrichtlinie 2012 nach § 131 Abs. 2 und 3 der Bundesabgabenordnung (BAO) sind gastronomische Betriebe verpflichtet, alle Ein- und Ausgänge einzeln und nachvollziehbar festzuhalten. Es ist also für jede Zahlung ein Beleg (Rechnung) auszuhändigen, und zwar unaufgefordert.

Verknüpfung mit dem Gegenstand „Servieren und Gästeberatung", und zwar mit dem Kapitel „Bonieren".

Die Grundlage für die Rechnungserstellung ist die **Bonierung.** Sehr viele Betriebe arbeiten mit computergesteuerten Kassen- und Abrechnungssystemen. Dabei bringt die technische Entwicklung laufend Veränderungen bzw. Verbesserungen. Mobile Bestellterminals und Bondrucker mit Kreditkartenfunktion sind meist im Einsatz. Die Daten werden durch Funkübertragung an die Küche bzw. die Schank übermittelt. Falls das System einmal ausfällt sowie bei einem Engpass bei den Orderman-Geräten wurde für Smartphones und Tablets eine eigene App entwickelt.

Ein Video zeigt (https://www.youtube.com/watch?v=ijIDoJ2cL1Q), was mit einem iPad-POS-System alles möglich ist.

Im Gegenstand „Servieren und Gästeberatung" lernen Sie alles über die Rechnungslegung im Restaurant, wir befassen uns hier mit der **Abrechnung in Hotelbetrieben.**

Bevor der Gast das Hotel verlässt (Check-out), erstellen die Mitarbeiterinnen und Mitarbeiter an der Rezeption die Rechnung. Sie enthält folgende Sammelposten:

- Logis: Zimmerpreis und Orts- und Kurtaxe
- Frühstück: falls nicht im Zimmerpreis inbegriffen
- Extras mit Unterteilung nach dem Konsumationsort: Restaurant, Bar, Roomservice, Kaffeehaus, Halle ...
- Pensionsarrangements: in Ferienhotels
- Wäsche
- Telefon
- Sauna, Massage, Solarium
- Garage
- Sonstiges

Beim Check-out ist dem Gast die Rechnung vorzulegen und zu erklären

Die zusätzlichen Leistungen (Extras) werden anhand der vom Gast unterschriebenen Belege auf die Rechnung gebucht.

THERMENHOF
★★★★ SUPERIOR
PAIERL
BAD WALTERSDORF

Herrn
Peter Wölfl
Mustergasse 35
2531 Gaaden

Hotel Thermenhof Waltersdorf
GmbH & Co. KG
A-8271 Bad Waltersdorf, Wagerberg 120
Tel.: 03333-2801-0, Fax: DW 400
e-mail: well-in@thermenhof.at · Internet: http://www.thermenhof.at

Rechnung Nr.: 4 — 01.01.20..

Pers.	Menge	Bezeichnung	Einzelpreis	Bruttobetrag	USt.
		Datum/Zeitraum der Leistung: vom 29.12.20.. bis: 01.01.20..			Zimmer: 508
	3 Tg.	Logis	103,00	309,00	10
	3 Tg.	Ortstaxe	2,00	6,00	0
	3 x	Aufzahlung Kategorie	6,00	18,00	10
	1 x	Silvesteraufzahlung	70,00	70,00	10
	1 x	Re:14169/Restaurant 20%	34,70	34,70	20
	1 x	Kronen Zeitung	0,80	0,80	10
	1 x	Re:14203/Restaurant 20%	2,30	2,30	20
	1 x	Wellness Ztg.	3,20	3,20	10
	1 x	Ganze Woche	1,00	1,00	10
	1 x	Re:14324/Restaurant 20%	2,50	2,50	20
	1 x	Kronen Zeitung	0,80	0,80	10
	1 x	Re:14385/Restaurant 20%	26,50	26,50	20
	1 x	Re:14535/Restaurant 20%	24,00	24,00	20
	1 x	Kronen Zeitung	0,80	0,80	10

Rechungsbetrag: EUR 499,60

Zahlungsbetrag: EUR 499,60

Steueraufstellung: Netto 10 % EURO 403,60 USt.: 36,69
Steueraufstellung: Netto 0 % EURO 6,00 USt.: 0,00
Steueraufstellung: Netto 20 % EURO 90,00 USt.: 15,00

Zahlungsart: bar

Wir danken für Ihren Besuch und freuen uns auf ein Wiedersehen!

Hotel Thermenhof Waltersdorf GmbH & Co KG · Wagerberg 120 · 8271 Bad Waltersdorf · Austria · Telefon: +43 3333-2801-0 · Fax: +43 3333-2801-400
E-mail: well-in@thermenhof.at · www.thermenhof.at · Sparkasse Hartberg-Vorau, Kto.-Nr. 0600-614044, BLZ 20818
IBAN: AT91 2081 8006 0061 4044 · BIC: SPHVAT21 (Ort: Hartberg) · UID: ATU29249104 · ZRS-Graz FN 14472 h

Name und Anschrift des Empfängers

Geschäftsmäßige Unterschrift

Saldierungsvermerk

Datum der Ausstellung

Rechnungsnummer

Datum/Zeitraum der Leistung

Menge und Art der Leistung

Gesamtbetrag der Einzelleistungen

Aufteilung der USt. in Euro und Prozent

Zahlungsart

Name und Anschrift des Ausstellers

Bankverbindung, IBAN, BIC, UID-Nummer

Die gesetzlichen Bestandteile der Rechnung sind in Farbe ausgewiesen.

Aufgabenstellung

- Notieren Sie die Bestandteile, die eine Rechnung nach dem Gesetz enthalten muss.

WIR SAGEN DANKE

Logis = franz. Wohnung, Bleibe; im Hotelbereich bedeutet Logis Übernachtung.

Going international
Porterage is the carrying of the luggage by a porter and the charge for this transportation.

Es gibt automatisierte Minibarabrechnungen. Die Minibar registriert (ausgelöst durch das Öffnen der Kühlschranktür) eine Entnahme. Der fehlende Artikel wird automatisch auf die Zimmerrechnung gebucht. Die hohen Anschaffungskosten dieses Systems stehen jedoch nicht in Relation zum Ertrag, sodass es sich nicht durchgesetzt hat.

Umsatz- bzw. Mehrwertsteuersätze

In Österreich gelten aktuell folgende Steuersätze

0 % (Durchläufer)	10 %*	20 %
■ Ortstaxe ■ Briefmarken  Für das Versenden von Urlaubsgrußkarten werden Briefmarken gekauft	■ Logis ■ Küche ■ Zeitungen und Zeitschriften ■ Snacks (Minibar) * Der Umsatzsteuersatz wird voraussichtlich auf 13 % erhöht.	■ Getränke (Minibar) ■ Telefon ■ Porterage ■ Hotelgarage ■ Wäscherei ■ Seminarraum ■ Dienstleistungen, wie Butlerservice, Babysitting

Abrechnung der Zimmerbar (Minibar)

Eine Minibar bietet für den Gast die Annehmlichkeit, auf dem Zimmer jederzeit Snacks und Getränke zu konsumieren. Daher setzen viele Hotelbetriebe auf diese Serviceleistung. Die Abrechnung ist jedoch ein heikles Thema. Sie hängt von der Genauigkeit und Ehrlichkeit der Mitarbeiterinnen und Mitarbeiter sowie von der Zahlungswilligkeit der Gäste ab.

Die Kontrolle wird meist vom Roomservice durchgeführt:

- Eine Liste der Snacks und Getränke (mehrsprachiger Vordruck) liegt beim Kühlschrank. Der Gast wird ersucht, den konsumierten Artikel auf dem Vordruck anzukreuzen.
- Der/die für die Zimmerbars eingeteilte Mitarbeiter/Mitarbeiterin sammelt täglich die Scheine ein und trägt sie in die Rezeption oder zur Hotelkasse zur Verrechnung. Außerdem füllt er/sie die Bar auf und stellt den Anfangsbestand wieder her.

Die Artikel in der Minibar müssen übersichtlich und leicht zählbar eingeschlichtet sein. So kann mit einem Blick das Fehlen von Snacks und Getränken festgestellt werden.

Wichtig ist die Abreiseliste, sodass der Fehlbestand noch vor der Abreise des Gastes durch eine Mitarbeiterin bzw. einen Mitarbeiter festgestellt werden kann und die Angaben an die Rezeption weitergeleitet werden können.

Aufgabenstellung

- Welche Erfahrungen gibt es in Ihrem Lehrbetrieb mit Zimmerbars? Befragen Sie auch Ihre Chefin/Ihren Chef darüber.

2 Zahlungsarten

Mein Freund Tim hat immer viel Bargeld in der Tasche, meine Freundin Lara zahlt alles mit der Bankomatkarte und Lorenz, mein älterer Bruder, ist richtig stolz auf seine Visa-Karte. Mir ist das zu blöd, ich zahle, wo es geht, mit meinem Handy.

Der Gast kann die Rechnung auf verschiedene Art und Weise begleichen. Die Barzahlung ist in der Gastronomie, vor allem bei kleineren Beträgen, immer noch verbreitet. Bei der Herausgabe des Wechselgeldes ist darauf zu achten, dem Gast zuerst das Wechselgeld zu übergeben, ehe die Scheine und Münzen des Gastes in die Kasse gegeben werden. So können unangenehme Diskussionen über tatsächliches oder vermeintliches falsches Herausgeben vermieden werden.

Hotelrechnungen werden häufig mit Bankomatkarte oder Kreditkarte bezahlt. **Hotelgutscheine** (Voucher) zu verschenken, ist in den letzten Jahren immer beliebter geworden. Sie lauten auf einen bestimmten Betrag und sind wie Bargeld zu handhaben.

Verknüpfung mit dem Gegenstand „Servieren und Gästeberatung“, und zwar mit dem Kapitel „Gästerechnung“.

Was ist eine Debitorenrechnung?

Bei Geschäftsessen ist es durchaus üblich, die Rechnung nicht sofort zu begleichen, sondern sie an die Firma schicken zu lassen. Dazu bedarf es einer Absprache zwischen der Firma und dem gastronomischen Betrieb. Die Rechnung muss vom Gast unterschrieben werden. Es ist auch üblich, monatliche Sammelrechnungen zu schicken.

Debitoren = Schuldner.

Währungsrechnen

Währungsrechnen ist das Umrechnen von Geldmitteln in eine andere Währung. Es kommt schon vor, dass Gäste in Fremdwährung bezahlen wollen, und darauf sollten Sie vorbereitet sein.

Manche Firmen gewähren ihren Mitarbeiterinnen und Mitarbeitern einen Zuschuss zum Mittagessen in Form von Bons. Beim Bezahlen ist zu überprüfen, ob der Bon auch für den betreffenden gastronomischen Betrieb gilt. Essensbons sind wie Bargeld zu handhaben.

Umrechnungstabelle (Stand: 25. Februar 2015)*

	Amerika (USD = Dollar)	1 EUR	1,14 USD
	Schweiz (CHF = Schweizer Franken)	1 EUR	1,08 CHF
	Großbritannien (GBP = Pfund)	1 EUR	0,73 GBP
	Russland (RUB = Rubel)	1 EUR	71,46 RUB
	Tschechien (CZK = Tschechische Krone)	1 EUR	27,47 CZK
	Türkei (TRY = Türkische Lira)	1 EUR	2,80 TRY

* Umrechnungstabellen müssen tagesaktuell sein.

Akzeptieren Sie in der Fremdwährung nur Scheine. Münzgeld wird von der Bank nicht umgetauscht.

Beispiele

- Ein Gast muss eine Rechnung über 36 EUR bezahlen. Er gibt Ihnen 20 EUR und 20 USD. Nach heutigem Kurs sind 20 USD = 17,54 EUR, d. h., sie können akzeptieren. (Nebenrechnung: 20 : 1,14 = 17,54).
- Ein Schweizer Gast möchte seine Rechnung über 78,50 EUR in Franken bezahlen. Sie rechnen 78,50 x 1,08 = 84,78 und akzeptieren die 85 CHF, die der Gast Ihnen gibt.
- Eine Britin gibt Ihnen 50 Pfund für eine Rechnung über 65,80 EUR. Sie rechnen 50 : 0,73 = 68,49 und akzeptieren.

Ziele erreicht? – „Abrechnungssysteme“

KOMPETENZ-ERWERB

1. Schreiben Sie eine Rechnung: Frau Maria und Herr Josef Raffinger übernachten in Ihrem Hotel zweimal, die Ortstaxe beträgt 2,50 EUR pro Person und Tag, der Zimmerpreis (inklusive Frühstück) 120,00 EUR. Herr Raffinger kauft eine Zeitung um einen Euro, Frau Raffinger hatte eine Massage um 30,00 EUR. Von der Minibar gibt es einen Beleg über eine Flasche Cola um 4,80 EUR. Herr Raffinger hatte für die Dauer des Aufenthalts das Auto in der Garage stehen (10,00 EUR pro Tag). Verwenden Sie ein Rechnungsformular. Sie finden ein Muster in der TRAUNER-DigiBox.
   Markieren Sie die Bestandteile, die eine Rechnung nach dem Gesetz enthalten muss, mit einem Leuchtstift.
2. Erklären Sie folgende Begriffe:

   Bonieren: ____________________

   UID-Nummer: ____________________

   Logis: ____________________

   Debitorenrechnung: ____________________
3. Erklären Sie die Abrechnung und Kontrolle einer Minibar.
4. Nennen Sie Gründe, warum Umrechnungstabellen für das Währungsrechnen tagesaktuell sein müssen.
5. Ein Gast übergibt Ihnen 20 EUR und 30 USD für eine Rechnung, die 45 EUR ausmacht. Sind Sie einverstanden?
6. Ein Gast möchte eine Rechnung über 50 EUR in britischen Pfund bezahlen. Wie viel Pfund (GBP) muss er Ihnen mindestens geben?
7. Ihr Betrieb hat das Catering für ein Grillfest übernommen. Der Besteller möchte eine Barbecuesauce aus den USA haben. Sie recherchieren im Internet und finden heraus, dass ein Liter dieser Sauce 11 USD kostet. Wie viele Euro sind das?
8. Ihre Chefin möchte Kartoffeln bestellen. Für die letzte Lieferung von 100 Kilogramm hat sie 24 Euro bezahlt. Ein Lieferant aus Tschechien hat ein Angebot von 490 CZK für 100 kg abgegeben. Ihre Chefin möchte wissen, ob die Kartoffeln aus Tschechien billiger oder teurer sind und wie viel der Preisunterschied ausmacht.

Marketing

Für unsere Gäste ist das Angebot im heimischen Tourismus sehr groß, es ist sogar größer als die Nachfrage. Das bedeutet, dass der Gast mitbestimmt, was auf dem Markt passiert, weil er die Möglichkeit hat, aus einem großen Angebot zu wählen. Die Tourismusbetriebe müssen sich daher Strategien (Schachzüge) überlegen, wie sie ihr Produkt, also ihre gastronomische Leistung, vermarkten. Weil sich viele Anbieter auf dem Markt drängen, muss der Gast auf das Angebot Ihres Betriebes (bzw. der Region) aufmerksam gemacht werden. Die strategischen Maßnahmen, um diese Aufmerksamkeit zu erreichen, nennt man Marketing.

Im Begriff Marketing steckt das Wort Markt. Der Markt ist jener Bereich, der von Angebot (gastronomischer Leistung) und Nachfrage (durch den Gast) bestimmt wird.

Meine Ziele

Nach Bearbeitung dieses Kapitels kann ich

- einen knappen Überblick über das Wichtigste in Sachen Marketing geben;
- die Arbeitsschritte zur Erstellung eines Marketingkonzeptes nennen;
- mithelfen, eine Istanalyse des Betriebes zu erstellen;
- Ideen und Beispiele für realistische Marketingziele liefern;
- die Zusammenhänge der einzelnen Marketinginstrumente im Marketingmix erkennen;
- Marketingstrategien unter Einbeziehung aller Marketinginstrumente entwickeln;
- bei der Planung von Erfolgskontrollen mitwirken.

Marketing wird fälschlicherweise oft mit Werbung gleichgesetzt, aber die Werbung ist nur ein Teilbereich im gesamten Marketing.

Da der Wettbewerb ständig zunimmt, muss der Markt systematisch bearbeitet werden.

Ziel des professionellen Marketings im Tourismus ist es,
- die Wünsche und Bedürfnisse des Gastes frühzeitig zu erkennen,
- eine Beziehung zum Gast herzustellen und
- diese Beziehung zu pflegen.

Das eigene Angebot muss darauf ausgerichtet sein, die Zufriedenheit der Gäste und damit den Erfolg des Unternehmens sicherzustellen. Auch müssen die Strategien der Konkurrenz sowie die Entwicklung der gesamten Branche beobachtet und berücksichtigt werden.

Durch gezieltes Marketing wird es den Unternehmern möglich,
- ihr Angebot ständig an die Bedürfnisse der Gäste anzupassen,
- sich von den Mitbewerberinnen und Mitbewerbern abzuheben,
- die Gästenachfrage für den Betrieb zu steigern und
- den Gewinn zu verbessern.

1 Erstellung eines Marketingkonzepts

Wie formuliert man ein Marketingziel? Ich habe gelesen, dass es sinnvoll ist, Ziele so zu bestimmen, dass man später auch kontrollieren kann, ob sie erreicht wurden. Es reicht also nicht zu sagen, dass ich mehr Gäste möchte. Oder?

Nur durch exakt geplante Aktivitäten und eine strategische Vorgehensweise kann Marketing funktionieren und können die Unternehmensziele erreicht werden. Die Erstellung eines konkreten Marketingplanes ist dabei unerlässlich.

Die wesentlichen Schritte zur Erstellung eines Marketingkonzeptes

1.1 Vision und Leitbild des Unternehmens

Die Erstellung des Marketingkonzepts für ein Unternehmen beginnt mit der **Formulierung einer Vision.** In jedem erfolgreich geführten Betrieb werden zunächst wichtige Leitgedanken formuliert. Man braucht Visionen, um sich und seine Mitarbeiterinnen und Mitarbeiter zu begeistern.

Für die Entwicklung von Visionen gibt es keine fertigen Rezepte. Sie entstehen:

- als spontaner Einfall oder Geistesblitz,
- in Gesprächen mit Gästen,
- durch ein gezieltes Brainstorming und
- wenn etwas Herkömmliches, bisher Selbstverständliches infrage gestellt wird.

Eine Vision sagt aus, wo man in Zukunft stehen will. Sie ist zunächst frei von einer konkreten Umsetzung bzw. Realisierbarkeit. Sie ist nicht messbar, aber sie treibt voran und ermöglicht, ungeahnte Ergebnisse zu erzielen.

Wer seine Mitarbeiterinnen und Mitarbeiter regelmäßig an seinen Visionen teilhaben lässt, ermuntert sie auch, selbst neue, kreative Ideen einzubringen. Es entsteht ein Gefühl der Zusammengehörigkeit und der gemeinsamen Verantwortung für den Betrieb.

Das **Unternehmensleitbild** ist die schriftlich festgelegte Basis für die Kommunikation nach innen und außen. Es trägt zu einer positiven Unternehmenskultur bei, die sich auf das Arbeitsklima und das Image des Betriebes positiv auswirkt.

Beispiel
Unser Betrieb wird modern, transparent und familiär geführt. Jede Mitarbeiterin und jeder Mitarbeiter kann sich nach seinen Fähigkeiten und Fertigkeiten in Entwicklungsprozesse einbringen.

Die Unternehmensphilosophie beschreibt, wie sich ein Unternehmen selbst sieht und wie es von Gästen, Mitarbeitern und Partnern gesehen werden will.

Beispiel
Als einziges Biohotel in der Region setzen wir mit unserem Angebot Maßstäbe für eine ökologische Zukunft. Die Gäste erkennen in unserer Betreuungsleistung vom Besitzer bis zum Angestellten die Herzlichkeit, mit der sie in unserem Hause willkommen sind. Unsere Mitarbeiter sind in die familiäre Struktur unseres Hauses integriert und leben diese auch nach außen. Dies ist für unsere Gäste spür- und erlebbar.

Corporate Identity (CI) ist die unverwechselbare Identität eines erfolgreichen Betriebes. Zur eindeutigen Wiedererkennung in der Öffentlichkeit nutzt man u. a. ein einheitliches Erscheinungsbild. Dieses Erscheinungsbild nennt man **Corporate Design (CD).**

Innerhalb des Corporate Designs nimmt die Berufskleidung einen besonderen Platz ein. Sie zeigt die einheitliche Unternehmensphilosophie nach außen. In der Systemgastronomie werden fast ausschließlich Uniformen getragen. Aber auch viele Betriebe der Individualgastronomie setzen auf Berufskleidung. Das hauseigene Logo sollte überall dort zu sehen sein, womit der Gast in Berührung kommt.

CI und CD sind kein Privileg der Systemgastronomie, obwohl diese Betriebe es perfektioniert haben

1.2 Erhebung des Istzustandes – die Istanalyse

Nachdem die Vision bzw. das Leitbild des Betriebes klar beschrieben ist, erfolgt die Istanalyse. In einer umfangreichen Bestandsaufnahme werden alle für den Betrieb wesentlichen Fakten und Daten aufgelistet.

Folgende Bereiche sind bei dieser Istanalyse zu durchleuchten:

- Gästestruktur
- Betrieb
- Mitbewerberinnen und Mitbewerber
- Umfeld

Informationsquellen eines Marketingkonzeptes

Interne Informationsquellen	Externe Informationsquellen
■ Gästedatei ■ Reservierungsstatistik ■ Gästekorrespondenz ■ Kostenrechnung ■ Umsatzanalysen ■ Buchhaltung ■ Reklamationsstatistik ■ Gästefragebögen ■ Mitarbeitergespräche ■ Berichte der Verkaufsabteilung	■ Veröffentlichungen der Tourismusverbände ■ Prospekte der Mitbewerber ■ Informationen der Österreichwerbung ■ Publikationen der Österreichischen Hoteliersvereinigung ■ Fachzeitschriften ■ Wirtschaftskammer ■ Betriebsbesuche ■ Testgäste (Mystery-Guests)

1.2.1 Gästestruktur

Aus der Gästekartei können Herkunft, Alter, Beruf, Reisezeit und Aufenthaltsdauer der Gäste entnommen werden.

Wichtig bei dieser Erhebung ist auch die Art des Aufenthaltes, z. B. Geschäftsreise, Familien-, Wellness-, Einzel- oder Gruppenreise, bzw. mit welchem Verkehrsmittel die Gäste anreisen.

Von seinen Gästen weiterempfohlen zu werden (Mundpropaganda), ist die wirkungsvollste und preisgünstigste Form der Gästeneugewinnung. Gäste sollten daher höflich gebeten werden, das Haus auch aktiv an Freunde und Bekannte weiterzuempfehlen.

Haben Sie in Ihrem Betrieb viele Stammgäste? Wenn ja, werden sie besonders betreut?

Exkurs

Stammgäste

Stammgäste und weiterempfehlende Gäste sind pures Gold für unseren Betrieb. Es wird aber immer schwieriger, Stammgäste langfristig zu halten. Gäste, die regelmäßig Leistungen eines Hotels oder Restaurants in Anspruch nehmen, senken die Marketing- und Betriebskosten, sie steigern den Umsatz und stärken die Marktposition. Stammgäste sollten daher für ihre Treue besonders belohnt werden, z. B. mit

- frühzeitigen Informationen über Veränderungen im Betrieb,
- Exklusivangeboten,
- handgeschriebenen Dankkarten,
- individuellen Geschenken,
- Geschenkgutscheinen oder einem Geburtstagspräsent,
- einem Aperitif oder Digestif,
- interessantem Zusatznutzen durch Zusammenarbeit mit lokalen Partnern, z. B. einer Tagesskikarte,
- Stammkundenevents oder exklusiven Einladungen, die käuflich nicht zu erwerben sind,
- einer kleinen Aufmerksamkeit für die Empfehlung eines neuen Gastes.

Gästebedürfnisse

Wichtige Gästebedürfnisse können beispielsweise sein: kulinarisches Angebot, umfangreiches Gesundheitsangebot, Prestige, gutes Preis-Leistungs-Verhältnis, interessante Freizeit- und Urlaubsaktivitäten.

Gästebedürfnisse können durch schriftliche oder mündliche Gästebefragungen erhoben werden. Dabei ist Folgendes interessant:

- Wie wurde der Gast auf den Betrieb aufmerksam?
- Warum hat sich der Gast gerade für diesen Betrieb entschieden?
- Was stört ihn, was fehlt ihm?

Tipps für die Gästebefragung

Mündlich

- Überlegen Sie vor dem Gespräch, was Sie vom Gast wissen wollen.
- Halten Sie wichtige Aussagen jedes Gastes nach dem Gespräch schriftlich fest.

Schriftlich

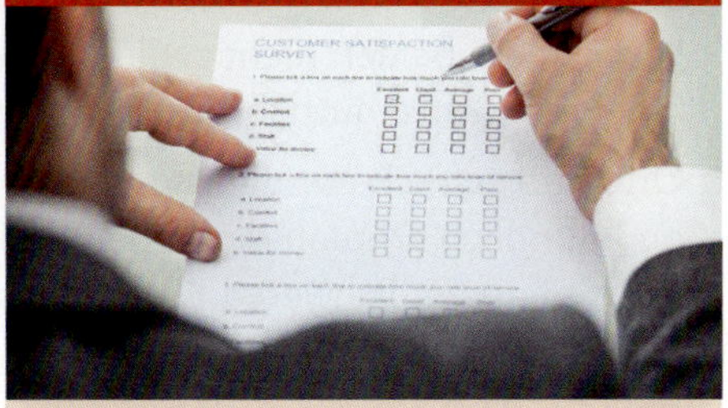

- Muss anonym sein; nicht einsehbarer Briefkasten.
- Maximal zwei Seiten (ein Blatt).
- Benotung von eins bis vier oder von eins bis sechs (verhindert Mittelwerte).
- Rücklaufsteigerung der Fragebögen durch kleine Aufmerksamkeiten oder Verlosungen.

Mögliche Themen eines Gästefragebogens

- Qualität der Ausstattung/Ambiente
- Preis-Leistungs-Verhältnis
- Freundlichkeit
- Qualität der Speisen und Getränke
- Sauberkeit
- Verbesserungsvorschläge des Gastes
- Familienstand, Alter, Geschlecht

Die Aussicht vom Hotelbalkon auf den See ist durch die Baustelle getrübt

Gästeerwartungen

Zwischen den Erwartungen der Gäste und den vom Betrieb erbrachten Leistungen können Unterschiede bestehen, z. B., wenn in der Werbung versprochene Angebote nicht oder nur teilweise erfüllt werden. Es kann aber auch sein, dass dem Unternehmer/der Unternehmerin die Gästewünsche gar nicht bekannt sind oder dass betrieblich bedingte Schwierigkeiten die Erfüllung der Gästewünsche verhindern.

Die Erwartungen der Gäste müssen den sogenannten **Grundnutzen** erfüllen. Die hauptsächlichen Erwartungen sind:

- Ruhe, Erholung, Sicherheit
- Gutes Image des Betriebes
- Kompetenz der Mitarbeiterinnen und Mitarbeiter, verbunden mit einer aufmerksamen Gästebetreuung
- Ausgewogenes Preis-Leistungs-Verhältnis
- Schneller Service

Umso mehr freut sich ein Gast über unerwartete Leistungen des Betriebes. Man spricht von **Zusatznutzen,** Beispiele sind:

- Besonderheiten im Angebot des Hauses
- Eingehen auf spezielle Gästewünsche
- Großzügigkeit
- Rasche Lösungen bei Problemen

Aufgabenstellung

- Welche besonderen Wünsche haben Sie bei Ihren Gästen schon erlebt? Waren alle erfüllbar?

Beispiele	**Grundnutzen**	**Zusatznutzen**
Marvie und Tim haben ein günstiges Zimmer gebucht, im Internet stand eine Entfernung zum Badesee von einem Kilometer. Bei der Ankunft staunen die beiden nicht schlecht, das Hotel bietet einen Gratisshuttlebus zum See an.		
Otto und seine Freundin wurden an der Rezeption freundlich empfangen und ein Mitarbeiter des Hotels hat den schweren Koffer auf das Zimmer gebracht.		
Clemens hat das Ladekabel seines Handys zu Hause vergessen. Die junge Mitarbeiterin an der Rezeption borgt ihm ihr Ladegerät.		
Andreas hat eine Glutenunverträglichkeit. Die Köchin Lana erklärt ihm persönlich die Zusammensetzung des für ihn zubereiteten Gerichts.		
Der Chef des Hauses begrüßt Laura und ihre Oma persönlich und wünscht ihnen erholsame Tage.		

1.2.2 Betrieb

Bei der Erhebung des Istzustandes ist natürlich auch der Betrieb zu durchleuchten. Eine Bestandsaufnahme der Ausstattung, also der Zimmer, der Gästeräume und sonstigen Bereiche im Haus (z. B. Freizeitbereiche), schafft Klarheit.

Eine Weinverkostung in der Vinothek des Hauses ist bei Gästen stets beliebt

Angebote und Preise

Man stellt sich die Frage: Wie kann ich Gäste gewinnen?

Zimmer	Schnuppertermine, Packages fürs Wochenende bzw. die Nebensaison
Gastronomie	Spezialitätenwochen, Gourmet- und Tagesmenüs, Seniorenkaffee, Weinverkostungen, Kochkurse, Klublokal für Vereine, Treuepass
Sonstiges	Gutscheine

Auslastung

Will man ein Haus rentabel führen, ist eine gute Auslastung wichtig. Sie wird mit sogenannten Kennzahlen gemessen.

Die Zimmerauslastung wird vor allem von Ganzjahresbetrieben ermittelt und in Kettenhotels mit den Zahlen der Partnerbetriebe verglichen.

$$\textbf{Zimmerauslastung in Prozent} = \frac{\text{Belegte Zimmer pro Zeitraum (z. B. Juli)} \times 100}{\text{Gesamtzimmeranzahl} \times \text{Tage (z. B. 31 für Juli)}}$$

$$\textbf{Vollbelegstage} = \frac{\text{Anzahl der Übernachtungen für Zeitraum (z. B. 15. 12. bis 31. 3.)}}{\text{Zimmeranzahl}}$$

Die Vollbelegstage sagen aus, an wie vielen Tagen des Berechnungszeitraumes der Betrieb zu 100 % ausgelastet war, also alle Zimmer verkauft wurden. Dies ist vor allem für Saisonbetriebe von Bedeutung.

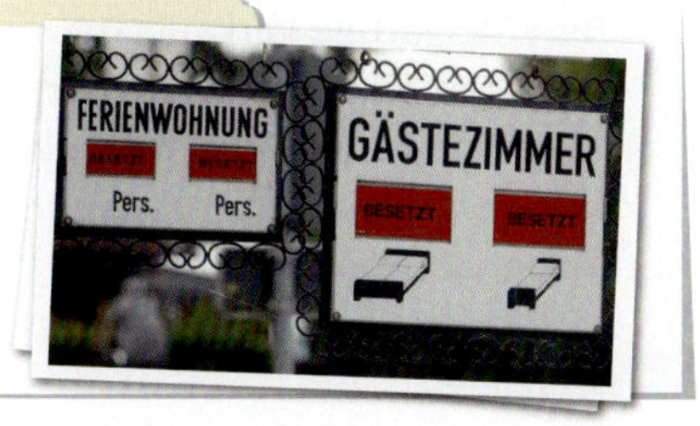

$$\textbf{Umsatz pro Sitzplatz und Tag} = \frac{\text{Gesamtumsatz im Ermittlungszeitraum (z. B. Juli + August)}}{\text{Anzahl der Sitzplätze} \times \text{Betriebstage (z. B. 62 für Juli + August)}}$$

Stärken und Schwächen des Betriebs

Jeder Betrieb hat Stärken und Schwächen, die die Wettbewerbsstellung (Marktposition) bestimmen. Sie müssen herausgearbeitet und schriftlich festgehalten werden.

Stärken und Schwächen werden meist intern analysiert. Für die betriebliche Entwicklung ist es jedoch wichtig, die eigenen Stärken und Schwächen in Relation zu den Chancen und Risiken auf dem Markt zu bewerten. Chancen und Risiken ergeben sich aus den Trends und Veränderungen im betrieblichen Umfeld.

Beispiel: Auszug aus einer Analyse eines Saisonbetriebes mit 50 Betten

Stärken	Schwächen
■ Eigenes Strandbad, exklusiv für Hausgäste ■ Zwei Sandtennisplätze beim Haus ■ Persönlicher Kontakt zum Gast ■ Wanderwege direkt vom Haus weg in das Landschaftsschutzgebiet ■ Frühstücksbuffet mit Bioecke ■ Familiär geführter Betrieb ■ Beeren- und Kräuterwanderung mit der Oma ■ Kleiner Ort, kein Massentourismus ■ Chefin kocht regionale Gerichte ■ Gesicherter, zeitgemäßer Kinderspielplatz ■ Kinderbetten und -sessel, Kindermenüs	■ À-la-carte-Geschäft stört die Hausgäste ■ Angebot ist gut, wird aber in der Werbung zu wenig hervorgehoben ■ Telefonverkauf und Direktwerbung wurden vernachlässigt ■ Gästebetreuung braucht neue Impulse ■ Die Gästekartei und das Adressenmaterial sind ungeordnet ■ 20 % der Zimmer sind nicht mehr zeitgemäß ausgestattet ■ Mangelnde Lesebeleuchtung in den Gästezimmern ■ Zu wenig Platz für Busgruppen

Man muss sich die Frage stellen: Welche Besonderheiten bieten wir gegenüber den anderen Betrieben, gegenüber den Mitbewerbern?

USP

USP („unique selling proposition") ist das einzigartige Verkaufsargument eines Betriebes. Es ist jenes Leistungsmerkmal, mit dem sich ein Angebot deutlich von dem der Mitbewerberinnen und Mitbewerber abhebt.

Beispiele:
- Wir sind das einzige Schlosshotel an der Strandpromenade.
- Wir verarbeiten ausschließlich Fleisch aus dem eigenen Schlachtbetrieb.
- Unser Hotel hat durch eine Filmserie Berühmtheit erlangt.
- Zu unserem Lokal gehört ein schattiger Gastgarten mit altem Baumbestand.
- Unser Haus ist traditioneller Ausgangspunkt für spezielle Klettertouren.

Formulieren Sie Stärken und Schwächen sowie den USP Ihres Betriebes und diskutieren Sie darüber mit den Kolleginnen und Kollegen.

Auch das **Image des Betriebes** ist für eine Istanalyse zu erfassen. Dabei stellt man sich folgende Fragen:
- Wie groß ist der Bekanntheitsgrad des Betriebes im Ort, in der Region, im Land?
- Wofür ist der Betrieb bekannt?
- Wie denken bzw. sprechen Gäste, Einheimische, Mitbewerber, Lieferanten sowie Mitarbeiterinnen und Mitarbeiter über den Betrieb?

Kooperationen, also eine Zusammenarbeit mit Betrieben mit gleichem bzw. ähnlichem Angebot, bringen eine Kostenersparnis und erhöhen die Effizienz durch gemeinsame Marketingaktivitäten.

Mitarbeiterinnen und Mitarbeiter des Betriebs

Die beste Ausstattung eines Hauses kann Mängel im Umgang mit den Gästen nicht wettmachen. Umgekehrt können aber tüchtige Mitarbeiterinnen und Mitarbeiter den betrieblichen Erfolg positiv beeinflussen.

Jede Mitarbeiterin/jeder Mitarbeiter ist für die Qualität der erbrachten Leistung verantwortlich. Dieses Qualitätsbewusstsein ist für die Gesamtqualität eines Hauses unerlässlich.

Zur Analyse sind folgende Mitarbeiterdaten von Bedeutung:
- Anzahl der Mitarbeiterinnen und Mitarbeiter pro Abteilung
- Ausbildungsstand
- Betriebszugehörigkeit
- Arbeitszeiten

Fragen, die beim Einstellungsgespräch, bei regelmäßigen Mitarbeitergesprächen und in der Istanalyse des Marketingkonzeptes beantwortet werden müssen:

Fachkompetenz: Haben die Mitarbeiterinnen und Mitarbeiter das erforderliche Wissen und das fachliche Geschick?

Freundlichkeit: Sind die Mitarbeiterinnen und Mitarbeiter den Gästen gegenüber freundlich, rücksichtsvoll und respektvoll?

Diskretion: Sind die Mitarbeiterinnen und Mitarbeiter gegenüber Gästen diskret?

Loyalität: Sind die Mitarbeiterinnen und Mitarbeiter dem Betrieb gegenüber loyal und machen sie einen vertrauenswürdigen Eindruck?

Kompetenz: Machen die Mitarbeiterinnen und Mitarbeiter einen vertrauenswürdigen Eindruck und geben sie nützliche Antworten und Ratschläge?

Zuverlässigkeit: Erledigen die Mitarbeiterinnen und Mitarbeiter die Arbeiten für den Gast pünktlich, korrekt und in der erwarteten Qualität?

Persönliche Einstellung: Reagieren die Mitarbeiterinnen und Mitarbeiter umgehend auf Probleme und Anfragen der Gäste?

Kommunikation: Sind die Mitarbeiterinnen und Mitarbeiter stets bemüht, den Gast und seine Bedürfnisse genau zu verstehen? Können sie mit dem Gast entsprechend kommunizieren?

Erscheinungsbild: Entspricht das Erscheinungsbild dem definierten Corporate Design des Betriebes?

Damit in den Betrieben die Arbeiten planvoll und effizient erledigt werden, bedarf es klarer Strukturen. Sie werden in größeren Betrieben schriftlich festgehalten.

Going international
Professional skills = Fachkompetenz
Kindness = Freundlichkeit
Loyalty = Loyalität
Absolute discretion = absolute Diskretion
Reliability = Zuverlässigkeit

Je größer der Betrieb ist, desto notwendiger sind schriftlich festgelegte Strukturen.

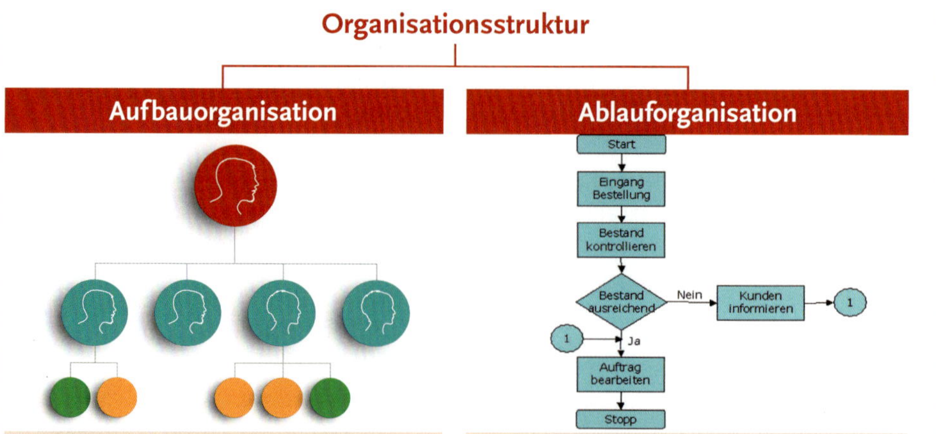

Durch die Aufbauorganisation werden wichtige Verknüpfungen im Betriebsablauf festgelegt. So ist klar, wer was erledigt bzw. wer anweist.

Die Ablauforganisation klärt, wie, wann und in welcher Reihenfolge etwas erledigt wird. Stellenbeschreibungen helfen, die Ablauforganisation zu optimieren.

Einflussfaktoren der Motivation der Mitarbeiterinnen und Mitarbeiter

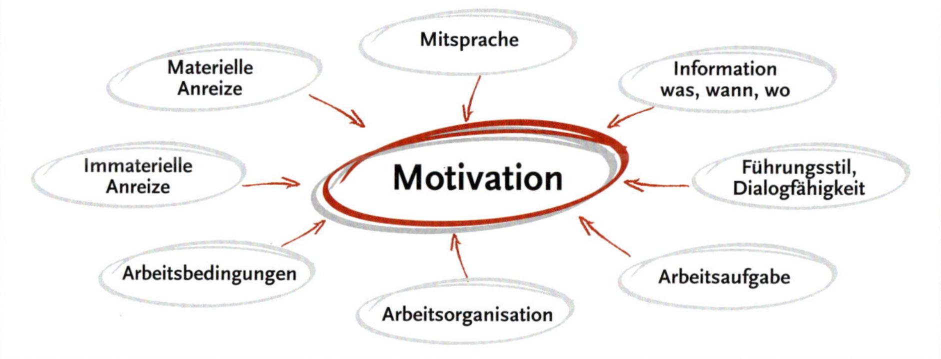

1.2.3 Mitbewerberinnen und Mitbewerber

Zunächst wird der Kreis der Mitbewerber festgelegt, die im Ort, in der Region oder in einem anderen Bundesland angesiedelt sein können. Auch Betriebe, die nur Teilleistungen (Bewirtung, Catering, Unterhaltung) anbieten, können eine Konkurrenz darstellen.

Bei der Analyse der Mitbewerberinnen und Mitbewerber sollen dieselben Punkte erfasst werden, die auch im eigenen Betrieb erhoben wurden, also die Ausstattung und die Leistungen.

Der Blick über den Zaun bzw. sprichwörtlich „über den Tellerrand" ist für gutes Marketing sehr wichtig

In welchen Punkten ist mir der Mitbewerber/die Mitbewerberin überlegen?
Die Beobachtung der Konkurrenzbetriebe kann auch für eigene Mitarbeiterinnen und Mitarbeiter nützlich sein. Bei Betriebsbesuchen können sie

- gute Ideen der Konkurrenz kennenlernen und im eigenen Betrieb umsetzen,
- selbst in die Rolle des Gastes schlüpfen und so Schwachstellen leichter erkennen und
- ein besseres Bewusstsein für die Leistungen des Mitbewerbers/der Mitbewerberin bekommen.

1.2.4 Umfeld

Viele betriebliche Entscheidungen werden auch durch äußere Faktoren bestimmt, die nicht unmittelbar im Einflussbereich des Unternehmens stehen.

Aktuelle Wirtschaftslage

Gibt es massive Veränderungen im Herkunftsland der Gäste, z. B. Streiks, Arbeitslosigkeit, Katastrophen, dann ändert sich auch ihr Urlaubsverhalten. Die Gäste verbringen ihren Urlaub lieber in ihrem Heimatland oder sie verzichten auf Urlaubsreisen, da sie wesentlich weniger Urlaubsbudget zur Verfügung haben.

Auch die politische Situation, beispielsweise durch geänderte Visabestimmungen, kann einen Rückgang bei bestimmten Gästegruppen bedeuten.

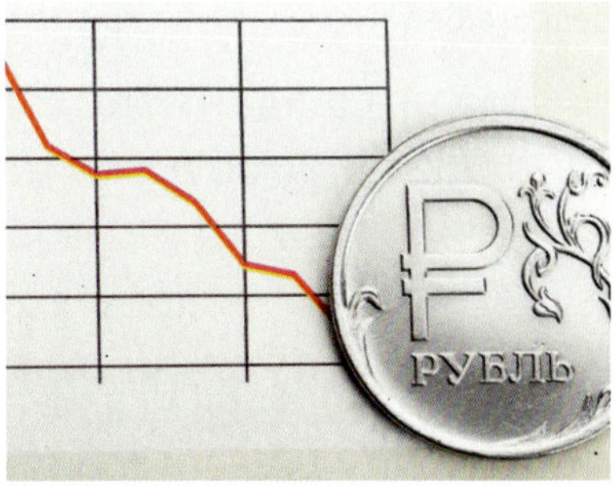

Aufgabenstellung

- Durch den Verfall des Rubels Ende 2014 erwartet die Österreich Werbung enorme Einbußen bei den russischen Winterurlaubern. Lesen Sie dazu den Artikel „Russland vor der Wintersaison 2014/2015" und interpretieren Sie die Aussagen im gegebenen Kontext. Den Artikel finden Sie in der TRAUNER-DigiBox.

Rechtsvorschriften

Rechtsvorschriften haben einen enormen Einfluss auf die Betriebe. Hier einige Beispiele: Durch Änderungen der Gesetzeslage (z. B. Nichtraucherschutz) können bauliche Veränderungen notwendig sein, die (viel) Geld kosten. Einschränkungen der Öffnungszeiten (z. B. vorverlegte Sperrstunde für Schanigärten in der Innenstadt) haben Auswirkungen auf den Geschäftsgang. Durch veränderte Dienstnehmervorschriften können die vom Gast gewünschten Leistungen nicht mehr vollständig erbracht werden.

Diskutieren Sie über Rauchverbote in der Gastronomie. Lesen Sie darüber mehrere Artikel zum Thema in der TRAUNER-DigiBox.

Bevölkerungsentwicklung

Die Menschen werden älter und vor allem mobiler. Man muss sich daher die Frage stellen, wie weit die immer größer werdende Anzahl der 50-plus-Generation für den eigenen Betrieb nutzbar ist. Darüber hinaus ist es wichtig, die Altersstruktur der eigenen Gäste zu durchleuchten. Hat man viele ältere Stammgäste, dann ist es an der Zeit, darüber nachzudenken, wie man jüngere Gäste ansprechen kann.

Achten Sie auf Trends!
Stellen Sie sich folgende Fragen:

- Welche Veränderungen bei den Gästewünschen sind im eigenen Haus feststellbar?
- Kann das eigene Angebot mit den geänderten Gästebedürfnissen noch Schritt halten?
- Welche Zukunftsprognosen haben Auswirkungen auf den eigenen Betrieb?

Arbeitsmarkt

Es stellt sich für den Betrieb die Frage, ob der Arbeitsmarkt den Bedarf an erfahrenen Fachkräften vollständig decken kann und ob zu Spitzenzeiten ausreichend geeignete Personalreserven auf Abruf vorhanden sind.

Welchen Stellenwert hat das Umweltbewusstsein im eigenen Haus?

- Haben die Mitarbeiterinnen und Mitarbeiter ein ökologisches Gewissen? Kennen Sie den „ökologischen Fußabdruck"?
- Wird im Haus in umweltschonende Technologie investiert?
- Werden möglichst viele Lebensmittel aus regionaler, artgerechter bzw. biologischer Herkunft verwendet?

Der **ökologische Fußabdruck** wird häufig verwendet, um das Konzept zur Bildung einer nachhaltigen Entwicklung auf der Erde zu beschreiben.

Zusammengefasst sind folgende Werte zur Erhebung des Istzustandes eines Betriebes zu berücksichtigen:

Erhebung des Istzustandes

Gästestruktur	Betrieb	Mitbewerberinnen und Mitbewerber	Umfeld
■ Gästebedürfnisse ■ Gästeerwartungen	■ Angebote und Preise ■ Auslastung ■ Stärken und Schwächen des Betriebes ■ Mitarbeiterinnen und Mitarbeiter	■ Ausstattung und Leistungen ■ Wettbewerbsvorteile	■ Aktuelle Wirtschaftslage ■ Rechtsvorschriften ■ Bevölkerungsentwicklung ■ Arbeitsmarkt

1.3 Marketingziele

Nach der sehr umfangreichen Bestandsaufnahme (Istanalyse) können im Marketingkonzept nun konkrete Ziele formuliert und festgelegt werden. Ohne klare Zielsetzungen kann auf Dauer niemand erfolgreich sein!

Grundsätze bei der Festlegung von Zielen

Formulieren Sie stets klare – smarte – Ziele:	
s = spezifisch	Die festgelegten Umsatzziele sollen beispielsweise über den bereits erreichten täglichen Umsätzen liegen.
m = messbar	Angabe von konkreten Zahlen, die auch überprüfbar sind.
a = akzeptiert	Die Ziele müssen mit den Mitarbeiterinnen und Mitarbeitern besprochen und schriftlich fixiert werden.
r = realistisch	Die Ziele müssen erreichbar sein. Zu hoch gesteckte Ziele führen zu Motivationsverlust.
t = terminisiert	Es ist festzulegen, bis wann welche Ziele erreicht werden müssen.

Beispiele für Zielformulierungen eines Tourismusbetriebs

- **Quantitativ messbare Ziele:** z. B. Senkung der Kosten, Umsatzsteigerungen, Erhöhung der Gewinne, Veränderungen im Umsatzmix (Food and Beverage, Logis), Anhebung des Durchschnittserlöses pro Gästenächtigung, Verminderung von Reklamationen

Beispiele
- Der Umsatz pro Sitzplatz im Café soll sich innerhalb von sechs Monaten von derzeit 12,30 EUR pro Tag auf insgesamt 15,00 EUR erhöhen. (Was? In welchem Zeitraum?)
- Innerhalb von zwei Monaten sollen an Wochentagen mindestens 20 Mittagsmenüs verkauft werden. (Wann? Was?)

- **Qualitative Ziele:** z. B. Verbesserung der Zimmer bzw. Gasträume, Umstellung auf Frischprodukte, bequeme Reservierungsmöglichkeit übers Internet

Beispiel
- Die Zimmerauslastung von Freitag bis Sonntag soll innerhalb des nächsten Geschäftsjahres um 10 % gegenüber dem heurigen Jahr gesteigert werden. (Was? Wann?)

- **Persönliche Ziele:** z. B. Aus- und Weiterbildung für den Unternehmer/die Unternehmerin und für die Mitarbeiterinnen und Mitarbeiter, mehr Freizeit

Beispiele
- Durch die Renovierung der letzten 30 Gästezimmer soll mit Ende des Jahres die Voraussetzung geschaffen sein, als Viersternebetrieb eingestuft zu werden. (Was? Wann?)
- Jede Mitarbeiterin/jeder Mitarbeiter mit direktem Gästekontakt soll innerhalb eines Jahres einen Italienischkurs im Ausmaß von mindestens 40 Stunden absolviert haben. (Was? Wann?)

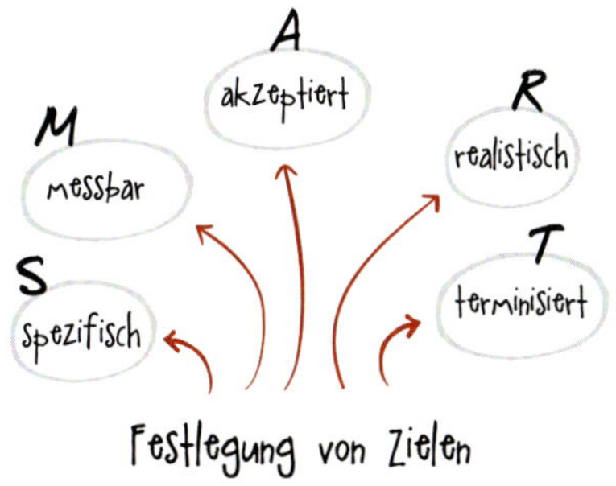

Eine Investition in Social Skills ist eine Investition, die sich lohnt

Gästezielgruppen

Zielgruppen sind Personenkreise mit gleichen Merkmalen und Bedürfnissen, denen eine bestimmte Leistung angeboten bzw. verkauft werden soll. Nur wer seine Gästezielgruppe genau beschreiben kann, wird auch passende Angebote erstellen können. Allgemeine Formulierungen wie „Urlauber" oder „Einheimische" sind dabei nicht sehr hilfreich.

Es hat keinen Sinn, jede Zielgruppe um jeden Preis ansprechen zu wollen. Manche Zielgruppen passen auch nicht zueinander, z. B. Senioren und Jungfamilien mit Kindern.

Kriterien für die Einteilung in Zielgruppen
- Demografische Merkmale: Herkunft, Geschlecht, Alter, Familienstand, Einkommen, Lebensstil, Beruf, Bildung, Hobbys
- Reiseverhalten: Reisehäufigkeit, Reisezeit, benutzte Verkehrsmittel, Buchungsgewohnheiten, Einzel-, Gruppenreisende
- Reiseanlass: Urlaub, Gesundheit, Kultur, Hochzeit, Kulinarik, Geschäftsreise

Aufgabenstellungen

1. Welche Zielgruppe wollen Sie ansprechen?
   a) Sie betreiben ein Hotel in einem großen Skigebiet in Tirol. Welche Zielgruppe wollen Sie im Sommer ansprechen?
   b) Sie sind Inhaberin eines Ausflugslokals im Salzkammergut. Welche Zielgruppe sprechen Sie an?
   c) Sie betreiben ein Hotel in der Stadt Salzburg. Sprechen Sie kulturinteressierte Gäste an?
2. Sie arbeiten in einem Hotel im niederösterreichischen St. Aegyd am Neuwald, das an der „Via Sacra" liegt. Recherchieren Sie im Internet und finden Sie heraus, welche Zielgruppe dieses Hotel anspricht. Wenn Sie die Zielgruppe kennen, überlegen Sie, welche speziellen Bedürfnisse diese Gäste haben könnten. Gestalten Sie daraufhin ein Angebot für diese Gästezielgruppe.

1.4 Marketingstrategie

Strategien dienen dazu, die gesetzten Ziele zu erreichen. Sie bilden für den Betrieb eine Art Marschroute. (Was? Womit? Warum?) Meist werden für den Betrieb gleich mehrere Strategien überlegt und verfolgt:

- Mit welcher Leistung soll welcher Markt bearbeitet werden: Kurzreisen, All-inclusive-Reisen, Bustourismus, Gourmetaufenthalte?
- Welche Absatzgebiete sollen gezielt bearbeitet werden: Region, Inland, benachbartes Ausland, Asien etc.?
- Wie differenziert soll der gesamte Tourismusmarkt bearbeitet werden: Seminare, Wellness, Familienurlaube, Fast Food, Outside-Catering etc.?
- Mit welcher Gästeschicht können die gesteckten Ziele am ehesten erreicht werden (Zielgruppendefinition)? Soll das angestrebte Ziel alleine oder in einer Partnerschaft (Angebotsgruppe) erreicht werden?

Was ist eine Strategie?
Sie kennen wahrscheinlich eines der unzähligen Strategiespiele, wie Sparta, Sim City, Empire oder Heroes of the Storm und wissen, dass Sie für Ihre Strategie einen genauen Plan brauchen. Und genau darum geht es auch in einem Betrieb. Sie planen Spielzüge in Abhängigkeit von den zu erwartenden gegnerischen Spielzügen und überlegen Ihre eigene Reaktion darauf.

1.5 Marketingmix – Marketinginstrumente

In der nächsten Stufe des Marketingkonzeptes wird versucht, Wege zu finden, um die gesteckten Ziele zu erreichen. Dabei bedient man sich der Marketinginstrumente (der sogenannten **„4 Ps"),** die dazu beitragen, die Marketingziele zu erreichen.

Die 4 Ps im erfolgreichen Marketingmix

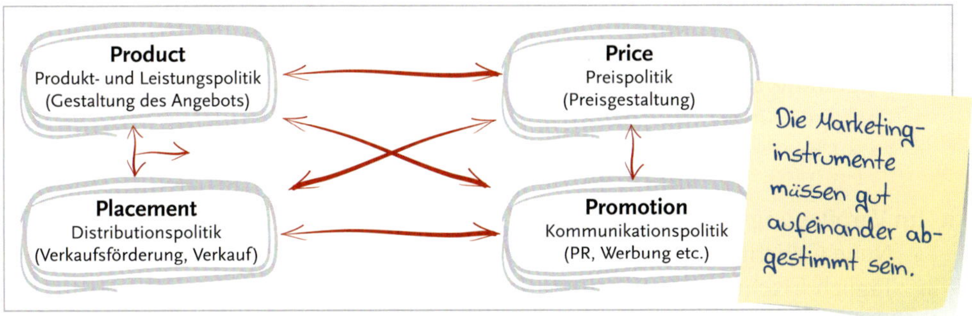

Going international
Marketing mix means: putting the right **product,** at the right **price,** in the right **place,** at the right time (when you **promote** it).

1.5.1 Produkt- und Leistungspolitik

Die Gestaltung des Angebotes ist ein wesentlicher Marketingbaustein. Neue Angebote müssen nicht automatisch mit Zusatzkosten verbunden sein. Eine Veränderung des Angebotes ist aber nicht immer von heute auf morgen umsetzbar. Wer jedoch in der Zukunft erfolgreich sein will, muss sein Angebot rechtzeitig den sich ständig ändernden Gästebedürfnissen anpassen.

Putting the right **product ...**

Nur weil das Essen schmeckt und das Personal freundlich ist, betreten die meisten Gäste einen gastronomischen Betrieb nicht. Ihr eigenständiges, **unverwechselbares Angebot** ist gefragt. Ihre Leistungen müssen sich deutlich von denen der Mitbewerberin/des Mitbewerbers abheben, optimal für die Zielgruppe sein, aber auch zum Betrieb passen.

Warum betritt ein Gast einen Betrieb?
Denken Sie an einen Betrieb, den Sie gut kennen, und finden Sie Gründe für einen Besuch:

Gute Musik

Gemütliche Sessel

Bei der Auswahl der Angebote suchen die Gäste stets nach dem besten Preis-Leistungs-Verhältnis – unabhängig von der Kategorie des Betriebes.

Was müssen die Angebote bieten?

Attraktivität	Einzigartigkeit	Klarheit
Ob ein Angebot auch attraktiv ist, hängt letztlich von seinem Nutzen für den Gast ab. Hat der Gast dadurch einen besonderen Vorteil? Was ist die USP des Betriebes?	Mit positiven Überraschungen oder Leistungen kann man verblüffen. Solche Erlebnisse bleiben dem Gast am besten in Erinnerung.	Die Beschreibung des Angebotes muss klar, leicht verständlich und sofort erkennbar sein.

Beispiele für Marketingaktivitäten in Bezug auf Angebot und Leistung

- **Im Beherbergungsbereich**
  - Modernisierung und Erweiterung der Zimmerausstattung
  - Gästeservice über Hotel-TV-Kanal (z. B. zur Kontrolle der Zimmerrechnung oder zur Durchführung eines Quick-Check-outs)
  - Attraktive Freizeitmöglichkeiten für Schlechtwetter
  - All-inclusive-Pauschalen für Familien
  - Zeitgemäße Freizeitprogramme für Kleinkinder
  - Einführung einer Regionsgästekarte
  - Upgrading bei Einbettzimmer-Reservierungen
  - Packages für die Nebensaison
  - Late-Check-out am Abreisetag (z. B. bis 18.00 Uhr)

- **Im Verpflegungsbereich**
  - Neue Gerichte auf der Speisenkarte
  - Täglich frische Kuchenauswahl aus eigener Produktion
  - Vermehrter Einsatz regionaler Lebensmittel
  - Speisenzubereitung vor dem Gast
  - Lunchbuffets oder Sonntagsbrunch
  - Spezialitätentage oder -wochen
  - Frühstücksbuffet für À-la-carte-Gäste
  - Menüpass für Stammgäste
  - Tagesmenükarte, verfasst in der Muttersprache des Gastes
  - Essen zum Mitnehmen (Take-away)
  - Amuse-Bouches zu jedem dreigängigen Menü
  - Erweiterung des Angebotes um ausländische Flaschenweine
  - Kommentierte Weinverkostungen
  - Offener Ausschank von Bouteillenweinen

- **Sonstige Aufmerksamkeiten, die den Aufenthalt des Gastes verschönern können**
  - Namentliche Begrüßung des Gastes
  - Angebot an Musik-CDs für die Dauer des Aufenthaltes
  - Im Winter Reinigung der Autoscheiben für abreisende Gäste
  - Tageszeitungen zur Überbrückung von Wartezeiten

Im Mitarbeiterbereich
  - Durchführung gezielter Trainings (z. B. Fremdsprachen)
  - Regelmäßige Teilnahme an Fortbildungsveranstaltungen
  - Vorübergehende Beschäftigung von ausländischen Köchen bei Spezialitätenwochen
  - Geregelte Arbeitszeiten, gerechte Entlohnung

April 2015 - Harald Wohlfahrt

Einem optimalen Ausgangsprodukt zur höchsten Geschmacksentfaltung zu verhelfen – das ist *Harald Wohlfahrts* erklärtes Ziel, das er seit 1992 in der Schwarzwaldstube des *Hotels Traube Tonbach* immer wieder aufs Neue erreicht.
So kreiert der mit drei Michelin-Sternen ausgezeichnete „Virtuose der Aromen" eine Küche der vollendeten Leichtigkeit: intensiv im Geschmack, filigran in der Ausführung und ohne viel Effekthascherei.

"HOTEL TRAUBE TONBACH,
RESTAURANT SCHWARZWALDSTUBE"

Tonbachstraße 237
72270 Baiersbronn
Deutschland

Im April 2015 im Restaurant Ikarus: Harald Wohlfahrt

Gert de Mangeleer, Eckart Witzigmann und Martin Klein sowie Harald Wohlfahrt

1.5.2 Preispolitik

Putting the right product, at the right **price** ...

Die Preisgestaltung eines Betriebes
- muss den Bedürfnissen und Erwartungen der Gäste entsprechen,
- darf den Markt mit seinen Mitbewerbern nicht aus den Augen verlieren,
- muss die langfristige Rentabilität des Betriebes sichern.

Wichtig bei der Preisgestaltung ist, dass für den Gast in erster Linie die Leistung im Vordergrund steht. Jedes Produkt hat seinen Preis. Der vom Gast erwartete Nutzen muss höher sein als der für diese Leistung geforderte Preis. Daher müssen Emotionen mitverkauft werden.

Der Preis sagt einiges über das Produkt aus. Für viele Gäste heißt es: „Was nichts kostet, ist nichts wert.“ Diskutieren Sie darüber!

Möglichkeiten der Preisgestaltung

Hochpreispolitik	Niedrigpreispolitik	Kalkulatorischer Ausgleich
Sie zielt auf zahlungskräftige Gäste und bietet ein entsprechend teures Angebot.	Kann zur besseren Auslastung bzw. zur Gewinnung neuer Zielgruppen eingesetzt werden.	Die Preise werden bei Speisen niedrig gehalten, was durch höhere Getränkepreise ausgeglichen wird.

Die **Preisdifferenzierung** ist eine besondere Maßnahme der Preispolitik, d. h., dass für ein und dieselbe Leistung verschiedene Preise vorgesehen sind.

- Spezialpreise bei einer größeren Zahl von Reiseteilnehmern (Gruppenreisen).
- Preis je nach dem Zeitpunkt der Gästebuchung nach den Kriterien des Yield-Managements
- Lockangebote für bestimmte Reisezeiten (Nebensaison)
- Unterschiedlicher Preis je nach Aufenthaltsdauer (bei Buchung von nur einer Nacht ist der Preis höher)
- Last-Minute-Buchungen mit Preisvorteil
- Günstige Packages für Aufenthalte zwischen Montag und Donnerstag in der Ferienhotellerie bzw. zwischen Freitag und Sonntag in der Stadt- oder Seminarhotellerie (in der jeweils auslastungsschwächeren Zeit)

Yield-Management: Die Nachfrage bestimmt den Preis. Dabei wird der Preis der Nachfrage so angepasst, dass man die höchstmögliche Auslastung mit dem höchstmöglichen Erlös erzielt. Das bedeutet, dass bei hoher Nachfrage der Preis steigt, bei geringer Nachfrage sinkt.

Beispiele für Preisdifferenzierung
- Happy Hour bei Getränken
- Mehlspeisen des Tages nach 18.00 Uhr mit 50 Prozent Nachlass
- Geburtstagskinder zahlen die Hälfte

Aufgabenstellungen – „Preisgestaltung“

1. Schnäppchenkonzepte richten sich besonders an den preisinteressierten, qualitätsbewussten Gast. Finden Sie Beispiele für Schnäppchenkonzepte:
   - im Restaurant
   - im Hotel
2. Discounter beschränken sich auf Kernleistungen und legen den Schwerpunkt auf einen günstigen Preis. Dies ist nur durch ein reduziertes Serviceangebot und optimierte Betriebsabläufe möglich. Welche gastronomischen Angebote passen zu einer Discountstrategie?

Free Refilling
Man bezahlt ein Glas Limonade und kann beliebig oft nachholen. Es wird also ein Fixpreis verlangt. Diese Strategie ist das Gegenteil zur Preisdifferenzierung.

Preispolitik bedeutet auch eine ständige Kontrolle des Speisen- und Getränkeangebotes. Damit verbunden ist eine gründliche Analyse, Produktportfolioanalyse genannt.

Produktportfolioanalyse

Weitere Preisstrategien

- Kennenlernpreise anbieten
- Einen psychologischen Preis festlegen, z. B. 49,90 statt 50,00 €
- Special-Event-Preise, z. B. für Hochzeitsnacht, Silvester
- Gratisunterbringung einer dritten Person im Zimmer von zwei voll zahlenden Gästen
- Zur Abdeckung der Inflationsrate die Preise jährlich anpassen
- Preisstaffelungen nicht nach Saison, sondern entsprechend der Belegung des Hauses; Hochsaison ist dann, wenn das Haus am besten belegt, ist und nicht, wenn es der Kalender vorschreibt
- Belohnung für längere Aufenthalte: Wohne sieben, zahl nur sechs Tage
- Besondere Zahlungskonditionen: Frühzahlerbonus, inkludierte Stornoversicherung
- Pauschalen, z. B. Kaffee und Kuchen (inklusive geschenkter Tasse)

Inflationsrate = allgemeine Erhöhung der Güterpreise, gleichbedeutend mit einer Minderung der Kaufkraft des Geldes.

Wichtig bei Packages
Das Pauschalangebot muss dem Gast einen messbaren Vorteil bringen. Entweder gibt es für eine bestimmte Leistung in der fraglichen Zeit einen Preisnachlass oder – und das ist die bessere Variante – es gibt für denselben Preis in dieser Zeit zusätzliche Leistungen.

Alle Preise sind zu kalkulieren! In der Kalkulation sind auch die eigene Arbeitsleistung und eine Abgeltung für die Abnutzung von Einrichtung und Haus zu berücksichtigen.

Aufgabenstellung

- Welche Strategie zur Preisfindung stimmt, welche nicht? Kreuzen Sie an!

Preisfindung	Ja	Nein
Ich verlange den Preis, den auch der Nachbarbetrieb verlangt.		
Ich kalkuliere für meine Aktion „Kaffee und Kuchen plus Häferl gratis“ das Häferl mit ein.		
Ich berücksichtige bei der Berechnung des Zimmerpreises die jährliche Inflationsrate.		
Bei den Preisen schaffe ich einen kalkulatorischen Ausgleich.		
Ich schlage zum Einkaufspreis für die Flasche Wein einfach 50 Prozent auf.		

1.5.3 Distributionspolitik

Damit sind Verkaufsförderung und Verkauf gemeint. Verkaufspolitik erfolgt in erster Linie durch die Mitarbeiterinnen und Mitarbeiter am Empfang, in der Bankettabteilung, im Service, durch die Verkaufsabteilung (Sales) und über den Onlineverkauf im Internet.

Putting the right product, at the right price, in the right **place** ...

Verkaufsförderung (Sales-promotion) sind alle Maßnahmen, die direkt oder indirekt zur Steigerung der Verkaufszahlen führen können.

Beispiele: Verkaufsfördernde Maßnahmen

- **Im Beherbergungsbereich**
  - Probewohnen

- **Im Verpflegungsbereich**
  - Ansprechende Speisenkarte
  - Attraktive Tischaufsteller oder bedruckte Tischsets
  - Kochkurse mit dem Küchenchef
  - Schauküche
  - Displaytische, Kuchenvitrinen, Buffets
  - Kostproben neuer Gerichte oder Getränke
  - Informationen rund um den Wein auf den Getränkekarten
  - Cocktailmixen vor dem Gast
  - Kuchendüfte im Kaffeehaus
  - Kochrezepte zum Mitnehmen

- **Sonstiges**
  - Ansprechende Hauszeitung
  - Stilvolle Beleuchtung und Stimmungsmusik
  - Professionelle Reklamationsbearbeitung
  - Gezieltes Rhetoriktraining für Mitarbeiterinnen und Mitarbeiter
  - Stets aktualisierte Gästekartei

AIDA

Aida ist der Name eines Kreuzfahrtschiffes und einer Oper von Giuseppe Verdi. Es ist aber auch ein Modell für Werbewirksamkeit, das vier Phasen bis zur Kaufentscheidung des Gastes beschreibt:

- **A**ttention: Aufmerksamkeit des Gastes erregen
- **I**nterest: Interesse am Angebot wecken
- **D**esire: Drang (Wunsch) zum Kauf auslösen
- **A**ction: Abschluss des Geschäftes

Sprechen Sie ein ehrliches Danke aus

Freundlichkeit ist das Um und Auf im Verkauf. Erfolgreicher Verkauf gelingt durch ...

- ... positive Grundeinstellung
- ... einladendes Lächeln
- ...nette Begrüßung
- ... aktives Zuhören
- ... bildhafte Sprache
- ... bewusstes Einsetzen der Stimme
- ... Konzentration auf den Gesprächspartner
- ... konkrete Angebote
- ... gezielte Fragestellung
- ... Aufzeigen von Alternativen
- ... aktives Anbieten von Zusatzleistungen
- ... Wecken eines positiven Gefühls

Bei den Verkaufsmaßnahmen unterscheidet man zwischen internem und externem Verkauf.

Verkaufsmaßnahmen

Interner Verkauf

- Alle indirekten und direkten Verkaufsmaßnahmen, die der Betrieb innerhalb des Hauses für die Gäste wahrnimmt
- Beginnt beim ersten Kontakt mit dem Gast (z. B. über Telefonat oder E-Mail) und setzt sich später fort bei der Betreuung des Gastes im Haus während seines Aufenthaltes

Externer Verkauf

- Der Betrieb tritt mit Verkaufsaktivitäten nach außen auf, er geht aktiv auf den Gast zu:
  - Direct Mailings (Stammkundenpflege)
  - Zusammenarbeit mit Tourismusorganisationen
  - Verkaufsbesuche durch Hotelrepräsentanten
  - Präsentation auf Tourismusmessen
  - Hotelkooperationen (Angebotsgruppen)
  - Zusammenarbeit mit Reiseveranstaltern und Reisebüros
  - Internetbuchungssysteme
  - Vereine

Welche Verkaufsaktivitäten gibt es derzeit in Ihrem Lehrbetrieb?

Direct Mailings

Das sind Werbeaussendungen an ausgewählte Adressen. Die Daten der eigenen Gästekartei werden dabei für die gezielte Bewerbung von Spezialangeboten genutzt. Adressen können aber auch von Adressverlagen zugekauft werden. Einige Tage nach dem Versand ist ein telefonisches Follow-up bei den Adressaten sinnvoll.

Follow-up = Nachfassen, Nachhaken.

Zusammenarbeit mit Tourismusorganisationen

Tourismusorganisationen übernehmen die Positionierung und Vermarktung einer Region. Eine Unterstützung ist nur dann möglich, wenn das Tourismusbüro auch aktuelle Informationen des Betriebes hat. Daher ist eine gute Kommunikation die Basis, um von den Aktionen der Tourismusorganisation zu profitieren.

Freie Zimmerkapazitäten müssen den Tourismusbüros umgehend gemeldet werden, damit sie aktiv angeboten werden. Aber auch über Neuerungen im Betrieb, Spezialangebote, neue Folder und Werbemittel sind die Büros sofort zu informieren.

Verkaufsbesuche durch Hotelrepräsentanten

Bestens geschulte Mitarbeiterinnen und Mitarbeiter vereinbaren Gesprächstermine bei Firmenkunden, Reisebusunternehmen und Reisebüros und bieten passende Leistungspakete an.

Präsentation auf Fachmessen

Je nach Art und Größe des Betriebes wird man sich für die Teilnahme an einer Fachmesse oder einer Freizeitmesse mit Publikumsbeteiligung entscheiden. Um Kosten zu sparen, kann ein Messeauftritt auch in Kooperation mit anderen Betrieben organisiert werden.

Fachmessen für Tourismus

Auf der atb_sales, organisiert von der Österreich Werbung, präsentierten im letzten Jahr rund 600 österreichische Aussteller ihr Angebot vor bis zu 400 internationalen Einkäufern. Außerhalb Österreichs gibt es viele Fachmessen, sehr bekannt ist die ITB in Berlin.

Darüber hinaus gibt es eine Reihe von Freizeitmessen, wie die Ferienmessen in Wien, Linz und Wels, sowie Hochzeitsmessen.

Nur durch eine exakte Vorausplanung und eine professionelle Nachbearbeitung ist die Teilnahme an einer Messe auch wirkungsvoll und die meist sehr hohen Kosten sind gut investiert.

Hotelkooperationen

Betriebe mit klar definiertem Angebot können sich mit gleichartigen Unternehmen zu Angebotsgruppen zusammenschließen. Gemeinsame Werbeauftritte und Verkaufsaktivitäten können so kostengünstig durchgeführt werden.

Verknüpfung mit dem Kapitel „Betriebe der Hotellerie und der Gastronomie“.

Der Verkauf spezieller Angebote kann auch über Vereine erfolgen, z. B. Kegelverein, Seniorenbund, Golfclub.

Zusammenarbeit mit Reiseveranstaltern und Reisebüros

Gewöhnlich wird dabei von den Reisebüropartnern ein Kontingent von Zimmern bzw. Pauschalleistungen zum Verkauf übernommen. Für tatsächlich getätigte Buchungen ist an das Reisebüro eine Provision zu entrichten.

Internetbuchungssysteme

Die Betriebe bieten dem Gast die Möglichkeit, über das Internet Zimmer, aber auch Restaurantleistungen zu buchen. Die Reservierung kann dabei direkt an den Betrieb gehen und/oder es wird eine Buchungsplattform (z. B. Tiscover) dazwischengeschaltet.

Putting the right product, at the right price, in the right place, at the right time (when you **promote** it). (promote = etwas bewerben, fördern)

1.5.4 Kommunikationspolitik

Kommunikationspolitik ist vor allem Öffentlichkeitsarbeit (PR – Public Relations), Werbung (Advertising), Promotion und Sponsoring. Aber auch das Beschwerdemanagement gehört dazu (vgl. Seite 182).

Öffentlichkeitsarbeit

PR besteht darin, ein positives Erscheinungsbild des Betriebes aufzubauen. Die Öffentlichkeitsarbeit umfasst sämtliche Maßnahmen eines Betriebes, um das Vertrauen ausgewählter Zielgruppen zu gewinnen. Gezielte Aktionen können den Bekanntheitsgrad und durch das gehobene Image auch die Motivation der Mitarbeiterinnen und Mitarbeiter steigern.

In Mitarbeitermeetings müssen alle über die Inhalte spezieller Aktionen informiert werden, das steigert die Identifikation und motiviert

Wer ist die Öffentlichkeit?

Interne Öffentlichkeitsarbeit

- Funktionierender Informationsfluss unter den Mitarbeiterinnen und Mitarbeitern. Sie müssen vom Zweck der PR und von den Betriebszielen überzeugt sein und sich damit identifizieren.
- Auszeichnungen an Mitarbeiterinnen und Mitarbeiter vergeben. Lob von Gästen weiterleiten.
- Hauszeitungen für Mitarbeiterinnen und Mitarbeiter und für Gäste.
- Fotobücher mit Eindrücken gelungener Veranstaltungen auflegen. Fotogalerie prominenter Gäste.

Externe Öffentlichkeitsarbeit

- Newsletter-Versand an die Gäste.
- Einladung von Pressevertretern; Versenden von Presseunterlagen.
- Potenzielle Gäste durch einen „Tag der offenen Tür" ansprechen, Hausführungen anbieten.
- Stammtische für Einheimische und Nachbarn.
- VIPs, Reiseveranstalter einladen.
- Professionelle Behandlung von schriftlichen Gästebeschwerden.
- Förderung öffentlicher Veranstaltungen und Sponsoring (Benefizveranstaltung) sowie von örtlichen Vereinen.

Pressemitteilungen an Tageszeitungen zu verschicken, ist nur dann sinnvoll, wenn über ein außergewöhnliches Angebot oder Ereignis berichtet werden kann. Für die Arbeit mit der überregionalen Presse ist auch die Einbindung der Gemeinde bzw. der Region sinnvoll. Tipps zum Schreiben von Pressemitteilungen finden Sie in der TRAUNER-DigiBox.

Aufgabenstellungen

1. Welche Vorteile ergeben sich, wenn ein Betrieb externe Öffentlichkeitsarbeit macht?
2. Wer oder was motiviert Sie, in Ihrem Betrieb gute Arbeit zu leisten?

Durch das **Eventmarketing** sollen außergewöhnliche Veranstaltungen viele Gäste in eine Region oder Stadt locken. So werden z. B. in der Gemeinde Ischgl immer wieder Events organisiert, die internationale Musikgrößen (beispielsweise Robbie Williams) ins Tiroler Paznauntal auf die Idalp bringen. Die Gästenachfrage für den Wintersportort konnte dadurch nachweislich gesteigert werden.

Weitere Beispiele sind der Life-Ball und der Wien-Marathon, die jährlich Tausende Besucher anziehen.

Werbung

Gute Werbung im Tourismus soll bei potenziellen Gästen Bedürfnisse wecken und Lust auf Urlaub oder gutes Essen machen.

Mit dem Slogan „Zeit für mich!" werden Bedürfnisse geweckt

Grundsätze für Werbeaktivitäten	
Was soll die Werbung erreichen?	**Ziele setzen** ■ Soll zunächst nur Neugier geweckt werden? ■ Wie viele Reservierungen will man erzielen?
Wen will man damit erreichen?	**Zielgruppen festlegen** ■ Stammgäste, Familien, Wanderfreunde, Seminarveranstalter etc.
Wie sollen die Werbeaussagen gestaltet sein?	**Überzeugende Argumente verwenden** ■ Durch die Werbung müssen die Vorteile für den Gast deutlich werden. ■ Die Stärken des Betriebes besonders betonen. ■ Mit ansprechenden Bildern Emotionen beim Gast wecken. ■ Geeignete Werbemittel auswählen.
Wo und wann wird geworben?	■ Die Region für Aussendungen bzw. Inserate genau festlegen. ■ Idealen Zeitraum für die Werbung auswählen.
Wer macht was und wie wird es kontrolliert?	Die Weise, wie die Umsetzung des Werbeplanes organisiert und kontrolliert wird.

Arten der Werbung
- Direktwerbung
- Indirekte Werbung

Direktwerbung

Dabei wird die Zielgruppe vom Betrieb direkt angesprochen. Das kann per E-Mail oder per Post erfolgen. Damit werden dem Beworbenen Prospekte, Preislisten, Einladungen, regelmäßige Gästeinformationen, Neuigkeiten etc. übermittelt.

Vorteile der Direktwerbung
- Schnell und preiswert.
- Dem potenziellen Gast liegen Vereinbarungen, Preise etc. schriftlich vor.
- E-Mails können in einer Datenbank gespeichert werden und eine Nachbearbeitung ist leicht möglich.

Indirekte Werbung

Die Werbung erfolgt nicht direkt, sondern durch Mundpropaganda anderer Gäste.

Aufgabenstellung

- Finden Sie einen Slogan zu folgenden Bildern:

Ziele der Werbung

Werbebotschaften sollen die Zielgruppen möglichst ohne Streuverlust erreichen.

Die Werbemaßnahme muss bewusst wahrgenommen werden.

Der angesprochene Gast soll durch die Werbebotschaft informiert werden.

Die aufgenommene Werbebotschaft muss beim Gast positive Emotionen wecken.

Wesentliche Inhalte der Werbung sollen im Gedächtnis gespeichert bleiben.

Bei dem umworbenen Gast soll das Kaufinteresse an der angebotenen Leistung geweckt werden.

Der angeregte Kaufwunsch des Gastes soll in die Tat umgesetzt werden.

Das positive Image des Betriebes soll verstärkt werden.

Ein zufriedener Gast soll den Betrieb an potenzielle Kunden in seinem Bekanntenkreis weiterempfehlen.

Streuverlust: Eine Werbung wird im optimalen Fall so gestreut, dass sie genau ihre Zielgruppe anspricht. Werden mit der Aktion viele nicht interessierte Empfänger angesprochen, spricht man von Streuverlust.

Die Entscheidung, welche Marketingaktivitäten im Unternehmen gesetzt werden, hängt in erster Linie vom Marketingziel ab. Mit einem geschickten Mix werden die Ziele eher erreicht.

Werbemittel

- Website
- Newsletter
- Drucksorten wie Briefpapier, Visitenkarten, Ansichtskarten, Antwortkarten etc.
- Hausprospekte mit wesentlichen Informationen über den Betrieb
- Plakate zur raschen Vermittlung einer Werbebotschaft

- Inserate
- Leuchtreklame, z. B. Lasershows
- Transparente bei Großveranstaltungen
- TV- oder Rundfunkspots
- Flugblätter für den Einsatz in der näheren Umgebung (Bezirk, Region) für kurze, aktuelle Informationen
- Messestände als Außenstelle des Betriebes
- Werbegeschenke (Give-aways), z. B. Kalender, Kugelschreiber, Streichhölzer, Süßigkeiten etc.
- Speisen- und Getränkekarten
- T-Shirts, Schirme, Reisetaschen etc.
- Tischsteher, bedruckte Tischsets
- Beschilderung für außen und innen
- Schaukästen
- Hauszeitung
- Preisausschreiben

Der Gleichenbergerhof wirbt auf seiner Website mit der eigenen Hauszeitung (zu finden auch in der TRAUNER-DigiBox.)

Werbung im Internet	
Website	Die angebotenen Leistungen können aktuell und kurzfristig präsentiert werden. Die direkte Informations- und Buchungsmöglichkeit für den interessierten Gast spielt dabei eine wichtige Rolle.
Bannerwerbung	Klassische Text-Bild-Gestaltung auf einem Banner, das als Werbefläche auf häufig frequentierten Websites eingeblendet wird.
Audio- und Videospots	Applizierte Audio- und Videospots laufen auf Mausklick ab.
Digitale Postkarten	Hotels und Tourismusregionen bieten ihren Gästen die Möglichkeit, über das Internet virtuelle Postkarten zu versenden.
Newsletter	Eine kostengünstige, schnelle und sichere Möglichkeit, über E-Mail Informationen an Interessierte weiterzuleiten.
Webcams	Stets aktuelle Lifebilder informieren über Wetter, Schneelage etc.

Eine Onlineanfrage muss innerhalb von zwei Stunden beantwortet werden. Wird erst am nächsten Tag oder noch später geantwortet, hat der Gast in der Regel bereits woanders gebucht. Mit einer möglichst kurzen **Responsezeit** (also der Zeitspanne, bis auf eine Anfrage ein Angebot übermittelt wird) kann daher ein echter Wettbewerbsvorteil erzielt werden. Dies bedeutet aber, dass diese Kommunikationskanäle ständig gepflegt und betreut werden müssen.

Die Website

Für einen modernen, zukunftsorientierten Betrieb ist ein professioneller Internetauftritt ein selbstverständliches Werbemittel. Um aus der Fülle der Informationsseiten im World Wide Web hervorstechen zu können, sind grundlegende Anforderungen zu beachten:

- Es ist zu überlegen, unter welchen Suchbegriffen die Website in den einzelnen Suchmaschinen zu finden sein soll. Der Ankauf von Suchbegriffen (Keyword-Advertising) ist zu überlegen.
- Das Hochladen der Seite sollte möglichst schnell gehen.
- Die Website muss auf die Erfordernisse der Suchmaschinen Rücksicht nehmen und mit Hotelreservierungssystemen bzw. Onlinebuchungsportalen kompatibel sein. Zimmer müssen direkt über die Homepage gebucht werden können.

Mit **Keyword-Advertising** können, abhängig von den eingegebenen Suchwörtern, Werbemittel auf den Ergebnisseiten der Suchmaschinen angezeigt werden. Vorteile sind die Zielgruppengenauigkeit und die Abrechnung der Anzeigen nach den tatsächlich erfolgten Klicks (Cost per Click).

Die Seite muss übersichtlich gestaltet und benutzerfreundlich sein. Kunden verlassen sofort genervt eine Seite, wenn sie sich nicht zurechtfinden.

Was beim Verfassen von Newsletters und E-Mails zu beachten ist sowie Informationen über die rechtliche Situation finden Sie in der TRAUNER-DigiBox.

Die Planung und Gestaltung des Internetauftrittes ist einem Profi mit Erfahrung für Tourismusseiten zu übergeben

Sponsoring

Personen, Organisationen oder Veranstaltungen im sportlichen, kulturellen, sozialen oder im Medienbereich werden durch Geld-, Sach- oder Dienstleistungen unterstützt. Dadurch wird eine positive Öffentlichkeitswirkung erreicht.

Nur etwa zehn Prozent der unzufriedenen Kunden sprechen ihre Unzufriedenheit im Betrieb auch aus. Alle anderen sagen vorerst nichts, bleiben dem Betrieb in Zukunft aber fern oder äußern an anderer Stelle ihren Ärger.
Es ist wesentlich leichter (und vor allem kostengünstiger), aus einem reklamierenden Gast einen Stammgast zu machen, als einen neuen Gast zu gewinnen

Beschwerdemanagement

Eine Beschwerde ist die Äußerung der Unzufriedenheit an einer Leistung. Äußert der Gast eine Beschwerde oder eine Kritik, erwartet er entweder die Wiedergutmachung oder eine Änderung des Verhaltens im Betrieb. Fehler können immer wieder auftreten. Eine vorgebrachte Beschwerde darf nicht als nebensächlich abgetan werden, sondern sie kann helfen, aus den Fehlern zu lernen. Darüber hinaus können Gäste, deren Reklamation zufriedenstellend gelöst wurde, zu wichtigen Werbeträgern für den Betrieb werden, indem sie es weitererzählen (Mundpropaganda).

Das richtige Verhalten bei Beschwerden

Hören Sie aufmerksam zu: Lassen Sie den Gast ausreden, denn er will zunächst seinen Ärger loswerden.

Bedanken Sie sich beim Gast für die ausgesprochene Beschwerde und die damit verbundene Chance zur Verbesserung.

Entschuldigen Sie sich für den Fehler und versuchen Sie nicht, sich auf Kolleginnen und Kollegen auszureden.

Lösen Sie das Problem möglichst großzügig: Eine Entschädigung (Kaffee) genügt nicht, wenn die gewünschte Speise nicht den Vorstellungen des Gastes entsprochen hat. Eine Speise oder ein Getränk, das nicht zufriedenstellend war, muss sofort ausgetauscht oder von der Rechnung genommen werden.

Vereinbaren Sie mit dem Gast die Lösung des Problems. Diskutieren Sie mit dem Gast nicht über das Problem. Der Gast hat in diesem Moment recht, auch dann, wenn er einmal im Unrecht ist. Durch Streit wird weder das Problem gelöst noch der Frust abgebaut.

Reagieren Sie sofort: Zeigen Sie dem Gast, dass Sie sich dieser Reklamation annehmen. Tun Sie sofort etwas: aufschreiben, reparieren, austauschen. Informieren Sie den Gast, wie lange die Behebung des Missstandes dauern wird. So gewinnt er den Eindruck: „Die kümmern sich um mich."

Nehmen Sie den reklamierenden Gast ernst und zeigen Sie Verständnis

Besonders wichtig bei Beschwerden ist es, ruhig und sachlich zu bleiben und sich nicht persönlich angegriffen zu fühlen. Meist wird eine Sache beanstandet und nicht eine Person.

Beugen Sie künftigen Fehlern vor: Überdenken Sie nach erfolgreicher Erledigung einer Reklamation, was die Ursache für diesen Fehler gewesen sein könnte. Nur wenn es Ihnen gelingt, die Ursache zu beheben, werden in Zukunft weniger Fehler auftreten.

Haben Sie die Beschwerde entgegengenommen, dann sind auch Sie aus der Sicht des Gastes für die Lösung des Problems verantwortlich. Entweder Sie beheben den Fehler daher selbst oder Sie sorgen dafür, dass dies unverzüglich geschieht.

Aufgabenstellung

- Was steckt hinter folgenden Begriffen? Übersetzen und erklären Sie diese!

  Listen carefully:

  Thank them:

  Apologize:

  Seek the best solution:

  Reach agreement:

  Take quick action:

2 Erfolgskontrolle

Mir ist klar, dass ein Betrieb überprüfen muss, ob die gesetzten Marketingziele auch erreicht wurden oder zumindest teilweise einen Erfolg gebracht haben. Doch wie? Könnte es sein, dass es da Kennzahlen gibt?

Die im Marketingkonzept festgelegten zeitlichen Fristen sind abgelaufen. Nun ist zu überprüfen, ob die eingesetzten Marketinginstrumente auch den gewünschten Erfolg gebracht haben. Die gewonnenen neuen Daten sind die Ausgangsbasis für das nächste Marketingkonzept.

Mithilfe von Kennzahlen kann man im Marketingcontrolling leichter planen und kontrollieren. Eine Zusammenstellung der wichtigsten Kennzahlen finden Sie in der TRAUNER-DigiBox.

Ergibt die Kontrolle, dass die gewünschten Ziele kaum oder nicht erreicht wurden, müssen die Marketingziele bzw. -instrumente im nächsten Konzept entsprechend geändert werden.

Das sogenannte **Marketingcontrolling** bedeutet aber nicht nur zu kontrollieren, sondern die Controllingmaßnahmen sollen den gesamten Marketingprozess von der Planung bis zur Umsetzung unterstützen. Darüber hinaus ist Controlling ein Bestandteil der Qualitätssicherung des Betriebes.

Der Anteil der Marketingkosten an den Gesamtkosten steigt ständig an. Somit wird die Frage nach der Effektivität von Marketingmaßnahmen für die Betriebe immer wichtiger.

Ziele erreicht? – „Marketing“

KOMPETENZ-ERWERB

1. Kreuzen Sie in der Tabelle an, ob die Aussage stimmt oder nicht stimmt.

Aussage	Stimmt	Stimmt nicht
Marketing ist gleichzusetzen mit Werbung.		
Das Unternehmensleitbild beschreibt die Kommunikation des Betriebes nach innen und außen.		
Corporate Identity und Corporate Design dienen der eindeutigen Wiedererkennung in der Öffentlichkeit.		
Mit USP meint man die Schwächen eines Betriebes.		
Marketing-Mix, das sind Produkt-, Preis-, Distributions- und Kommunikationspolitik.		

2. Warum muss sich ein Gastronomiebetrieb mit Marketing beschäftigen?

3. Nennen Sie die fünf Arbeitsschritte zur Erstellung eines Marketingkonzepts.

4. Ein Hotel in Tirol nennt als Vision bzw. Leitbild „Von allem ein bisschen mehr“. Arbeiten Sie in Kleingruppen: Analysieren Sie zunächst diesen Ausspruch. Erzählen Sie dann von Ihrem Lehrbetrieb. Machen Sie ein Brainstorming (welches Leitbild passt zu meinem Betrieb?) und formulieren Sie anschließend eine Vision bzw. Leitsätze für Ihren Betrieb.

5. Verbinden Sie:

Corporate Identity — ist ein einheitliches Erscheinungsbild

Corporate Design — dient der Wiedererkennung

6. Welche Daten sind notwendig, um den Istzustand eines Betriebes zu erheben?

7. Wie können Gästebedürfnisse erfragt werden? In welche Analyse fließen sie ein?

8. Mit welchen Kennzahlen kann die Auslastung eines Betriebes gemessen werden?

9. Was ist der USP?

10. Erstellen eines Stärken-Schwächen-Kataloges: Bilden Sie Kleingruppen. Eine/einer erzählt über den Lehrbetrieb, indem er zu folgenden Fragen Stellung nimmt: In welchen Bereichen ist der Betrieb besonders stark bzw. schwach? Was ist das Besondere an dem Betrieb? Wofür ist der Betrieb bekannt? Wo gibt es Beschwerden? Erstellen Sie dann gemeinsam einen schriftlichen Stärken-Schwächen-Katalog und präsentieren Sie ihn in der Klasse.

11. Welche Bereiche werden bei einer Istanalyse durchleuchtet? Füllen Sie den Lückentext aus!

Ga____________
- Gäste____________
- Gäste____________
- Gästeerwartungen

Mitbewerberinnen und Mitbewerber
- Ausstattung und Leistungen
- Wettbewerbs____________

Be____________
- Ausstattung des Betriebes
- An______ und Pr______
- Auslastung
- ______ und ______ des Betriebes
- Mitarbeiterinnen und Mitarbeiter

Um____________
- Aktuelle ____________
- Rechtsvorschriften
- Bevölkerungsentwicklung
- Tr____________
- Arbeitsmarkt
- Ök____________

12. Formulieren Sie quantitativ messbare, qualitative und persönliche Ziele, die zu einem Tourismusbetrieb passen. Welche Grundsätze gelten dabei?

13. Die Marketinginstrumente im Marketingmix heißen Produkt-, Preis-, Distributions- und Kommunikationspolitik. Nennen Sie die englischen Begriffe.

14. Warum müssen alle Preise für die Leistungen eines Betriebes kalkuliert werden?

15. Was versteht man unter Verkaufsförderung?

16. Ordnen Sie den Aussagen (a) für interne Öffentlichkeitsarbeit und (b) für externe Öffentlichkeitsarbeit zu:

☐ Ich habe für die erfolgreiche Lehrabschlussprüfung von meiner Chefin ein Fachbuch bekommen.

☐ Bei uns im Betrieb treffen sich einmal pro Monat die Mitglieder des Schützenvereins. Mein Chef steuert öfter mal zu einer Veranstaltung des Vereins etwas bei.

☐ Unser Betrieb ist Mitorganisator der Pensionistenausflüge. Wenn sie vom Ausflug zurückkommen, kehren sie regelmäßig bei uns ein.

☐ Ich freue mich über die Fotogalerie prominenter Gäste in unserem Haus, schließlich habe ich einige dieser Gäste selbst bedient.

17. Welche Werbemittel sind zur Werbung in der Gastronomie sinnvoll? Erklären Sie, warum.

18. Warum sind Beschwerden eines Gastes als Chance zu sehen?

19. Machen Sie Rollenspiele: Bilden Sie Dreiergruppen, eine Person spielt den Gast, der eine Beschwerde hat, eine Person spielt den Rezeptionisten/die Rezeptionistin und die dritte Person notiert sowohl Positives und auch die Fehler. Führen Sie das Rollenspiel durch:
- Der Gast beschwert sich über das nicht funktionierende Internet im Zimmer.
- Der Gast reklamiert die schlechte Betreuung im Restaurant.

Besprechen Sie anschließend in der Gruppe die positiven und negativen Auffälligkeiten. Führen Sie das Rollenspiel nochmals durch, verstärken Sie Positives und vermeiden Sie die Fehler.

Der Weg zum eigenen Unternehmen – Betriebsgründung, Betriebsstilllegung

§ Selbstständigkeit liegt vor, wenn die Tätigkeit auf eigene Rechnung und Gefahr ausgeübt wird, § 1 (3) GewO.

Reglementierte Gewerbe sind u. a. Frühstückspensionen, Gasthöfe, Gasthäuser, Hotels, Restaurants, Kaffeehäuser, Bars, Catering-Unternehmen.

Freie Gewerbe sind u a. Buschenschanken, Schutzhütten, Würstel- und Kebabstände.

Die gesetzliche Grundlage für die Gründung und die Stilllegung eines Betriebes ist die Gewerbeordnung 1994 (Bundesgesetz) mit den dazugehörigen Novellen von 2002, 2007 und 2013. Für jede gewerbliche Tätigkeit braucht man eine Gewerbeberechtigung von der Gewerbebehörde. Eine Tätigkeit wird gewerbsmäßig ausgeübt, wenn sie selbstständig, regelmäßig und mit Ertragsabsicht betrieben wird. Die Gewerbeordnung unterscheidet vier Arten von Gewerben.

Die Ausübung von **reglementierten Gewerben, Teilgewerben** und **freien Gewerben** beginnt bei Gewerbeanmeldung. Sogenannte **Rechtskraftgewerbe** (reglementiert) dürfen erst ab dem Zeitpunkt der Erteilung des rechtskräftigen Bescheides der Gewerbebehörde starten.

Meine Ziele

Nach Bearbeitung dieses Kapitels kann ich
- reglementierte und freie Gewerbe beschreiben;
- die Voraussetzungen für die verschiedenen Betriebsarten nennen;
- den Behördenweg zur Erlangung des Gewerbescheins nachvollziehen;
- die Rechte und Pflichten, die zu den Betriebsarten gehören, nennen und anwenden;
- die Möglichkeiten, die zum Ende einer Gewerbeberechtigung führen, darlegen und ausführen.

Voraussetzungen für den Erhalt einer Gewerbeberechtigung

www.jusline.at

1 Allgemeine Voraussetzungen

Eigenberechtigung

Das ist die Berechtigung, sein Vermögen selbst zu verwalten und voll rechts- und handlungsfähig zu sein. Sie tritt grundsätzlich mit Vollendung des 18. Lebensjahres ein.

Österreichische Staatsbürgerschaft oder EU- bzw. EWR-Staatsangehörigkeit

Österreichische Staatsbürger können bei Einhaltung der Auflagen jederzeit ein Gewerbe ausüben, dasselbe gilt für EU-Staatsbürger, wenn keine Gewerbeausschließungsgründe vorliegen. Angehörige von Drittstaaten müssen über einen Aufenthaltstitel in Österreich verfügen, der die Ausübung einer selbstständigen Tätigkeit zulässt.

Ausschließungsgründe

§ 8 GewO.

- Gerichtliche Verurteilung (betrügerische Krida, Schädigung fremder Gläubiger o. Ä.)
- Verfolgung wegen Finanzdelikten
- Konkursabweisung mangels kostendeckenden Vermögens (drei Jahre Gewerbeausübungsverbot)

Betrügerische Krida besteht dann, wenn eine Person einen Teil ihres Vermögens verheimlicht, um dadurch die Befriedigung ihres Gläubigers zu verringern.

Geeigneter Standort und allenfalls Betriebsanlagengenehmigung

(siehe „Betriebsanlagengenehmigung“)
Vor Betriebseröffnung ist die Betriebsanlagengenehmigung abzuwarten.

2 Besondere Voraussetzungen für reglementierte Gewerbe

Befähigungsnachweis

§ 18 GewO.

Das Gastgewerbe ist ein reglementiertes Gewerbe und erfordert zwar keine Zuverlässigkeitsprüfung, wohl aber einen Befähigungsnachweis. Dieser kann durch Vorlage von Zeugnissen wie folgt erreicht werden.

Voraussetzungen für den Erhalt eines Befähigungsnachweises

- Erfolgreicher Abschluss einer Fachakademie für Tourismus
- Erfolgreicher Abschluss einer Studienrichtung an einer Universität oder eines Universitätslehrganges, der zur Verleihung eines international gebräuchlichen Mastergrades führt
- Erfolgreicher Abschluss eines Fachhochschulstudienganges, Schwerpunkt Tourismus
- Erfolgreicher Abschluss einer höheren Lehranstalt für Tourismus oder einer ihrer Sonderformen und Schulversuche, sofern im Rahmen der Schulausbildung ein Praktikum von insgesamt mindestens drei Monaten absolviert wurde

- Erfolgreich abgelegte Lehrabschlussprüfung in einem gastgewerblichen Lehrberuf (Koch/Köchin, Restaurantfachmann/-frau, Hotel- und Gastgewerbeassistent/in, Systemgastronomiefachmann/-frau) oder in einem kaufmännischen Lehrberuf, sofern die kaufmännische Berufsausbildung im Rahmen eines Gastgewerbebetriebes absolviert wurde
- Erfolgreicher Abschluss einer mindestens dreijährigen berufsbildenden mittleren Schule, sofern im Rahmen der Schulausbildung ein Praktikum von insgesamt mindestens drei Monaten absolviert wurde
- Erfolgreicher Abschluss eines mindestens zweijährigen Speziallehrganges oder Lehrgangs, in dem schwerpunktmäßig gastgewerbliche Fertigkeiten und Kenntnisse vermittelt werden, sofern im Rahmen des Ausbildungsganges ein Praktikum von insgesamt mindestens drei Monaten absolviert wurde
- Ununterbrochene dreijährige Tätigkeit in leitender Stellung im Gastgewerbe
- Erfolgreich abgelegte Lehrabschlussprüfung im Lehrberuf Konditor/in (Zuckerbäcker/in) und eine nachfolgende, mindestens eineinhalbjährige Tätigkeit als Selbstständige/r oder als Betriebsleiter/in im Gastgewerbe
- Erfolgreich abgelegte Lehrabschlussprüfung im Lehrberuf Konditor/in (Zuckerbäcker/in) und eine nachfolgende ununterbrochene, mindestens zweieinhalbjährige Tätigkeit in leitender Stellung im Gastgewerbe
- Erfolgreich abgelegte Befähigungsprüfung

Bei Nichterfüllung einer dieser Voraussetzungen gibt es die Möglichkeit, bei der Gewerbebehörde (Magistrat oder Bezirkshauptmannschaft) eine **Überprüfung der individuellen Befähigung zu veranlassen** oder einen **gewerberechtlichen Geschäftsführer zu bestellen.**

Gewerbeanmeldung

www.gruenderservice.at
www.help.gv.at

§ 339 GewO

Die Anmeldung reglementierter und auch freier Gewerbe erfolgt bei der für den Standort des Betriebs zuständigen Bezirkshauptmannschaft (Magistrat) beim Gewerbereferat. Die Behörde schickt den Gewerberegisterauszug per Post.

Die Anmeldung muss folgende Angaben beinhalten:
- Genaue Bezeichnung des Gewerbes, z. B. Hotel, Gasthof
- Standort der Gewerbeausübung
- Persönliche Angaben

1 Vorzulegende Dokumente

- Staatsbürgerschaftsnachweis bzw. Aufenthaltsberechtigung bei Drittstaatsangehörigen
- Evtl. urkundlicher Nachweis akademischer Titel
- Evtl. Befähigungsnachweis oder Bescheid über die Feststellung der individuellen Befähigung
- Bestätigung der zuständigen Wirtschaftskammer nach dem NeuFÖG im Falle einer Neugründung
- Evtl. Firmenbuchauszug (nicht älter als sechs Monate)

NeuFÖG = Neugründungsförderungsgesetz. Bei erstmaliger Gründung sind Gründung und Gewerberegisterauszug gratis. Dies gilt auch für Gesellschaften.

Der Befähigungsnachweis entfällt beim freien Gewerbe.

Aufgrund der Gewerbeanmeldung hat die Bezirksverwaltungsbehörde zu prüfen, ob die gesetzlichen Voraussetzungen für die Ausübung des angemeldeten Gewerbes durch den Anmelder/die Anmelderin in dem betreffenden Standort vorliegen. Über das Ergebnis dieser Feststellung hat die Behörde binnen drei Monaten einen Bescheid zu erlassen.

§ 340 GewO.

Als Tag der Gewerbeanmeldung gilt jener Tag, an dem alle erforderlichen Nachweise bei der Behörde eingelangt sind.

Wenn alle Voraussetzungen vorliegen und in dem aufgrund der Gewerbeanmeldung durchzuführenden Verfahren keinem Dritten ein Berufungsrecht zusteht, hat die Gewerbebehörde einen **Gewerberegisterauszug** auszustellen.

Die Schritte zum Erhalt eines Gewerberegisterauszugs
1. Weg zur Wirtschaftskammer wegen NeuFÖG. Anmeldung des Gewerbes bei der ersten Instanz (Gewerbereferat der Bezirkshauptmannschaft oder des Magistrats)
2. Prüfung durch die Behörde, ob alle Voraussetzungen gegeben sind
3. Ausstellen des Gewerberegisterauszugs

Die Ablehnung eines Bescheides ist eine Entscheidung der Behörde in einem Einzelfall. Grundlage ist das entsprechende Gesetz.

2 Betriebsanlagengenehmigung

Zusätzlich zur Gewerbeanmeldung ist für gastgewerbliche Betriebe im Regelfall eine Betriebsanlagengenehmigung erforderlich. Die Zuständigkeit liegt ebenfalls bei der Bezirksverwaltungsbehörde. Ist der Betrieb länger als fünf Jahre geschlossen, dann ist neuerlich ein Ansuchen für eine Betriebsanlagengenehmigung notwendig.

Die Genehmigung wird **nicht erteilt,** wenn Betriebsanlagen wegen der Verwendung von Maschinen und Geräten, aufgrund ihrer Betriebsweise, der Ausstattung oder sonstiger Gegebenheiten

- das Leben oder die Gesundheit des Gewerbetreibenden, der Nachbarn oder der Kunden, das Eigentum oder sonstige dingliche Rechte der Nachbarn gefährden,
- die Nachbarn durch Geruch, Lärm, Staub, Erschütterungen oder in anderer Weise belästigen,
- die Sicherheit, Leichtigkeit und Flüssigkeit des Verkehrs wesentlich beeinträchtigen
- oder eine nachhaltige negative Einwirkung auf die Beschaffenheit der Gewässer herbeiführen.

§ 74–83 GewO; Verweigerung der Genehmigung.

Die Betriebsanlagengenehmigung erfordert eine **Augenscheinsverhandlung,** zu der Genehmigungswerber, Nachbarn (mit Parteienstellung), Gemeinde und Arbeitsinspektorat eingeladen werden.

Das **vereinfachte Verfahren** (hier haben Nachbarn nur das Anhörungsrecht) kann bei folgenden Betrieben angewendet werden:

- Maximal 100 Betten
- Maximal 200 Verabreichungsplätze

GEWERBEAUSÜBUNG

1 Gewerbeberechtigung für reglementiertes Gastgewerbe

Unter Verabreichung und unter Ausschank ist jede Vorkehrung oder Tätigkeit zu verstehen, die darauf abgestellt ist, dass Speisen und Getränke an Ort und Stelle verzehrt werden.

Eine Gewerbeberechtigung für das reglementierte Gastgewerbe laut § 111 der Gewerbeverordnung ist erforderlich für

- die Beherbergung von Gästen,
- die Verabreichung von Speisen jeder Art und den Ausschank von Getränken.

Gastgewerbetreibende, die alkoholische und nicht alkoholische Getränke ausschenken, müssen mindestens zwei Sorten kalter nicht alkoholischer Getränke zu einem nicht höheren Preis ausschenken als das am billigsten angebotene kalte alkoholische Getränk (ausgenommen Obstwein).

Der Preisvergleich hat auf der Grundlage des hochgerechneten Preises für einen Liter der betreffenden Getränke zu erfolgen.

2 Nebenrechte der/des Gewerbetreibenden

Die Gesetzgebung über das Halten von Geldspielautomaten ist Landessache.

- Halten von erlaubten Spielen (z. B. Billard, Tischfußball)
- Einstellen von Fahrzeugen der Gäste
- Anmeldung eines Gästewagengewerbes (freies Gewerbe): Es dürfen Gäste sowie Dienstnehmerinnen und Dienstnehmer mit gekennzeichneten Fahrzeugen des Betriebes gewerbsmäßig befördert werden
- Verkauf folgender Waren während der Betriebszeiten:
  - Reiseproviant
  - Toilette- und Badeartikel
  - Fotoverbrauchsmaterial, Ansichtskarten
  - Lektüre
  - Reiseandenken
  - Geschenkartikel

Gastgewerbetreibende, die Speisen verabreichen und warme und angerichtete kalte Speisen verkaufen, sind zum Verkauf von nicht angerichteten kalten Speisen, von halb fertigen Speisen, von Lebensmitteln, die in ihrem Gastgewerbebetrieb verwendet werden, und von Reiseproviant berechtigt.

3 Freies Gastgewerbe ohne Nachweis einer Gewerbeberechtigung

Rechte von Schutzhüttenbetreibern

- Beherbergung von Gästen
- Verabreichung von Speisen jeder Art und Verkauf von warmen und angerichteten kalten Speisen

- Ausschank alkoholischer Getränke und Verkauf dieser Getränke in unverschlossenen Gefäßen
- Ausschank nicht alkoholischer Getränke und Verkauf dieser Getränke in unverschlossenen Gefäßen

Diese Rechte dürfen im Rahmen eines einfach ausgestatteten Betriebs, der in einer für den öffentlichen Verkehr schlecht erschlossenen Gegend gelegen ist, ausgeübt werden.

Imbissstand – Rechte

Verabreichung von Speisen in einfacher Art und Ausschank von nicht alkoholischen Getränken und von Bier in handelsüblichen verschlossenen Gefäßen mit nicht mehr als acht Verabreichungsplätzen (zum Genuss von Speisen und Getränken bestimmten Plätzen), z. B. Würstelstand, Kebabstand, Schnitzelstand, Pizzastand, Grillhendlstand.

Automatenverkauf – Rechte

Verkauf und Ausschank von nicht alkoholischen Getränken in unverschlossenen Gefäßen über Automaten.

Privatzimmervermietung – Rechte

Erlaubt ist die Beherbergung von Gästen, wenn nicht mehr als zehn Fremdenbetten bereitgestellt werden, und die Verabreichung des Frühstücks und kleiner Imbisse. Weiters dürfen nicht alkoholische Getränke und Bier in handelsüblichen verschlossenen Gefäßen ausgeschenkt werden.

Buschenschank – Rechte

Die Genehmigung für die Führung einer Buschenschank fällt in die Kompetenz der Landeshauptfrau bzw. des Landeshauptmanns und wird durch Verordnungen geregelt.

Unter **Buschenschank** („Heuriger") versteht man die eingeschränkte Ausübung gastronomischer Ausschank- und Verabreichungsrechte durch Besitzer von Wein- und Obstgärten.

4 Andere Branchen mit gastgewerblichen Nebenrechten

Lebensmittelhandel (§ 154 GewO)

Dem Kleinhandel mit Lebensmitteln steht das Recht zu, Speisen in einfacher Art zu verabreichen und nicht alkoholische Getränke und Bier auszuschenken, wenn dazu nicht mehr als acht Verabreichungsplätze bereitgestellt werden. Weiters sind Lebensmittelhändler dazu berechtigt, vorparierte Stücke Frischfleisch von nicht mehr als zehn Kilogramm zu zerteilen und zu verkaufen.

Bäckergewerbe (§ 150 GewO)

Bäcker sind berechtigt, in den Verkaufsräumen ihre Erzeugnisse – auch garniert als Imbisse – zu verabreichen und nicht alkoholische Getränke und Bier in handelsüblichen verschlossenen Gefäßen auszuschenken. Bei Ausübung der Verabreichungs- und Ausschankrechte muss der Charakter des Betriebes als Erzeugungsbetrieb gewahrt bleiben.

Konditorgewerbe (§ 150 GewO)

Konditoren (Zuckerbäcker) sind berechtigt, in ihren Verkaufsräumen kleine kalte und warme Speisen zu verabreichen sowie Getränke auszuschenken. Der Charakter als Konditorerzeugungsbetrieb muss gewahrt bleiben.

Viele Tankstellen haben zusätzlich das freie Gastgewerbe angemeldet und sind daher zum Verkauf von Produkten gemäß § 111 GewO berechtigt

Fleischergewerbe (§ 150 GewO)

Den Fleischern stehen auch folgende Rechte zu:
- Zubereiten von Fleisch, Fleischwaren, Geflügel in einfacher Art, Brotaufstrichen, belegten Brötchen und Salat
- Verabreichung der Speisen in den Verkaufsräumen
- Ausschank von nicht alkoholischen Getränken und Bier in verschlossenen Gefäßen in den Verkaufsräumen

Tankstellen (§ 157 GewO)

Verkauf während der Betriebszeiten der Tankstelle: vorverpackt gelieferte Lebensmittel, löslicher Kaffee, alkoholfreie Getränke und Bier in handelsüblichen verschlossenen Gefäßen. Getränke dürfen nur in Kleinmengen abgegeben werden.

5 Gewerbeausübung in Gastgärten

§ 76a GewO.

Gastgärten, die sich auf **öffentlichem Grund** befinden oder an öffentliche Verkehrsflächen angrenzen, dürfen von 8.00 bis 23.00 Uhr betrieben werden, wenn sie ausschließlich der Verabreichung von Speisen und dem Ausschank von Getränken dienen.

Gastgärten, die sich **weder auf öffentlichem Grund** befinden **noch an öffentliche Verkehrsflächen angrenzen,** dürfen von 9.00 bis 22.00 Uhr betrieben werden.

Die Gemeinde kann durch Verordnung abweichende Regelungen festlegen.

Lautes Sprechen, Singen und Musizieren ist untersagt. Ein Verbotshinweis ist beim Gastgarten auszuhängen.

6 Gewerbeausübung außerhalb der Betriebsräume und Betriebsflächen

Diese Gewerbeausübung ist nur vorübergehend für bestimmte Anlässe erlaubt:
- Volksfeste
- Wohltätigkeitsveranstaltungen
- Sportveranstaltungen

Diese Veranstaltungen benötigen die Bewilligung der zuständigen Behörden. Bei einer Besucherzahl unter 5 000 ist die Bewilligung der Gemeinde notwendig, bei über 5 000 Besuchern ist die Bezirkshauptmannschaft zuständig. Es müssen der Anlass, die Dauer und der Standort festgelegt werden.

Besonderes Augenmerk ist zu legen auf:
- Das Vorhandensein von Parkplätzen
- Die Einhaltung der Vorschriften gesundheitsrechtlicher, lebensmittelrechtlicher und wasserrechtlicher Art
- Die ordnungsgemäße Entsorgung von Abfällen

Bei Zeltfesten gelten Sonderregelungen

Ende der Gewerbeausübung

Es kann erfolgen durch:
- Zurücklegung
- Zeitablauf
- Tod des Besitzers/der Besitzerin (natürliche Person)
- Untergang der Firma (juristische Person)
- Entziehung der Gewerbeberechtigung
- Gerichtsurteil
- Ruhen der Gewerbeausübung (Landessache)

§ 85 GewO,
§ 87 GewO,
§ 88 GewO,
§ 93 GewO.

Der Entzug der Gewerbeberechtigung kann erfolgen durch:
- Gewerbeausschließungsgründe: Konkursabweisung mangels Vermögens in den letzten drei Jahren
- Nichtausübung des Gewerbes über einen Zeitraum von drei Jahren und Nichtbezahlung der Kammerumlage über einen Zeitraum von zwei Jahren
- Nichtausübung des Gewerbes über einen Zeitraum von fünf Jahren und unbekannten Aufenthalt des Gewerbeinhabers
- Verlust der Eigenberechtigung
- Verlust der Zuverlässigkeit

Insolvenz heißt zahlungsunfähig

Ziele erreicht? – „Der Weg zum eigenen Unternehmen"

KOMPETENZ-ERWERB

1. Darf ein belgischer Staatsbürger in Österreich ein Gastgewerbe ausüben?

2. Kann man nach einem Ausgleich ein Gewerbe anmelden?

3. Was müssen Sie tun, um einen Befähigungsnachweis zu erlangen?

4. Für welche Gewerbe benötigen Sie keinen Befähigungsnachweis?

5. Welche Rechte sind mit dem Gewerberecht Beherbergung verbunden?

6. Was versteht der Gesetzgeber unter Verabreichung und Ausschank?

7. Wie viele Betten darf ein Privatzimmervermieter/eine Privatzimmervermieterin maximal betreiben?

8. Suchen Sie im Internet den Gesetzestext der Gewerbeordnung über „Sperrstunde und Aufsperrstunde" und über „Ausschank von Alkohol an Jugendliche". Diskutieren Sie die Ergebnisse im Klassenverband.

9. Wann kann die Gewerbeberechtigung enden?

10. Erklären Sie die Begriffe, indem Sie die Zahlen in die Antwortkästen schreiben:

Befähigungsnachweis (1) ■ NeuFÖG (2) ■ Gewerbeschein (3) ■ Insolvenz (4)

- ☐ Alte Bezeichnung für Gewerberegisterauszug
- ☐ Neugründungsförderungsgesetz
- ☐ Konkurs
- ☐ Durch Vorlage von Zeugnissen

Stichwortverzeichnis

A

Ablauforganisation 166
Abrechnung in Hotelbetrieben 152
Abrechnungssysteme 151
Abwasch 133
Accounting 109
Ägypter 8
AIDA-Formel 175
All inclusive 93
American Bar 99
Amerikanisches Serviersystem 115
– System 109
Amstetten (Bezirk) 75
Apartmenthotel 92
Arten des Tourismus 13
Aufbauorganisation 166
Ausgleich, kalkulatorischer 173
Auslastung (im Betrieb) 163
Autobahn 41
-reisezug 46

B

Babenberger 26, 76
Back of the House 109
Baden (Bezirk) 79
Bahnverkehr 44
Bankett 137
Bankettabteilung (Organigramm) 140
– – mappe 143
Barock (in Österreich) 27
Bars 99
Beachbar 99
Befähigungsnachweis 187
Beisl 98
Beschwerdemanagement 182
Besteckpoliermaschine 133
Betriebsanlagengenehmigung 189
Betriebsgründung 186
– organisation 108
– – stilllegung 186
Biedermeier 27
Bildungstourismus 14
Biohotel 94
Biosphäre 29
Biosphärenreservat 29
Bistro 98
Bistrowagen 46
Bludenz (Bezirk) 53
Blutalkohol 20
Bonierung 152
Braunau am Inn (Bezirk) 62
Bregenz und Umgebung 52
Bruck an der Leitha (Bezirk) 80
Bruck-Mürzzuschlag (Bezirk) 68
Bundesstraße 41
Bungalowanlage 92
Burgenland, Tourismus 86
Buschenschank 191
Business Class (Flugverkehr) 47

C

Café 98
Camping 92
Cateringabteilung (Organigramm) 140
CEO 110, 117
Charity 138
Charterflug 47
Chef de Cuisine 114
– – Partie 114
– – Rang 115
Chef-de-Rang-System 115
Clubbing 138
Cocktailparty 137
Commis 114
Commis de Rang 115
Concierge 111
Controlling 116, 120, 122, 123
Corporate Design 159
Corporate Identity 159
Counter 103
Counterservice 103

D

DDSG 48
Debitoren 155
Deckungsbeitrag 123
Designhotel 94
Deutschland 19
Deutschlandsberg (Bezirk) 69
Dienstleistungsverkehr, freier 22
Direct Mailings 177
Direktwerbung 179
Diskothek 99
Distributionspolitik (Marketing) 175
Dornbirn (Bezirk) 53
Drive-in 103

E

Economy Class (Flugverkehr) 47
Eferding (Bezirk) 63
EFTA 21
Einkellnersystem 115
Einsaisonbetrieb 93
Einzelfirma 94
Eisbar 99
Eisenbahnnetz, österreichisches 45
Eisenstadt und Eisenstadt Umgebung 87
Entremetier 114
Entwicklung von Tourismus und Gastronomie 7
Erfolgskontrolle 183
Erholungsheim 93
Erholungstourismus 13
Ethnorestaurant 97
EU-Binnenmarkt 21
Eurocity (EC) 45
-night (EN) 45
Europäische Union 22
Europäisches System 109, 110
Europastraße 41
Evaluieren 141
Evaluierung 146
Event 138
Eventagentur 16
Eventmarketing 179
EWR 21
Expo 15
Expositur, politische 67
Expressionismus 27

F

Facility management 109
Familien(wander)wege 30
Fast-Food-Systemgastronomie 103
Feldkirch (Bezirk) 53
Feldkirchen (Bezirk) 72
Ferienhaus 92
-heim 93
-wohnung 92
Filialsystem 102
Fingerfood 137
First Class (Flugverkehr) 47
Fixkosten 123
Flachgau 58
Flugverkehr 47
Flying Buffet 137
Follow-up 177
Food and beverage 109, 117
Formen des Tourismus 13
Franchise 94, 102
Franchisesystem 102
Französisches Serviersystem 115
Free-Flow-Service 104
Freelineservice 104
Free Refilling 174
Freier Dienstleistungsverkehr 22
– Kapitalverkehr 22
– Personenverkehr 22
– Warenverkehr 22
Freistadt (Bezirk) 65
Fresh-Flow-Service 104
Front of the House 109
Front office 109, 111
Fructarier 34
Frührenaissance (in Österreich) 26
Frühstückspension 92
Full-Service-Systemgastronomie 103
Functionsheet 144
Fußabdruck, ökologischer 168

G

Gänserndorf (Bezirk) 77
Ganzjahresbetrieb 93
Gardemanger 114
Garnibetriebe 92
Gästebedürfnisse 161
-befragung 161
-erwartungen 162
-fragebogen 161
-struktur 160
-zielgruppen 169
Gasthaus 98
-hof 93
-räume 125, 126
-stätten 98
Gastronomie 97
Generalmanager/in 110
Germanen 8
Geschichte von Tourismus und Gastronomie 7
Geschichte, österreichische 26
Gesellschaftlicher Tourismus 16
Gewässerschutz 28
Gewerbe, reglementierte 187
Gewerbeanmeldung 188
-ausübung 190
-ausübung, Ende 193
-berechtigung 187, 190
-registerauszug 189
Gläserpoliermaschine 133
Gmünd (Bezirk) 78
Gmunden (Bezirk) 64
Gotik (in Österreich) 26
Grand lit 126
Graz und Graz Umgebung 66
Griechen 8
Grieskirchen (Bezirk) 63
Großlandschaften 24
Grundfreiheiten des EU-Binnenmarktes 22
Güssing (Bezirk) 88

H

Haager Konvention 79
Habsburger 26
Hallein (Bezirk) 58
Hallstattzeit 26
Handelsbilanz 23
-gastronomie 103
Hartberg-Fürstenfeld (Bezirk) 69
Haubenrestaurant 97
Hausdame 112
Heilklimastollen 32
Henry am Zug 46
Hermagor (Bezirk) 73
Heuriger 191
Historismus (in Österreich) 27
Hollabrunn (Bezirk) 77
Home-Delivery 34
Horn (Bezirk) 78
Hotel 93
Hotel garni 92
Hotel, Organisation 109
Hotelbar 99
-führer 105
-gutscheine 155
-kette 94
-klassifizierung 95
Hotellerie 92
Housekeeping 109, 110, 112
Human resources 109

I

IATA 47
ICE (Zug) 45
Illyrer 26
Impressionismus 27
Imst (Bezirk) 57
Incentive 138
Incoming 18
Industrieviertel 79
Inflationsrate 174
Informationsmappe (Bankett) 143
Infrastruktur 15, 23, 30
Innsbruck und Umgebung 55
Intercity (IC) 45
International Air Transport Association 47
Internationales System 110, 117
Istanalyse 160
Italien 20

J

Jennersdorf (Bezirk) 89
Jugendherberge 92
-stil 27
Junior Suite 126

K

Kaffeehaus 98
-konditorei 98
-restaurant 98
Kalkulatorischer Ausgleich 173
Kamingespräch 148
Kapitalgesellschaft 94
-verkehr, freier 22
Kärnten, Tourismus 70
Karolingische Kunst 26
Kaufkraft 23
-vertrag 113
Kelten (in Österreich) 26
Keyword-Advertising 181
Kick-off-Meeting 138
Kinderhotel 94
King-size bed 126
Kirchdorf an der Krems (Bezirk) 64
Kitzbühel (Bezirk) 57
Klagenfurt und Umgebung 71
Klassizismus (in Österreich) 27
Klima in Österreich 25
Klimaschutz 28
Kommunikationspolitik (Marketing) 178
Konferenz 137
Konferenzmappe 143
Korneuburg (Bezirk) 77
Kosten, variable 123
Krems (Bezirk) 78
Krems Land (Bezirk) 78
Kubismus 27
Küchen 131
Küchenbrigade 114
-planung 132
Kufstein (Bezirk) 57
Kulturtourismus 14
Kunst, karolingische 26

L

Lagerräume 128
-verwaltung 112
Landeck (Bezirk) 56
Landesausstellungen 15
Landschaftsschutzgebiete 30
La-Tène-Kultur (in Österreich) 26
Laundry 109
Leibnitz (Bezirk) 69
Leistungspolitik (Marketing) 171
Leoben (Bezirk) 68
Lieferantenbeurteilung 129
Lieferservice 34
Lienz (Bezirk) 57
Liezen (Bezirk) 67
Lilienfeld (Bezirk) 76
Linz und Linz Land 61
Lipizzaner 69
Logis 154
Lohndiener 111, 112
Lounge 99
Low-Budget-Hotel 94
Lungau 58, 60
Luxusrestaurant 97

M

Maître d'Hôtel 115
Managementsysteme 109
Marketing 157
Marketingcontrolling 184
-instrumente 171
-konzept 158
-mix 171
-strategie 170
-ziele 168
Matinee 138
Mattersburg (Bezirk) 88
Mehrwertsteuer 154
Melk (Bezirk) 76

Minibar 126, 154
Mistelbach (Bezirk) 77
Mitarbeitermanagement 118
-marketing 119
Mödling (Bezirk) 79
Mostviertel 74
Motel 93
Motivation 166
Murau (Bezirk) 67
Murtal (Bezirk) 68
Mystery-Guest 96

N

Nachhaltigkeit 16, 29, 34
Nationalparks 29
Naturdenkmäler 30
-lehrpfade 30
-parks 29
-schutzgebiete 29
-tourismus 16
Naturnaher Tourismus 16
Neunkirchen (Bezirk) 79
Neusiedl am See (Bezirk) 87
Nibelungen 76
Niederösterreich, Tourismus 74

O

Oberkellnersystem 115
Oberösterreich, Tourismus 61
Oberpullendorf (Bezirk) 88
Oberwart (Bezirk) 88
Öffentlichkeitsarbeit 178
Ökologisch 28
Ökologischer Fußabdruck 168
Ökonomisch 28
Ökostrom 29
-tourismus 16
Onlineservice 104
Organisation von Seminaren 147
Organisationsstruktur 166
Ortstaxe 154
Österreich und seine Nachbarländer 19
Österreichische Geschichte 26
Österreichisches Eisenbahnnetz 45
Outgoing 18

P

Page 111
Park and Ride (P + R) 44
Passstraße 42
Pâtissier 114
Pension 93
Penthouse 126
Perg (Bezirk) 65
Personengesellschaft 94
-verkehr, freier 22
Pescetarier 34
Pinzgau 58, 60
Politische Expositur 67
Pongau 58, 60
Poolbar 99
Portier 111
Potager 114
Poterage 154
PR 109
Preisdifferenzierung 173
-gestaltung 173
-politik (Marketing) 173
Privatzimmer 92
Produktpolitik (Marketing) 171
-portfolioanalyse 174
Prohibition 99
Pub 98
Public relations 109

Q

Queen-size bed 126

R

Radexpress Donau 46
Railcargo 44
Railjet 44, 45
Raststätte 97
Ratifiziert 21
Rechnung (Gast) 152
Recycling 29
Reflektieren 141
Reglementierte Gewerbe 187
Renaissance (in Österreich) 26
Reservierungsformular 144
Restaurantführer 105
Restaurants 97
Rettungsgasse 42
Reutte (Bezirk) 56
Revenue 123
Rhein-Main-Donau-Kanal 48
Ried im Innkreis (Bezirk) 63
Roadpricing 41
Rohköstler 34
Rohrbach (Bezirk) 63
Rokoko (in Österreich) 27
Rollende Landstraße 39
Romanik (in Österreich) 26
Römer 8, 26, 87
Roomservice 110
Rôtisseur 114

S

Sales-promotion 175
Salzburg-Umgebung (Bezirk) 58
Salzburg, Tourismus 58
St. Johann im Pongau (Bezirk) 58
Sankt Pölten und Sankt Pölten Land 74
St. Veit an der Glan (Bezirk) 73
Saucier 114
Schärding (Bezirk) 62
Scheibbs (Bezirk) 76
Schengen-Abkommen 21
Schienen-Control 44
Schiffsverkehr 48
Schilcher 69
Schirmbar 99
Schneebar 99
Schnellstraße 41
Schutzgebiete 29
Schwaz (Bezirk) 57
Schweiz 21
Seilbahnen in Österreich 46
Sektempfang 137
Seminare, Organisation 147
Seminarhotel 94
Serviceoffices 133
Serviersystem, amerikanisches 115
–, französisches 115
Session 138
Slowakei 19
Slowenien 20
Sommelier 115
Sommelière 115
Sonnenkollektoren 29
Sous Chef 114
Sozialräume 134
Spätgotik (in Österreich) 26
-impressionismus 27
Speisewagen 46
Spezialitätenrestaurant 97
Spittal an der Drau (Bezirk) 72
Splash 138
Sponsoring 182
Sporthotel 94
-tourismus 14
Stammgäste 161
Standardisierung 101
Stationskellnersystem 115
Steiermark, Tourismus 66
Steyr (Bezirk) 65
Steyr Land (Bezirk) 65
Straßentypen 41
-verkehr 41
Südoststeiermark (Bezirk) 70
Suite 126
Surrealismus 27
Symposien 137
System, amerikanisches 109
–, europäisches 109, 110
–, internationales 110, 117
Systemgastronomie 100

T

Tafelinventar 140
Take-away 34
Tamsweg (Bezirk) 58
Tassilokelch 26, 64
Tennengau 58, 59
Themen(wander)wege 30
Themenstraße 42

Tirol, Tourismus 54
Tischinventar 140
Top-Jugendticket 44
Tourismus 12
Tourismus in den Bundesländern 51
Tourismuseinrichtungen in Österreich 31
Tourismus, gesellschaftlicher 16
–, naturnaher 16
Transitverkehr 39
Tschechische Republik 19
Tulln (Bezirk) 76
Türsteher 111

U

Umsatzsteuer 154
Umweltschutz 28
Umweltschutzorganisationen 29
Ungarn 20
Unique Selling Proposition 164
Unternehmensleitbild 159
Urfahr Umgebung (Bezirk) 64
Urgeschichte 8, 26
–zeit 26
USP 164

V

Variable Kosten 123
Veganer 34
Vegetarier 34
Veranstaltungsarten 137
Veranstaltungsmanagement 136
Verkaufsförderung 175
-gespräch 142
-maßnahmen 176
Verkehrseinrichtungen 38
-gastronomie 103
Vignette 41
Villach (Bezirk) 71
Villach Land (Bezirk) 72
Vöcklabruck (Bezirk) 63
Voitsberg (Bezirk) 69
Völkermarkt (Bezirk) 73
Volkswirtschaftliche Bedeutung des Tourismus 23
Vollbetriebe 93
Vorarlberg, Tourismus 52
Voraussetzungen für den Tourismus 18
Vorteilscard 44
Voucher 155

W

Währungsrechnen 155
Waidhofen an der Thaya (Bezirk) 78
Waidhofen an der Ybbs (Bezirk) 75
Waldschutz 28
-viertel 78
Walz 9
Warenverkehr, freier 22
Warnweste 20
Wäscherei 134
Weinstraßen 43
-viertel 77
Weiz (Bezirk) 68
Wellnesshotel 94
Wels (Bezirk) 64
Wels Land (Bezirk) 64
Weltausstellungen 15
Werbung 179
Wien Umgebung (Bezirk) 80
Wien, Tourismus 81
Wiener Kaffeehaus 98
Wiener Neustadt und Bezirk Wiener Neustadt 79
Wildparks 30
Wirtschaftsräume 125, 128
-tourismus 15
Wolfsberg (Bezirk) 73
Workshop 138

Y

Yield-Management 173

Z

Zahlkellnersystem 115
Zahlungsarten 155
Zell am See (Bezirk) 58
Zimmerauslastung 163
-bar 154
Zugarten der ÖBB 45
Zweikellnersystem 115
Zweisaisonbetrieb 93
Zwettl (Bezirk) 78

Literaturverzeichnis

Block u. a., Systemgastronomie 1–3, Trauner Verlag, Linz 2013, 2014, 2015
Buchinger, Stefan, Gründen in Österreich – Leitfaden und Ratgeber, Bundesministerium für Wirtschaft und Arbeit, Wien 2002
Camphausen, Strategisches Management, Oldenbourg, München 2003
Gabler Wirtschaftslexikon, Betriebswirtschaftlicher Verlag/Gabler Verlag, Wiesbaden 2000
Heucher u. a., Planen, gründen, wachsen, McKinsey & Company, 2002
Kasper/Mayrhofer, Personalmanagement – Führung – Organisation, Linde Verlag, Wien 2002
Langer/Spreitzer: Österreichs Wirtschaft von A–Z, Linde Verlag, Wien 2003
Meffert u. a., Dienstleistungsmarketing, Gabler Verlag, Wiesbaden 2000
Rossmann u. a., Die sieben Todsünden der Existenzgründung, BoD GmbH, Norderstedt 2005
Roth u. a., Touristikmarketing, Verlag Franz Vahlen, München 2003
Team Schlick, Führen leicht gemacht, Ueberreuter, Wien 2003

Bildnachweis

Seite 7: www.alte-ansichten.net (Abdruckgenehmigung gekauft)
Seite 9: http://www.semmeringbahn.at
Seite 11: Bundesanstalt Statistik Österreich
Seite 13: www.beachvolleyball.at_mike_ranz; Kurhotel Leonardo
Seite 14: [illegible]ttp://www.wilfinger-hotels.at; Ephesosmuseum, Wien
Seite 16[illegible]www.faschingsblog.at/wp-content/uploads
Seite 1[illegible]dthalle, Wien
Seite [illegible]_www.alpenblick-kirchberg.at
Seit[illegible] Services Frankfurt am Main
[illegible]u), Europaparlament in Straßburg
[illegible]3)
[illegible]umweltbildung_www.bmlfuw.gv.at und
[illegible]lwirtschaft.steiermark.at)
[illegible]und Regenschirmchen (Urheber unbekannt)
[illegible]rnberg (http://sa000163.host.inode.at), Tassilokelch (http://www.schreibmayr.de/images/product_images/original_images), Stift Klosterneuburg (www.stift-klosterneuburg.at/resources/images/2011/3/7/1452)
Seite 27: Rogner Therme (http://cms.blumau.com/assets/images), Biedermeier (IMAGNO/Gerhard Trumler), Klimtgemälde (https://upload.wikimedia.org/wikipedia/commons/f/f3/Gustav_Klimt)
Seite 28: Lebensministerium (www.bmlfuw_alexander_haiden)
Seite 29: https://upload.wikimedia.org/wikipedia/commons/3/30/Naturpark_Blockheide_Gmünd_-_Christophstein
Seite 30: Natrudenkmal Stieleiche (Naturpark Dobersberg), Steinbock (http://www.khs.info/fileadmin/_processed_/csm_Steinbock), Wildpark Feldkirch (http://www.khs.info/fileadmin/_processed_/csm_Wildpark_Feldkirch)
Seite 31: Kitesurfen (www.kitesurfen.at), Ennstal Classic (Martin Huber)
Seite 32: Heilklimastollen (www.heilklimastollen.at), David-Guetta-Konzert (Soelden-D.G©AlbinNiederstrasser)
Seite 33: Russische Gäste (AP/Arno Balzarini), Mountainbiker (weissensee_information_www.weissensee.com)
Seite 37: Kirschkernweitspucken und Barfußweg (www.hexenwasser.at)
Seite 39: RailCargo (www.oebb.at)
Seite 40: spalte unten (A1_Salzburg_Walserberg_www.asfinag.at)
Seite 41: (http://diepresse.com/images/uploads/9/1/e/710942/u_ARCHIVBILD_ENTSCHEIDUNG_IM_ROAD_PRICING)
Seite 42: Weinstraße (www.suedlich.at)
Seite 45: Schlafwagen (www.oebb.at), Spalte (www.westbahn.at)
Seite 46: DoN Catering, ÖBB Harald Eisenberger
Seite 47: Flugbegleiterin (www.austrianairlines.ag/Press), Business Class (Foto Reuters)
Seite 48: Schnellboot (Wien-Bratislava_ddsg_TwinCityLiner)
Seite 50: Flughafen Wien (www.austrianairlines.ag/Press)
Seite 52: Seebühne (http://diepresse.com/home/kultur/film/374295/James-Bond_Bregenzer-Festspiele-stellen-Solisten-vor)
Seite 53: Theater am Kornmarkt (http://media.holidaycheck.com/data/urlaubsbilder), Gschwendtobel-Brücke (http://de.academic.ru/pictures), Rotes Haus (http://www.panoramio.com), Klostertalmuseum (http://www.klostertalwoche.at/fileadmin/www/media/werbematerial/Bilder)
Seite 54: Silvretta-Hochalpenstraße (http://www.kirchenwirt.com/uploads/tx_coodata/silvretta_hochalpenstrasse)
Seite 55: Bergisel Olympiaschanze (http://www.shutterstock.com/gallery-364990p1.html?cr=00&pl=edit-00">meunierd), Tirolpanorama (www.tirol.tl), Bobbbahn und Dom St. Jakob (http://www.innsbruck.info/uploads/tx_seoferatel), Schwarze Mander (www.tirol.tl)
Seite 56: Highline (http://www.innsbruck.info/uploads/tx_seoferatel), Arlberg Hospiz (www.arlberghospiz.at)
Seite 57: Hermann Gmeiner (http://www.sobup.at/wp-content/uploads)
Seite 59: Michael Aufhauser (http://cdn.salzburg.com/nachrichten/uploads/pics/2015-06/orginal), Domplatz (http://austria-forum.org/attach/Heimatlexikon/Salzburger_Festspiele), Salzburgring (http://www.salzburgring.com/images/pictures)
Seite 60: Samson (http://static2.bergfex.com/images/downsized)
Seite 62: Ars-Electronica-Center (http://www.linzwiki.at/w/images/2/2d/Ars), Pöstlingbergbahn (https://c4.staticflickr.com/8/7352/11106859295_3997e9e756_b), Pflasterspektakel (http://www.linz09.at/fm/4972/Waldwesen), Musiktheater (http://diepresse.com/images/uploads), Gugl-Stadion (http://www.linz.at/images)
Seite 63: Rauchhaus (https://upload.wikimedia.org/wikipedia/commons/8/88), Schartner Bombe (www.schartnerbombe.at)
Seite 64: Tassilio Quelltempel (http://media.tourdata.at/file/ooeNeuGaleriePic)
Seite 65: Bummerlhaus (https://upload.wikimedia.org/wikipedia)
Seite 66: Murinsel (http://www.shutterstock.com/gallery-1298887p1.html?cr=00&pl=edit-00">K3S</a>)
Seite 67: Graz-Marathon(http://www.shutterstock.com/gallery-77880p1.html?cr=00&pl=edit-00">ostill), Narzissenfest (http://www.shutterstock.com/gallery-512668p1.html?cr=00&pl=edit-00">fritz)
Seite 68: Puch-Museum (Urheber unbekannt), Drachenhöhle (https://upload.wikimedia.org/wikipedia/commons/thumb/7/70)
Seite 69: Schilcher (www.domaene-mueller.com)
Seite 71: Minimundus: (http://media.get24.at), Beachvolleyball (http://www.shutterstock.com/gallery-1152593p1.html?cr=00&pl=edit-00">Petr Toman), Spalte unten (http://www.shutterstock.com/gallery-114103p1.html?cr=00&pl=edit-00">Ralf Siemieniec)
Seite 72: Terra Mystica (www.terra-mystica.at), GTI-Treffen (Markus Traussnig; www.kleinezeitung.at)
Seite 73: Gurina (https://gailtalnetz.files.wordpress.com/2012/05/), Ortstafelstreit (APA_GertEggenberger)
Seite 74: www.st-poelten.gv.at
Seite 75: Klangturm (www.cusoon.at), NV-Arena (www.competitionline.com), Bär (www.top-ausflug.at), Sonntagsberg (www.panorama3d.at/mostviertel)
Seite 76: Kokoschka (Bildarchiv der Österreichischen Nationalbibliothek), Schiele (www.leopoldmuseum.org),

Nibelungen (www.fotocommunity.de), Babenberger (https://upload.wikimedia.org/wikipedia/commons/e/e3/Herzog_Leopold_III)
Seite 77: Sekt (www.gruppe.schlumberger.at), Schloss Hof (Hertha Hurnaus), Schloss Marchegg (www.schloesserreich.at) Schloss Orth (http://static1.bergfex.com)
Seite 78: Geotpoe (www.kraftvolle-orte.de), Zwettler Brauerei (www.zwettler.at)
Seite 79: Semmeringbahn (http://www.shutterstock.com/gallery-512668p1.html?cr=00&pl=edit-00">fritz16), Vöslauer (www.voeslauer.com)
Seite 80: Wachau_Radtour (http://www.shutterstock.com/gallery-793978p1.html?cr=00&pl=edit-00">starmaro)
Seite 83: Ferry-Dusika-Radstadion (http://velo.hu/kepek/hir/15953), Donauinselfest (Alexander Müller – www.alexander-mueller.at), Wiener Heurige (www.wien.info)
Seite 84: Kunsthistorisches Museum (http://www.shutterstock.com/gallery-240574p1.html?cr=00&pl=edit-00">Andrei Rybachuk), Kaiserappartements (www.wien.info), Sissi Museum (Schloß Schönbrunn Kultur- und Betriebsges.m.b.H.), Schatzkammer (https://upload.wikimedia.org/wikipedia/commons/1/1d/Weltliche_Schatzkammer_Wien_(5).JPG), Nationalbibliothek (http://www.cusoon.at/original/1185888206), Hofreitschule (http://austria-forum.org/attach/Heimatlexikon/Lipizzaner/Hofreitschule_05), Sängerknaben (http://austria-forum.org/attach/Heimatlexikon)
Seite 85: Tanz der Vampire (http://www.kultur-channel.at/Pics)
Seite 87: St. Margarethen (https://upload.wikimedia.org/wikipedia/commons), Grabstätte (http://burgenland.orf.at/news/stories/2663064)
Seite 88: Schloss Deutschkreutz (http://www.cusoon.at/original/1190115032), Bad Tatzmannsdorf Avance Hotel (www.bad.tatzmannsdorf.at), Spalte (www.blaufraenkischland.at)
Seite 91: www.hotel-aviva.at
Seite 92: Schutzhütte (Guttenberghaus_www.urlaub-schladming-dachstein.at)
Seite 93: Jugendherberge (www.viennacityhostel.at)
Seite 94: Orange Wings (http://www.orangewings.com), Marriott Wien (http://www.eurotourism.az/public/hotels/hotel_id44), Accor (www.accorhotels.com)
Seite 95: Hotelstar (www.wko.at)
Seite 96: ISchmidt/Shutterstock.com (Burj-al-Arab), Österreichs Sternewelt (www.wko.at), Einzelbettzimmer (hotel-amaris), Twin bed (www.rydonfarmwoodbury.co.uk)
Seite 97: Haubenrestaurant (www.gmachl.com), Raststätte (www.landzeit.at)
Seite 98: Beisl (http://assets.sta.io/site_media/u/mi/2010/05/28/IMG_7792), Kaffeekonditorei (Konditorei-Kaffee Zauner gmbh & Co KG)
Seite 99: Hotelbar (onyx_www.docohotel.com), Spalte (www.loosbar.at)
Seite 100: Vapiano Wien (www.vapiano.at), Burger King drive in (www.burgerking.at), McDonald's Deutschland Inc.
Seite 102: www.xxxlutz.at, www.mcdpressoffice.eu, www.nordsee.com, Marché Restaurants, Spalte (McDonald's Deutschland Inc.)
Seite 104: Spalte unten (Marché Restaurants)
Seite 109: www.hotel-karl-mueller.de (Spalte oben), www.ritzcarlton.com (Spalte unten)
Seite 114: www.interalpen.com
Seite 115: WirtshausOliver.www.1000tische.at (kleines Bild)
Seite 117: Savoy (http://placeoddity.com), Ramsay (www.dail[illegible] mail.co.uk)
Seite 118: Ramada (www.wyndhamhotelgroup.d[illegible]
Seite 119: http://rust-beim-europapark.de (lin[illegible]
Seite 122: www.gronauer-tafel.de (Spalte unt[illegible]
Seite 123: www.sheratonsalzburg.com
Seite 124: www.steirawirt.at (oben), Room[illegible] com), www.interalpen.com (alle and[illegible]
Seite 125: Großes Bild (groeden_seiser_[illegible]
Seite 126: HotelHochschober_Bibliothek_[illegible] Minibar (www.hospitalitynet.org)
Seite 127: Schank (www.gerdaeichholzer.com)
Seite 128: www.miele.at (oben), http://www.ostalbkreis.de/sixcms/media.php/46/PM%20179 (unten)
Seite 129: Gekühlter Müllraum (http://www.ostalbkreis.de/sixcms/media.php/46/PM%20179)
Seite 132: http://files.newsnetz.ch/story/2/8/8/28805558/3/topelement (oben)
Seite 133: Gläserpoliermaschine (www.ggmgastro.com), Besteckpoliermaschine (www.bruene-gastro.de)
Seite 134: Sozialräume (www.kirchweyhe.de)
Seite 137: www.design-center.at (oben)
Seite 140: Schöpf Bankettservice GmbH Nürnberg, www.schmalzag.com (Spalte)
Seite 143: www.salzburgarena.at, Hotel-Bristol-Wien-Veranstaltungsraeume-Wien-Salon-Schonbrunn-Gala-Banquet
Seite 146: www.cambro.com
Seite 151: www.bonit.at
Seite 152: www.orderman.com (links), www.shopkeep.com (rechts)
Seite 154: Minibar (de.waeco.com)
Seite 159: McCafe (http://www.mcdonalds.ch)
Seite 162: Baustelle (Quelle unbekannt)
Seite 163: https://www.allgaeuer-anzeigeblatt.de (Hauptspalte)
Seite 172: http://www.genussziele.com/userfiles/news/00000235/org_hangar_7_gert_de_mangeleer_eckart_witzigmann_martin_klein_chefs (Hauptspalte)
Seite 175: AIDA (http://www.shutterstock.com/gallery-137860p1.html?cr=00&pl=edit-00">Vladyslav Danilin)
Seite 177: Messehalle (oesterreich-werbung-juerg-christandl)
Seite 179: Life-Ball (Andreas Tischler, http://www.dijaspora.tv/uploads/pics/Lifeball10_b), Marathon (http://images03.kurier.at/46-61206655)
Seite 182: www.muehltalhof.at, www.alpinjuwel.at
Seite 191: https://upload.wikimedia.org/wikipedia/commons/0/02/Haralds_Imbiss-2.jpg
Seite 192: Tankstelle Lustenau_store-and-more.at (Spalte)
Seite 193: Zeltfest (viktoria-marchtrenk.at)

Alle weiteren Bilder und Grafiken sind Eigentum der TRAUNER Verlag + Buchservice GmbH bzw. wurden von Bildagenturen (stock. adobe.com, shutterstock.com) zugekauft.